中国仏教史

鎌田茂雄著

岩波全書 310

序

インドに発した仏教は北伝して、中央アジアを経由して中国に伝来し、さらに中国を中心として渤海・朝鮮・日本・ヴェトナムを包含する広大な地域に、東アジア仏教文化圏を形成したのであるが、教理の組織がもっとも発達したのは中国仏教である。インド仏教史研究にチベット仏教の資料は必要欠くことができないものであるが、南北朝以前のインド仏教史を理解するためには中国仏教の知識は不可欠といってよい。また直接中国仏教を母胎とする日本仏教や朝鮮仏教を研究するためにも、中国仏教の知識はこれを欠くことができないと思う。

明治四十三年、『仏教史林』が刊行され、仏教の史的研究の風潮がおこり、先覚者によって勝れた業績がうちたてられたが、それは教理の発達変遷の研究を主とするものであり、極端にいうならば、凝然の『三国仏法伝通縁起』の問題意識を近代的研究法によって継承発達させたものにすぎなかった。

しかるに昭和十二年「支那仏教史学会」が設立され、中国仏教史を中国文化史や社会史との関連において把握しようとする機運が起り、教理、教団、美術、文学、法制、経済のあらゆる面を総合的に把えようとする仏教文化史研究が中国仏教史研究の主流となり、大きな成果を生むに至った。『支那仏教史学』全七巻の果した役割は大きい。また、実態調査にもとづく中国仏教の遺跡の調査研究をはじめ、美術史研究者による敦煌・雲岡・竜門などの諸石窟や房山石経などの実態調査もなされ、大きな業績が出版刊行された。さらに敦煌文献にもとづく三階教や禅宗史の研究をはじめ、義邑、碾磑、変文などの社会経済史や俗文学史の解明も急速に進展し、新たな分野が開拓され、中国仏教史は大きく改変されるに至った。

昭和十二年『支那仏教史学』が発刊され、中国仏教の学問的研究が行われるようになってから、わずかに四十年余の歳月を経過したばかりであり、中国仏教研究はきわめて若い学問といえる。中国仏教を研究するにあたっては、インド仏教学をはじめとし、中国史、中国思想史、道教史などの隣接諸分野と密接に関連させながら研究を深化させなければならず、今なお未開拓な領域があまりにも多い。このような現状の中で総体としての中国仏教史を叙述し、その全体像を把握しようとすることはそれ自体無謀に近い試みといってよい。とくに私は中国仏教の一宗派である華厳宗の教理史を専攻したにすぎないため、本書の内容はすべて先人の業績に負うものである。しかもその成果は汗牛充棟もただならず、それらをすべて理解し、消化し、記述することは容易な仕事ではない。

本書は教理史にも教団史にも偏することなく、仏教が中国の大地と社会にあって如何に中国的に変容し、漢民族に適応し、その精神生活にどのような影響を及ぼしたかという点を解明するため、その歴史的叙述を意図したものである。中国における仏教の変遷は、勝れて政治的であるため、国家権力と仏教教団との関係はきわめて密接である。そのため政治と仏教、社会と仏教との関係の叙述に意を用いた。なお紙数の関係から隋・唐仏教諸宗の教理はできるだけ簡略化したので、各節にかかげた宗派の概説書を参考にして頂ければ幸いである。

著者が中国仏教史の研究に志してより、すでに二十年の歳月が流れた。その間、研究は遅々として進まなかったが、本書の刊行を機縁として中国仏教史研究を少しでも推進させたいと念願している。本書が成ったのは一に先輩知友の暖き御援助の賜であるが、とくに校正にあたっては、駒沢大学助教授岡部和雄氏を初め、多くの方々の御助力を添けなくした。最後に本書の出版全般にわたって御世話頂いた岩波書店編集部の木村秀彦・加藤亮三両氏に厚く感謝したいと思う。

昭和五十三年一月十日

東京大学東洋文化研究所にて

鎌　田　茂　雄

略号表

石田論叢　石田博士頌寿記念『東洋史論叢』石田博士古稀記念事業会、昭和四十年
市村論叢　市村博士古稀記念『東洋史論叢』冨山房、昭和八年
加藤集説　加藤博士還暦記念『東洋史集説』冨山房、昭和十六年
神田論集　神田博士還暦記念『書誌学論集』平凡社、昭和三十二年
櫛田研究　櫛田博士頌寿記念『高僧伝の研究』山喜房仏書林、昭和四十八年
塚本論集　塚本博士頌寿記念『仏教史学論集』塚本博士頌寿記念会、昭和三十六年
常盤論叢　常盤博士還暦記念『仏教論叢』弘文堂、昭和八年
干潟論集　『干潟博士古稀記念論文集』干潟博士古稀記念会、昭和三十九年
福井思想論集　福井博士頌寿記念『東洋思想論集』福井博士頌寿記念論文集刊行会、昭和三十五年
福井文化論集　福井博士頌寿記念『東洋文化論集』早稲田大学出版部、昭和四十四年
山口論叢　山口博士還暦記念『印度学仏教学論叢』法蔵館、昭和三十年
結城論集　結城教授頌寿記念『仏教思想史論集』大蔵出版、昭和三十九年

印仏研　印度学仏教学研究
日仏年報　日本仏教学会年報

略号表

日華年報　日華仏教研究会年報
東研紀要　東洋文化研究所紀要
支仏史学　支那仏教史学
正蔵　大正新修大蔵経
続蔵　大日本続蔵経
梁伝　梁高僧伝
唐伝　唐高僧伝
宋伝　宋高僧伝

目　次

目　次

序章　中国仏教の歴史的性格

文化交流　古代アジアに成立した二つの大きな文化圏はインド文化圏と中国文化圏である。この二つの文化圏は地理的には同じアジア大陸内に存在し、陸つづきであるにもかかわらず、チベット高原やヒマラヤ山脈によって隔絶されていたため、まったく異質な文化圏を形成した。気候・風土などの自然的条件はもちろん、人種・言語・風俗・慣習・社会構造などの相違は著しい。前一五〇〇年頃、インドにおいてはヴェーダ文明が栄えていたのに対し、中国においては殷周文明が発達していた。仏教の開祖釈迦が活躍していた前五、四世紀頃、中国では春秋戦国時代にあたり、孔子・老子をはじめ多くの思想家が百家争鳴していた時代であった。

この二つの隔絶していた文化が交流への曙光を見出すようになったのは、前二世紀末、中央アジア横断の東西交通路が開かれた頃からであった。張騫の帰朝(前一二六)以後、中国の西域経略の結果、西はローマ帝国から東は長安に至るシルクロードが開設され、東西交通による通商交易が拡大した。

西北インドからアフガニスタン、パキスタン地方に伝播した仏教は、シルクロードの隊商とともに次第に中国に伝播した。インドにはヒンドゥー教が民衆のあいだに深く浸透していたばかりでなく、ジャイナ教をはじめ諸宗教が百花撩乱としていたのであるが、インド宗教の傍系的存在であった仏教のみが中央アジアに伝えられ、さらに中国に伝わったのは、たんなる歴史的な偶然ではなく、民族や階級をこえて伝播し浸透してゆく潜在力を仏教自体がもっていた理由によるからであろう。

仏教は西北インドから中央アジアを経て伝播したばかりでなく、スマトラ島・マレー半島を迂回し南海路を経てヴェトナムを経由、中国南部にも伝えられた。インド僧や西域僧の渡来のみでなく、中国僧法顕・玄奘・義浄は釈迦の生れたインドの聖地を巡拝し、仏典蒐集のため、多くの困難と長い年月を費やして、インド・西域をめぐり、中国に帰ったのであった。このような文化交流の積重ねによって仏教は異質な文化圏である中国へ次第に伝播したのである。

漢訳『大蔵経』　中国に伝えられた経典は陀羅尼《だらに》を除いてすべてが漢語に訳された。これは文字に優越感と自負をもっていた中国人の中華意識のあらわれであり、自らの言葉で仏教を理解した結果なのである。そこで仏教伝来より唐代に至るまで、経典の漢訳がもっとも主要な事業とされて、後漢以後、宋代にいたるまで一千年間にわたって遂行された。玄奘の訳業を完成させた翻経院のような国家的事業として組織的に行われた翻訳事業の結果、世界の翻訳史上例を見ない厖大な漢訳『大蔵経』の成立を見たのである。この漢訳『大蔵経』によって成立したのが中国仏教であり、東アジア仏教圏では漢字文化圏の成立とあいまって漢訳経典が伝播したのであった。経典の翻訳のみならず、中国の仏教者は多くの仏教典籍を著わしたのであった。

大乗仏教の伝播　セイロン、ビルマ、タイなどの南方仏教ともっとも異なるのは、中国仏教は大乗仏教であることである。大乗仏教は中国において発展し形成され天台宗や華厳宗の教理を形成し、禅や浄土の実践仏教を生んだ。インド仏教の発展過程からいえば、原始仏教より小乗仏教が発達し、さらに大乗仏教が興起したのであるが、中国仏教が受容された時代は、インドにおいては大乗仏教が盛んであったため、インドから中国にもたらされたものは、インド仏教の発展段階とは何らのかかわりなく、主として大乗仏教が最初に中国に流入した。大乗仏教の根幹をなす『般若経』はすでに後漢の支婁迦讖《しるかせん》(Lokakṣema)によって翻訳され、さらに鳩摩羅什(Kumārajīva)によって『法華経』『維摩経』などの大乗経典や、『中論』『百論』などの大乗論が翻訳紹介された。それと前後して阿含・本縁部などの諸経典や、『阿毘曇論』などの小乗論が翻訳されたため、中国の仏教者は大乗と小乗の問題に真剣に対応せざるを得なかった。諸経典の価値判断は教相判釈を生んだ。中国仏教者は最初から大乗仏教をもって出発し、専ら大乗仏教の真意義を追究し、ついに大小乗を打って一丸とした一乗仏教の教理を開拓し、さらにそれを実践化して中国独自の仏教たる禅宗や浄土教を生みだすに至った。

中国仏教の歴史的意義　一乗仏教の理想を確立し、漢訳『大蔵経』にもとづく中国仏教は東アジア世界に伝播し、とくに朝鮮仏教、日本仏教の源流となった。日本仏教は初期には朝鮮仏教の影響を強く受けたが、奈良時代以後になると、中国仏教を摂取し、しかも中国仏教の精華である一乗思想をもって出発点となし、ついには中国仏教とも異なった簡明直截な実践法をもった鎌倉仏教を創造するに至った。中国において発達した一乗仏教がなかったならば、日本における大乗仏教の終極の発展はなかったのである。

眼を転じて中国においては、儒教を初め諸子百家の勝れた政治・倫理の思想は存在していたが、宗教思想や宗教文化においては欠ける面もあった。仏教を摂取することによって中国思想界は深さと広さを増大させ、視野を拡大して、その内容を豊富にした。儒教においては宋学や陽明学を完成させ、道教においては道教儀礼や道教教義を発展させるのに大きな貢献をした。また美術工芸、天文暦数、音楽医学の面においても、インドや西域の文化要素を摂取することによって一段とその内容を豊富にしたのである。

仏教はまた中国の一般庶民の信仰生活を豊かにした。宋代以後になると、仏教は儒道二教とともに生活の智慧として取り入れられ、明代には『菜根譚』のような人生の書を出現させた。また一般民衆は関帝と観音とを何らの矛盾なく同時に祠り、これを信仰した。仏教は外来宗教としてではなく、中国人の血肉の中に浸透し、その大地性を獲得するに至り、中国人の精神生活の糧となったのである。

第一部　伝来と受容——後漢・三国の仏教

第一章　仏教の中国伝播

——後漢の仏教——

第一節　仏教伝播の経路

中国とインドを結ぶ交通路は大きく分けて海路と陸路の二つがある。海路はセイロン、ジャワ、マレー半島、ヴェトナムを経由して、中国南部の交趾・広州などに到達する経路であり、求那跋陀羅(Guṇabhadra)・真諦(Paramārtha)・仏駄跋陀羅(Buddhabhadra)などの翻訳三蔵はこの南海路を通って中国に到着したのであった。

これに対して陸路とは、新疆および中央アジアを経由して中国に到達する経路であり、漢の武帝が西域を経営して以来、東西交通の要路となり、貿易、行旅がもっとも頻繁に行われるようになった。(1) 中国・インド間の僧侶の往復にもこの陸路が海路よりも多く利用され、インドより多数の翻訳僧がこの道を通って中国へ来たし、中国人の求法僧も、玄奘三蔵に代表されるように、この陸路を往復して経典を中国にもたらしたのであった。

中印交通の陸路である新疆(新疆ウィグル自治区)の中央から東へかけてはタリム盆地があり、これは沙漠で夏は炎熱灼く如く、冬は酷寒凌ぎ難い地帯であり、西南の部分は世界有数の大高山地帯で氷河や氷雪におおわれている山岳地帯であり、交通路としては最悪の条件をそなえていた。この陸路は北道と南道に分れる。北道とは敦煌から北上して伊吾(Hami)に至り、吐魯番(Turfan)を経て、亀茲(Kucha)に至り、さらに疏勒(Kashgar)に達する道である。タクラマカン沙漠の北、天山山脈の南麓を通るのが北道(天山南路)である。南道とは敦煌より沙漠を越えて鄯善《ぜんぜん》(Lobnor)をへて、タクラマカン沙漠の南、崑崙山脈の北麓を進み、于闐《うてん》(Khotan)に達し、さらに西北に進んで莎車(Yarkand)に達する道をいう。この南北二道が中国・インド間を往来する主道であるが、このほか、北道の焉耆《えんき》(Karashahr)より、沙漠を南下して于闐に至る法顕が通った道や、玄奘が通った天山山脈の北麓を通る道(天山北路)もあった。この南北二道を主な道として、後漢の安世高・支婁迦讖をはじめ、三国時代の曇柯迦羅・康僧鎧・曇諦など、相ついで洛陽に来たのであった。この陸路において交通上もっとも重要なのは于闐・亀茲および葱嶺を越えたインドのガンダーラ地方、すなわち罽賓の三国(2)であり、インド求法の旅行において必ず経由する国であった。

(1) 東西交通および西域諸国の諸問題については、桑原隲蔵『東西交通史論叢』(弘文堂書房、昭和八年)、藤田豊八『東西交渉史の研究』西域篇(荻原星文館、昭和十八年)、白鳥庫吉『西域史研究』

上・下(岩波書店、昭和十六・十九年)、釈東初『中印仏教交通史』(中華仏教文化館、民国五十七年)、山本智教「中国印度間の古代の陸路について」(『密教文化』第三十三号、昭和三十一年四月)がある。

(2) 西域の仏教については、羽渓了諦『西域の仏教』(法林館、大正三年)、羽田亨『西域文明史概論』第五版(弘文堂書房、昭和十七年)がある。

第二節 仏教伝来の諸伝説

仏教初伝に関する諸伝説 従来、仏教の中国初伝に関する主な伝説をあげるとつぎの如くである。

(1) 『列子』巻四「仲尼篇」に孔子の言葉として「西方の人に聖者有り云々」とあることによって、この西方の人とは仏陀のことであるとし、孔子がすでに仏陀を知っていた以上、仏教は遠く先秦時代に伝来したという。これはもちろん仮託の説で、西方の聖者を仏陀とする何らの根拠もないばかりか、『列子』自身が偽書であり、まったく問題にならない。

(2) 隋の費長房の『歴代三宝紀』巻一に、秦始皇帝四年(前二四三)に沙門釈利防などの十八賢者が仏経をもたらしたが、始皇帝はこれを禁じたという。唐の法琳の『破邪論』巻下にもこれと同文の記事をだし、その典拠として道安・朱士行等の経録にあるというが、『朱士行録』

は後人の偽作であり、始皇帝四年伝来説は信用することができない。

(3) 北斉魏収の『魏書』釈老志によると、前漢武帝の元狩二年(前一二一)に霍去病が匈奴を討伐した時、休屠王が祠った金人を得てこれを甘泉宮に安置したという。『史記』巻百十「匈奴列伝」および『漢書』巻五十五「霍去病伝」ではただ休屠王の金人を得たというのみであり、仏教に関しては一言もふれていない。この金人は仏像ではなく西域の天神[1]であるので、この記録も仏教伝来とはまったく関係がない。

(4) 同じく『魏書』釈老志に大夏に使者として行った張騫が身毒国、すなわちインドに浮屠の教えのあることを初めて聞いたことを伝えた記事がある。これも『史記』巻百二十三「大宛列伝」、『漢書』巻六十一「張騫伝」などによると、身毒国についてはのべているが、浮屠については言及していないので、これも仏教徒の妄説にすぎない。

(5) 晋の宗炳の『明仏論』(『弘明集』巻二)に、東方朔が漢武帝に答えた劫焼説の中に仏教の伝来を予想することができるという。劫焼説とは、漢の武帝が昆明池を穿った時、底より黒灰を得て、これを東方朔に問うたところ、朔は西域の人に問うべしと答えたので、竺法蘭が来た時これを問うと、これは世界の終尽の際に、劫火が洞焼した時の灰であると答えたことをいう(『梁伝』巻一、竺法蘭伝)。このことから仏教側では東方朔がすでに漢の武帝の時、仏教に触れていた証拠であるとする。しかしこの説もその根拠は明らかでなく、後代の仏徒の妄説というべきである。

(6) 同じく『明仏論』に、劉向《りゅうきょう》の『列仙伝』の序の中に「七十四人は仏経に在り」とあることがのべられている。さらに『歴代三宝紀』巻二にも「余、典籍を覧るに往々に仏経あるを見る」とのべられているが、劉向が天禄閣において書物を点検した時、その中に仏経があったから、当時すでに仏教経典が伝来していたことを示すという(『仏祖統紀』巻三十五)。劉向は前漢の宣帝・元帝に仕えた人であり、古来『列仙伝』をその作と伝えているが、実は真撰ではなく、魏・晋の間に偽作されたもので、この説も歴史的事実とは認められないことは明らかである。

後漢明帝の感夢求法説　仏教の初伝についての説話の中で、比較的古い資料にあり、もっとも有名なのが後漢明帝の感夢求法説(2)である。まず晋の袁宏(三二八—三七九)の『後漢紀』巻十「孝明皇帝紀」は明帝の永平十三年(七〇)に起った楚王英の謀叛事件を記したあとで、彼が理解した仏教の大要をのべ、さらにそれにつづいて仏教の中国への初伝を「初めに帝は夢に、金人の長大にして項に日月光有るを見、以て群臣に問う。或ひと曰く、西方に神有り、其の名を仏と曰う、其の形は長大なりと。而して其の道術を問い、中国に遂《わた》りて、其の形像を図けり」と記述している。この袁宏の記事を受けた劉宋の范曄は、『後漢書』巻八十八「西域伝」の天竺国の条下に、「世に伝う」として、明帝が金人の夢を見て、求法の使節を出した話をあげている。「世に伝う」とあるのは、明帝求法の故事が史実として伝承されたのではなくて、一種の仏教伝来説話として世間に伝えられたことを示している。范曄はこの伝説を信じ、これをもって中国仏教の起源であるとみなしたのである。

明帝の求法説をのべた資料は上記のほか、『牟子理惑論』『四十二章経序』『老子化胡経』『明仏論』『冥祥記』『出三蔵記集』『高僧伝』『真誥』『水経注』『洛陽伽藍記』『魏書』釈老志などがある。比較的初期の述作とされる『牟子理惑論』は明帝感夢求法をつぎのように説いている。

後漢の明帝が夢の中で神人が身体から光りを放ち宮殿の前に飛来してくるのを見た。帝は大いに喜び、翌日群臣にこの神は何であるかと問うた。通人傅毅が答えるに、自分は天竺に仏と名づける得道者があると聞いている。その仏は虚空を飛行し、身体から光りを放つというから、帝が夢で見られた神と同じものでしょうと答えた。そこで明帝は使者の張騫、羽林即中の秦景、博士弟子の王遵など十二人を大月氏国に遣わして『四十二章経』を写させた。その『四十二章経』を蘭台石室の第十四間に蔵した。時に洛陽城西雍門外に仏寺を建てた。その寺の壁には千乗万騎が塔を繞って三匝する絵を画いた。また南宮清涼台および洛陽城門上に仏像を作った。明帝の生存時にあらかじめ寿陵を修造し顕節陵と名付け、その上にも仏像を作った。時に国豊かに民寧《やすら》かにして遠夷も中国を慕った。仏教を学ぶものがこれから多くなった。

この『理惑論』に説かれた明帝求法の説話は『四十二章経序』が簡略化してこれをうけつぎ、

先にのべた袁宏の『後漢紀』、范曄の『後漢書』などもこれと同じである。梁の道士陶弘景の『真誥』は、『四十二章経序』の伝説を抜粋したものである。これらの文献に書かれた明帝求法の伝説の要点は、明帝が金人を夢にみて使者を派遣したこと、その使者が大月氏国において『四十二章経』を写して帰国したこと、仏寺および仏像を作ったことなどである。さらに時代が下ってできた王琰の『冥祥記』や、慧皎《えこう》の『高僧伝』では、迦葉摩騰(摂摩騰)と竺法蘭の訳経や、白馬寺を建てたことなどを付加している。南北朝末に偽作された『漢法本内伝』では求法訳経の記事以外に、さらに道士の怪事件を付加している。

　後漢の明帝の感夢求法説は、すでに六朝の初めにおいて疑問視されていたが、その伝説内容にも多くの問題点が存する。まず第一に感夢遣使のこと自体、すこぶる奇怪なことである。楚王英が仏教を信じていたことは明らかで、しかも明帝は太子の時に、楚王英とはなはだ親しく交わっていたので、すでに仏教のことを知っていたはずである。しかるに夢を見て初めて仏教を知ったということは、事実とは考えられない。第二に明帝が求法の使者として大月氏国に遣わしたという張騫は前漢武帝時代の人であり、明帝以前約百六、七十年をへだてている。彼は武帝の命によって大月氏国へ行ったが求法のためではなかった。第三には秦景や王遵などの名を挙げているが、これらの人の名は他の文献になく、歴史的人物であることには疑問がある。第四には明帝が夢判断をさせた通人傅毅については、明帝当時、彼は少年であり、朝廷に出仕してはいなかった(『後漢書』巻八十上、傅毅伝)こと、さらに当時西域と公式に使節の往来がなかった事実などから、『四十二章経序』や牟子が説くところの漢の明帝感夢求法説がまったく歴史的事実でないことは明らかである。

要するに明帝感夢求法説をのべた文献は、後漢の著作でなく、ほとんどは六朝中期以後の撰著、ないしは偽書がほとんどであるため、明帝求法の伝説は晋代以後の伝承といえる。結局、明帝求法の伝説を記録している最古の文献として信頼できるのは、袁宏の『後漢紀』の記録である。しかもその説話ができたのは明帝時代をへだたること約二百年後の晋代において初めて記録されたもので、仏教が次第にその勢力を増大し、中国固有の道教などとの対抗上、仏教の伝播を古代にさかのぼらせるとともに、権威づけるために、このような説話を偽作したものと思われる。

『四十二章経』　明帝の感夢求法の説話をもっとも整った形式で最初に伝えたのは『牟子理感論』や『四十二章経序』であるが、そのなかで明帝が十二人の使者を大月氏国に派遣して『四十二章経』を写させたことを記している。これが梁の慧皎の『高僧伝』では、摂摩騰と竺法蘭の二人が『四十二章経』一巻を訳したことを伝え、それが漢土の訳経の初めであることを記している。『四十二章経』の成立については諸学者によって見解は異なるが、(3)すでに後漢の桓帝の延熹九年(一六六)の襄楷の上疏のなかに『四十二章経』の一節と類似した一文が見られることから、その原形は後漢末から三国時代に成立していたかも知れない。しかし道安の経録にも記載されていないので、東晋時代には未だ現存の高麗本の『四十二章経』は成立していなかったか、或いは『四十二章経序』の明帝求法説と同じ記事が収録されている『牟子理惑論』が南方交州で撰述されたと伝えられている点などとあわせ考え、江南の地において成立したため道安が記録をおとしたかも知れない。いずれにしても『四十二章経』は東晋時代に創作されたかも知れないが、『四十二章経』の中には、三国時代以後に訳された経文を引用した箇所が見られるので、その成立はもちろん後漢・三国時代ではなく、東晋以後、さらに時代を限定すれば、斉末梁初の頃(五〇〇前後)、江南の地において成立したものと推定される。かくして梁の慧皎はその訳者を摂摩騰と竺法蘭にするに至った。また陶弘景はその著『真誥』の中に『四十二章経』を引用したのである。[4]

『牟子理惑論』　『四十二章経』と同じく後漢に撰述されたと伝えられる書に『牟子理惑論』がある(『弘明集』巻一)。この書は儒仏道三教の異同優劣を論じたもので、三教関係の文献としてもっとも古いものである。この書の序文によると、牟子は後漢霊帝の没後、天下擾乱したため母とともに交趾に行き、さらに蒼梧に帰り妻を娶り、仕官を勧められたがこれを辞し、母の喪にあうに及んで志を仏道に帰し、兼ねて『老子』五千文を学び、ついに『理惑論』を著わしたという。この書は三十七章に分けられ、すべて問答体によって記述されている。その第二十一章に『四十二章経序』とほとんど同文の明帝感夢求法説話を載せているので、『四十二章経序』と密接な関係があったことがわかる。この書の成立年代に関しては学者によって見解が分れているが、現存の『理惑論』は後漢時代の成立ではなく、三国時代以後のもので、下限については陸澄撰『法論目録』(『出三蔵記集』巻十二)に「牟子」の書名が見えるので、劉宋明帝(在位四六五—四七二)以前に、この書が存在していたことは明らかである。魏晋・南北朝時代の三教関係の理解にこの書は重要な役割をになっている。(5)

白馬寺伝説　明帝の永平中に摂摩騰が『四十二章経』と画像を白馬に載せて洛陽に帰ったので伽藍を建てて白馬寺と名づけたというのが、『歴代三宝紀』などにいわれる白馬寺伝説(6)である。梁の僧祐の『出三蔵記集』には白馬寺の語が見られず、また慧皎の『高僧伝』(巻一)では、城西門外に精舎を建てたといっているが、白馬寺とはいわず、「有記に云く」として「今の雒陽城西雍門外の白馬寺これなり」(摂摩騰伝)とのべているだけである。北魏の楊衒之の『洛陽伽藍記』(巻四)では、白馬寺は後漢明帝の建てたもので、中国で最初に建てられた寺であるといい、求法の使者が得た経像を白馬が負ってきたから白馬寺と名づけ、その経函が今もなお在ることを伝えている。これらの資料および北魏の酈道元の『水経注』巻十六「穀水」の条などにも記事が見えるから、漢の明帝が白馬寺を建てたという伝説は北魏頃から北朝仏教を中心として次第に定着していったと思われる。後漢明帝求法の伝説を古く伝える『牟子理惑論』『四十二章経序』などや正史の資料には白馬寺という名称が見られないので、後漢明帝求法の白馬寺伝説は後代の仏教徒の創作であることは明らかである。

（1） 羽溪了諦「休屠王の金人に就いて」（『史林』第三巻第四号、大正七年十月）、白鳥庫吉『西域史研究』上。なお『史記』始皇帝本紀三十三年の条に「禁不得祠」を「浮屠祠」とみなす説（藤田豊八『東西交渉史の研究』西域篇（荻原星文館、昭和十八年）四四五頁以下）があるが、これも仏教と関連はない。

（2） 明帝感夢求法説については、M. H. Maspero, "Le Songe et l'Ambassade de l'Empereur Ming, Etude critique des sources", *Bulletin de L'École Française d'Extrême-Orient*, Tome X., 1910, pp. 95-130をはじめとし、本邦では、藤田豊八「仏教伝来に関する魏略の本文について」（『史学雑誌』第三十七編第七号、大正十五年七月）、常盤大定「漢明求法説の研究」（『支那仏教の研究』春秋社、昭和十三年、一七—五六頁）、松本文三郎「漢明求法の紀年に就いて」（『宗教研究』新第四巻六号、昭和二年）などがあり、そのほか仏教初伝についての記述がある著書には、山内晋卿『支那仏教史之研究』（仏教大学出版部、大正十年）、伊藤義賢『支那仏教正史』上巻（竹下学寮出版部、大正十二年）、境野黄洋『支那仏教史講話』上巻（共立社、昭和二年）、同『支那仏教精史』（境野黄洋博士遺稿刊行会、昭和十年）、塚本善隆『中国仏教通史』第一巻（鈴木学術財団、昭和四十三年）などがある。

なお仏教初伝に関する研究を概観したものに、春日礼智「支那仏教初伝に関する諸研究」（『支仏史学』第二巻第四号、昭和十三年十二月）がある。

（3） 境野黄洋氏は「南北朝の初期、劉宋の中頃に成立」（『支那仏教史の研究』共立社、昭和五年、一一頁）、また「大智度論訳出（四〇五）より出三蔵記集撰述までの間」（『支那仏教精史』五七頁）といい、常盤大定氏は「四十二章経の出現年代を東晋初期頃に置かねばならぬことになる」(『支那仏教の研究』四九頁)とする。

松本文三郎氏は「経序の作は高斉時代であるから、四十二章経なるものが一経として成立したのは斉末梁初(西紀五〇〇年前後)のことである」(「四十二章経成立年代考」『東方学報』京都、第十四冊第一分、昭和十八年十月、三六頁)とし、望月信亨氏は「その年代は大体苻秦已後に在るといふべく、又死想の説が果して大智度論に依ったとすれば、更に同論の訳時たる姚秦弘始七年(四〇五)已後にまで下らなければならぬ」(『仏教経典成立史論』法蔵館、昭和二十一年、三八八—三八九頁)といい、塚本善隆氏は「仏経四十二章や理惑論の原型のものは、かなり古い時代、後漢末から三国の時代に成立したと推察してもよいと思う」(『中国仏教通史』第一巻、鈴木学術財団、昭和四十三年、五二—五三頁)とする。

そのほか中国学者の研究としては、梁啓超「四十二章経は、その文体を察し、諸経録を案ずるに、皆両晋間人の作と断ずべし」(『中国仏教研究史』新文豊出版公司、民国六十四年、四頁)、「四十二章経、純らこれ魏晋以後の文体……殆んど晋人の偽託疑なし」(同書、一六七頁)、湯用彤「四十二章経に二訳あり、漢代訳は亡佚、第二訳は呉支謙訳本、これが高麗本につらなる」(「四十二章経考証」『漢魏両晋南北朝仏教史』第三章、中華書局、一九五五年)などがある。そのほか岡部和雄「「四十二章経」の成立と展開——研究的おぼえがき——」(『駒沢大学仏教学部研究紀要』第二十五号、昭和四十二年三月)がある。

(4) 道教の立場より四十二章経をみたものに、吉岡義豊「四十二章経と道教」(『道教と仏教』第三、国書刊行会、昭和五十一年、三—三八頁)がある。

(5) 山内晋卿「牟子について」(『支那仏教史之研究』仏教大学出版部、大正十年、一三四—一四二頁)、漢魏間撰述説。常盤大定『支那仏教の研究』三〇—三六頁、劉宋慧通偽作説。福井康順『道教の基礎的研究』三六八—三六九頁、三国呉の中期撰述説。梁啓超「牟子理惑論弁偽」(『中国仏教研究史』二一—二三頁)、東晋劉宋間人偽作説。余嘉錫「牟子理惑論検討」(『燕京学報』第二十期、十周年紀念専号、民国二十五年十二月)、呉中期成立説。

P. Pelliot, "《Meou-tseu ou les doutes levés》, traduit et annoté", *T'oung Pao* (通報), vol. XIX, 1920, pp. 255-433. ペリオ、後漢末成立説。M. H. Maspero, op. cit. マスペロ、三世紀半成立説。そのほか、Kenneth Ch'en, *Buddhism in China, A Historical Survey*, Princeton University Press, 1972, pp. 36-40. E. Zürcher, *The Buddhist Conquest of China*, The Spread and Adaptation of Buddhism in Early Medieval China, Leiden, 1972, pp. 13-15 などにものべられている。

(6) 那波利貞「白馬寺の沿革に関する疑問」(『史林』第五巻第一号、大正九年一月)。常盤大定『支那仏教の研究』五〇—五四頁。

第三節　仏教初伝の史実

元寿元年伝来説　現存する仏教東漸に関する最初の記事は『三国志』魏志巻三十の裴松之(三七二—四五一)の注に引かれる魏の魚豢の撰述した『魏略』西戎伝の記事である。[1]「昔、漢の哀帝の元寿元年(前二)、博士弟子景盧、大月氏王の使、伊存の浮屠経を口授するを受く。復立と曰うは、其の人なり」とある。この記事によると大月氏国の使者伊存が、博士弟子景盧に仏経を口授したことを伝えている。「復立と曰うは、其の人なり」の「復立」は『世説新語』文学篇注などによると「復豆」のあやまりであり、「復豆」とは Buddha の音をあらわしたものである。この記事から大月氏国に前漢哀帝の時代にすでに仏教が伝播していたこと、中国に伝来した最初期の仏教においては、訳経は口授によっていたことなどがわかる(2)。前漢哀帝の時代に、大月氏国の使者から仏経が口授されたといっても、その仏教がどのような内容であり、何人によって信奉されたのか、宮廷外にまでも及んだのか、という点になるとまったく不明であるといってよい。『魏書』釈老志がこの事件を示して、「中土これを聞くも未だ信ずるに至らず」と記していることは注目すべきである。この前漢哀帝の元寿元年に大月氏国から仏教が伝わったという伝説は、大月氏国がヒンドゥー・クシュ山脈を越えて南下し、カーブル流域の犍陀羅に都し、仏教弘法の迦膩色迦王の出現後、すなわち後漢の桓帝・霊帝代、西暦二世紀中葉に西域僧が盛んに中国へ来た頃に成立した仏教伝来の伝説であろうと推定する学者もある(3)。

楚王英の仏教信仰　中国に仏教が伝来し、最初に確実に仏教を信仰したのは、漢の明帝の異母弟であった楚王英である。彼は建武十七年(四一)、楚王となり、二十八年楚国に赴任した。異母兄の明帝は即位すると、小国の王となった楚王英に同情した。賓客との交遊を好んだ楚王英が謀叛を誣告された時、永平八年(六五)、明帝は天下に詔して、死罪のものも絹を献ずれば贖罪し得るとした。贖罪の料として絹三十四を献じた楚王英に対して、明帝は詔をだし、黄老・浮屠を尚んでいる楚王英に嫌疑をかける必要なしと認め、献上した絹をかえして、これを沙門の供養の料にせよといい、この事を諸国に知らせた。その詔は「楚王、黄老の微言を誦し、浮屠の仁祠を尚ぶ、潔斎すること三月、神と誓を為す、何ぞ嫌《うたが》わん、何ぞ疑わん。当に悔吝有るべし。其れ贖を還《かえ》し以て伊蒲塞桑門の盛饌を助けしめよ」(『後漢書』巻四十二、楚王英伝)というものである。これによると楚王英が黄帝・老子と浮屠とを併せて尚んだこと、楚王英の王家で特殊な仏教儀式が行われていたことがわかる。明帝は楚王英が過ちを悔いて反省していたことを知り、贖罪の絹を優婆塞や沙門に供養させたのである。このことは後漢の朝廷が国家の上層支配階級に儒教や黄老の教えとともに外来仏教を信仰することを公認したことの証左となる。また楚王英が優婆塞や沙門に供養したことは、西域の外国僧がすでに長安・洛陽のみならず、彼の任地である彭城まで来て仏教の宣教活動をしていたことを示している。後に楚王英は失脚して江南の丹陽涇県に左遷されたが、楚国の仏教はこれによって彭城より江南にうつり広まる機会を得た。

楚王英が信奉した仏教は如何なる仏教であったのか。黄老と浮屠とを並び崇めたことは両者の区別がつかず、両者を同一視したためであるという説(4)もあるが、むしろ仏教が当時の民間信仰と調和順応して、受容を容易にしたのが真相である。三月潔斎して神と誓いをした楚王英は、仏陀を神として祠り、福を求める現世利益、不老長寿を主旨とする宗教として仏教を信奉した。(5)中国に仏教が受容された最初期の信仰内容が福を求める現世利益であったことは、後の中国仏教史を一貫する態度であり、中国仏教のもっとも基本的な性格を示すものである。

桓帝の信仏　記録の上で後漢の皇帝で初めて仏教を信奉したのは桓帝である。延熹九年(一六六)、黄老を濯竜宮に祠った(『後漢書』巻七、桓帝紀)。『後漢書』は論のなかで、『東観漢紀』を引用して「前史に称す。桓帝、音楽を好み、琴笙を善くす。芳林を飾り、濯竜の宮を考《つく》り、華蓋を設け、以て浮図・老子を祠る。斯れまさに所謂、神に聴かんと」とのべている。これによると桓帝が濯竜宮の中で、浮屠と老子とを併せ祠ったことは明らかである。同じくこの年、山東の学者襄楷が洛陽に行って桓帝に上疏したが、その上疏の中で桓帝が黄老・浮屠の祠を立てたこと、さらにこの教えは清虚にして無為を尚び、生命を愛し、殺生を悪み、欲を少なくして奢を去るものであると説いている(『後漢書』巻三十、襄楷伝)。襄楷が仏教の教えを説いたのは、桓帝の非行を諫言するためであったが、桓帝がひかれたのは仏教の倫理的側面ではなく、どこまでも仏教を不老長生を祈願する黄老の信仰と同類視して、その熱烈なる神仙的欲望に駆られて黄老を祭祠するとともに浮屠をも併せ祈ったのである。仏陀は攘災招福、不老長寿の霊力を有する神として信仰の対象とされたのであった。伝道師として来た西域沙門は巫祝の役割をもつ神仙的修行者として尊敬されたのであって、仏教はどこまでも現世的・功利的な道教的信仰の形において後漢の社会に受容されたのであった。

黄帝・老子とともに仏陀を祠った桓帝をいさめた襄楷は、その上疏の中で、干吉が神から授ったという『太平清領書』[6]を順帝(在位一二五―一四四)に奉ったことをのべているが、この『太平清領書』は陰陽五行説や、巫覡の語、護符・神呪などによって治病・消災・招福・治国の方法などを説いたもので後に道教の重要な経典である『太平経』[7]の基いとなるものである。

老子化胡説　西晋末の道士王浮が『老子化胡経』を偽作した以前、すでに老子化胡説は流布されていた。後漢桓帝の延熹九年(一六六)の襄楷の上疏のなかに「或いは言く、老子、夷狄に入りて、浮屠と為る」とあるのが文献にあらわれた老子化胡説の初めである。その後百年余りたって、元寿元年の仏教伝来を説く魚豢の『魏略』西戎伝のなかに「浮屠に載する所、中国の老子経と、相いに出入す。蓋し以為《おも》えらく、老子、西、関を出でて西域を過ぎ、天竺に之《ゆ》き、胡を教ゆ」とあるのが第二の資料である。これらの資料を信頼すれば老子化胡説は少なくとも二世紀半ばには成立して、社会の一部に流布していたのであり、西晋末期の道士王浮の『老子化胡経』偽作の時代(四世紀初期)からみても、約百五十年前頃、すでに化胡説が流布していたことがわかる。この老子化胡説が流布していたことから、逆に漢代仏教の特質を推知することができる。異国の宗教である仏教を中国に伝道布教するための唯一の手段方法は、中国固有の風俗・習慣・思想・信仰などにできる限り結合調和させることである。道士や方術家が説く不老長生術にあわせて仏教の教えを説く必要がある。楚王英が「黄老の微言を誦し、浮屠の仁祠を尚」んだことは、彼が仏教に改宗したのではなく、浮屠の教えも黄老とまったく同じとみなして崇拝したのであり、桓帝が宮中に黄老・浮屠を祠ったこともまったく同様である。このように老子と浮屠とを混同させていた考えが、時代の経過とともに自然に発生したのである。老子化胡説は後世になって道仏二教が争い始めた時代に道教側が故意に捏造したものではなく、仏教側からいいだした説かも知れない(8)。

笮融の仏寺造営　後漢末になって帝室の力がおとろえ、人心は不安動揺し、思想も混乱し、儒教の地位の顚落にともない、人々は厭世観にとらえられ、老荘の虚無思想が隆盛をきたした。かくて仏教も諸経典の伝訳とあいまって老荘思想と類似する教義が注目されるに至った。この後漢の過渡期に仏教史上名を残したのが笮融《さくゆう》であった。彼は仏寺を建立し、仏像を作り、浴仏会を行い、社会事業として施飯を供給した(『後漢書』巻七十三、陶謙伝)。笮融の構築した浮屠寺は三千余人を収容することができた(『三国志』呉志巻四、劉繇伝)。また彼は黄金を塗った銅の仏像を彫造した(同上)。仏像の存在については桓帝時代にすでに存在した(『歴代三宝紀』巻四)ともいわれるが、確実に仏像の鋳造が行われたのは笮融の時代ではなかろうか。さらに笮融は仏経を読誦していたことも確実で、当時、漢訳された仏教経典が流布していたことがわかる。この笮融の奉仏行為のなかで、楚王英と桓帝の場合と比べて大きな変化は、仏像の鋳造、寺院の建立、灌仏会や施食の実施である。とくに笮融が建てた仏寺は中国仏教最古の仏寺といい得る。(9)楚王英や桓帝の時代よりも仏教の儀礼面において大きな発展を見たのである。これは後漢の霊帝末年から献帝の時代、すなわち一九〇年前後の徐州の仏教の状態を示している。

(1) 藤田豊八『東西交渉史の研究』西域篇(荻原星文館、昭和十八年)三八九—四〇六頁。

(2) この元寿元年伝来説を中国に仏教が伝来した最初の史実とみる学者は多い。たとえば、境野黄洋『支那仏教史講話』上巻(共立社、昭和二年)一一頁。

(3) 白鳥庫吉『西域史研究』上(岩波書店、昭和十六年)六三九—六五九頁。

(4) 常盤大定『支那における仏教と儒教道教』(東洋文庫、昭和五年)五一二頁。望月信亨『仏教経典成立史論』(法蔵館、昭和二十一年)三六七頁。

(5) 石川博道「後漢の仏教に就いて」下(『史学』第十八巻第四号、昭和十五年四月)。

(6) 福井康順『道教の基礎的研究』二版(書籍文物流通会、昭和三十三年)七八—八六頁。

(7) 太平経については、福井前掲書、二一四頁以下。

(8) 重松俊章「魏略の仏伝に関する二三の問題と老子化胡説の由来」(『史淵』第十八輯、昭和十三年四月)。大淵忍爾「老子化胡説小考」(『福井文化論集』)。窪徳忠「老子化胡説の成立に関する一臆説」(『石田論叢』)。

(9) 大谷勝真「支那に於ける仏寺造立の起源に就て」(『東洋学報』第十一巻第一号、大正十年一月)。

第四節　漢訳仏典の成立

黄老信仰や不老長生術の一つとして入った仏教は、後漢の桓帝代になるとその勢力を次第に拡大してきた。この桓帝・霊帝時代に初めて経典を翻訳して、最初の漢訳仏典を提供したのが安息の安世高と月氏の支婁迦讖であった。迦葉摩騰が『四十二章経』を初めて中国に伝えたというのは後代の仏教徒による伝説にすぎないことはすでに述べたとおりであり、中国人が自国の国語に写された外来経典を見たのは、安世高・支婁迦讖の時点からである。桓帝・霊帝・献帝の時代に先の二人を初めとして、竺仏朔・支曜・安玄・厳仏調・康孟詳などの翻訳僧が活躍した。

安世高　安世高(1)は字は世高、安息国の太子として生まれたが、王位を叔父に譲って仏教の修学に志し、本国を離れて諸国を遍歴し、後漢桓帝の建和二年(一四八)頃、洛陽に来た。その後、二十余年間にわたって三十余部の経典を翻訳した。説一切有部の小乗仏教が盛んであった安息出身の安世高は禅観・阿含や阿毘曇学に通じていた。禅観に関する経典としては『安般守意経』『陰持入経』『禅行法想経』『大道地経』などがあり、阿含に関しては『人本欲生経』『十報経』『普法義経』『四諦経』『七処三観経』『八正道経』『転法輪経』などを訳出し、さらに阿毘曇学に関しては『阿毘曇五法経』『阿毘曇九十八結経』などを訳出している。『阿鋡口解』一巻について道安は「世高の撰に似たり」(『出三蔵記集』巻二)としているが、後世においては安玄の訳としている(『歴代三宝紀』巻四)。安世高の教学について僧祐は「博く経蔵を綜べ、尤も阿毘曇学に精しく禅経を諷持し、ほぼその妙を尽せり」(『出三蔵記集』巻十三、安世高伝)とのべているが、阿毘曇学とは阿毘達磨(Abhidharma)のことで、法数を分類し、諸法の構造を説明する学問で部派仏教の教説である。仏教の法相学の基本が初めて中国に伝来したのである。

安世高が宣教していた時代は、桓帝が宮廷で老子と仏とを併せて祠ったり、襄楷が洛陽において上疏し、老子と同じく仏の教えを説いたり、老子が西方へ行って仏となったという老子化胡説が唱えられた時期であった。禅観に関する経典を訳したり、その実践者であった安世高は、道教の不老長生術や胎息法の修行者と同じように見られたであろう。

安世高の訳した禅経の一つである『陰持入経』は煩悩を禅定によって退治し、貪・瞋・痴の三毒を戒・定・慧の三学によって制御する方法が説かれた小乗経典であるが、三国時代にはすでに注釈され、『陰持入経註』二巻として現存している。同じく安世高訳の『安般守意経』に対しては呉の康僧会が序文を加え、さらに晋代になると、華北では道安が、江南では隠士謝敷が禅法の経典としてこれを研究しており(『出三蔵記集』巻六)、本経が中国禅観思想史に及ぼした影響は大きい。

霊帝(在位一六八―一八九)の末、安息の商人安玄は洛陽に来て、厳仏調とともに『法鏡経』を訳した。この『法鏡経』を訳す時、安玄が梵文を訳し、厳仏調が筆受した。安玄と臨淮(安徽省泗州盱眙県)出身の漢人僧の協力で訳された『法鏡経』は江南に伝わり、三国時代、康僧会(?―二八〇)によって注され、経序が作られた。厳仏調は漢人出家者の最初であり、さらに漢人仏教徒が撰述した最初の書である『十慧章句』を著わした。

安玄・厳仏調訳の『法鏡経』は魏の康僧鎧が二五二年に訳した『郁伽長者所問経』や、西晋の竺法護(二三九―三一六)が訳した『郁伽羅越問菩薩行経』と同本異訳で、在家菩薩の修道を明らかにした大乗経典である。小乗国といわれた安息から来た安玄が大乗仏教の経典を訳したことは、大乗仏教を主とする支婁迦讖の月氏系仏教の伝訳と並んで重要である。

支婁迦讖　安世高と同じ頃、洛陽にきた訳経者でもっとも有名なのは支婁迦讖(Lokakṣema. 支讖)である。彼は大月氏国の出身であり、漢の桓帝末に洛陽に来て、霊帝の光和(一七八―一八三)・中平(一八四―一八九)年間に『道行般若経』『首楞厳経』『般舟三昧経』『阿閦仏国経』などを訳した(『出三蔵記集』巻二)。彼が訳した経典の中には小乗仏教の経典は一つもなくすべて大乗経典である。訳出した経典の中でもっとも重要なのは『道行般若経』であって、これは『小品般若経』の異訳である。支讖訳出の『道行般若経』こそ『般若経』の最初の訳である。

また『般舟三昧経』の訳出によって、阿弥陀仏が紹介されたことも中国仏教に大きな影響を与えた。なお支婁迦讖訳(帛延訳か?)とされる『無量清浄平等覚経』がある。

また当時、天竺沙門の竺仏朔は霊帝の時に洛陽に『道行般若経』をもたらし、光和二年(一七九)、『般舟三昧経』を訳した。その時、竺仏朔が梵本を執り、支讖が漢語に訳したという(『梁伝』巻一、支婁迦讖伝)。また当時、支曜は『成具光明経』を、康孟詳が曇果とともに『中本起経』を訳したことが伝えられている。

漢代仏教の地理的伝播　後漢仏教の代表的翻訳者である安世高と支婁迦讖は安息国と大月氏国から来たのであるが、西域経由で中国に来た場合、涼州と長安は必ず通らなければならない経由地であるが、文献資料がないため、当時の涼州と長安の仏教の状態は不明である。そこで洛陽が後漢代の訳経の唯一つの場所となった。安世高も支讖も洛陽において活躍し、厳仏調も洛陽で出家した。桓帝は崇仏して北宮に浮屠の祠を立てているし、洛陽城の西には菩薩寺があったという(『出三蔵記集』巻七、道行経後記)。

西域交通の結果、初め洛陽が仏教の中心地となったが、さらに丹陽・彭城・広陵などの地方、すなわち江淮の地域に伝播した。もともと江淮地方は古く斉・楚の国が栄えたところで、この地方には黄老の学が盛んであり、方術や仙道を信ずる者が多かった。そのため仏教を受け入れる条件が十分に熟していた。楚王英の所轄地は彭城(徐州)を中心とした地域であり、淮河の南北にわたっていた。また楚王英が左遷されたのが丹陽の涇県である。この時、楚王英に従った者が数千人といわれているが、このことによって仏教は江南地方に流布したとも考えられる。また丹陽の人笮融は徐州と広陵の間にあって浮屠寺を建てたことなどによって、徐州・広陵の地方にも仏教が盛んであったことが知られる。

漢代の訳経事業はほとんど洛陽において行われたが、霊帝の終り頃、長安・洛陽に擾乱があったため、乱を避けて江南にわたる者が多く、それとともに仏教が淮河や長江の流域に伝播したのであった。さらに後漢末になると、南方経由の海上交通が発達し、交趾・会稽などが海上交通の中心となり、仏教も海上経由で伝わった可能性もある。安世高の弟子陳慧は会稽の人であり、三国時代には交趾から牟子がでて『理惑論』の原形を著わしている。

（1）大谷勝真「安世高の訳経に就いて」（『東洋学報』第十三巻第四号、大正十三年三月）。宇井伯寿『訳経史研究』（岩波書店、昭和四十六年）。
なお最初期の仏典翻訳については、横超慧日「中国仏教初期の翻訳論」（『中国仏教の研究』法蔵館、昭和三十三年）、梁啓超「仏典之翻訳」（『中国仏教研究史』新文豊出版公司、民国六十四年）参照。

第二章　魏・晋の仏教
──格義仏教──

第一節　魏の仏教

魏晋南北朝三百六十余年の間は、秦漢四百余年の統一の後をうけて、再び中国が分裂した時代である。安世高・支婁迦讖が渡来した後漢の桓帝・霊帝の時代は後漢の政治的統制力が弱体化し、崩壊を進めつつあった時である。後漢末になると宦官が跋扈し名士や学徒が弾圧され、漢室の威信は地に落ち、群雄は蜂起し、宗教反乱あいつぎ、ついに漢帝国は魏に革命され、魏・呉・蜀の三国分立時代となり、ついでまた晋に革命統一された。後漢の滅亡から三国(二二〇─二六五)・西晋(二六五─三一六)時代にかけて中国の社会も思想界も大きな変革期をむかえた。後漢時代に伝播した外来仏教も、この変革期に乗じて次第に受け入れられるに至った。

三国のうち、魏は華北を占有し勢力も強く、呉も江南の沃土に拠ったが、蜀は四川の盆地に位置し、領域も小さかった。この蜀に入った仏教についての記録が皆無のため、蜀の仏教については不明であるが、五斗米道など道教の勢力はこの蜀地方を中心としており、西域から直接この四川に道教的仏教が入っていたかも知れない。この蜀を除くと、三国時代の仏教の中心地は、北は洛陽であり、南は建業である。

魏の太祖曹操(一五五―二二〇)は黄巾の乱の討伐で名を挙げ、さらに民間淫祀に対して全滅政策をとった。つぎの文帝(曹丕)は黄初五年(二二四)末に巫祝や予言者を信仰する者は左道の罪で断罪することを布告した(『三国志』魏志巻二、文帝紀)。つぎの明帝も青竜元年(二三三)に諸郡国や山川にある非礼の祭祠を禁止した(『三国志』魏志巻三、明帝紀)。このように曹魏の皇帝は、民間祠廟や方士・巫覡による呪術や神仙術を禁じる政策を推進させた。このため、後漢以来流行した不老長生術や神仙思想などの道教的信仰は次第に影をひそめるに至った。

一方、前漢・後漢の中国思想界は儒学で独占されていた。しかもその儒学は経文の訓詁解釈学であったが、後漢の滅亡とともに儒学の権威は衰退した。儒学の権威に反抗し、学問・思想の自由を求める新しい運動が魏の正始中(二四〇―二四九)におこった。その代表者は王弼(二二六―二四九)と何晏(一九〇―二四九)であった。彼らは老子や荘子のいう「無」を万象の根源、道の根本とみなし、無為自然の道を体得する者が聖人であると考えた。この新しい思想運動は魏・晋思想界の中心思想に発展し、嵆康・阮籍・山濤・向秀などの「竹林の七賢」といわれた知識人を輩出させた。この知識人たちの自由な生活態度や思想がつぎの晋代において受け入れられ、漢代とは異なった新しい思想を生みだしたのである。これらの思想家たちは、新しく提供された漢訳仏典にも興味を抱き、仏教の『般若経』や『維摩経』の空思想が、老子や荘子の無の思想と類似したものとして受け入れた。ここに外来仏教の教義が中国に受容される精神的土壌が育成されつつあった。魏・晋の仏教は後漢より継承された一般庶民の「道教的仏教」とともに、知識人による哲学的仏教が開花していったのである。

訳経僧の渡来　魏の時代も西域との交通は盛んであり、文帝の即位元年(二二〇)には、焉耆・于闐などの諸国が遣使朝貢した(『三国志』魏志巻二、文帝紀)。同じく黄初三年(二二二)には鄯善・亀茲・于闐が入貢した。さらに明帝の太和三年(二二九)には、大月氏国王波調が遣使奉献、魏は波調王を親魏大月氏王に任じた(同巻三、明帝紀)。魏王朝と貴霜王朝との交流は西域以西のインド僧の渡来を容易ならしめ、曇柯迦羅・康僧鎧などの天竺僧が洛陽に来たのである。

曇柯迦羅は中天竺の出身であり、魏の嘉平中(二四九―二五三)に洛陽に来た。当時の洛陽の僧は戒律によって生活せず、ただ剃髪しているのが俗人と異なっているだけで、斎や懺悔の法も中国の祠廟で行われていた宗教儀礼によってなされていたばかりでなく、僧は受戒していなかった。そこで曇柯迦羅は『摩訶僧祇律』の戒本である『僧祇戒心』を訳出し、さらに梵僧を請じて羯磨受戒させた(『梁伝』巻一、曇柯迦羅伝)。これが中国仏教の受戒の初めといわれる。同じく安息の人、曇諦は律学を善くし、魏の正元中(二五四―二五五)に洛陽に来て、『曇無徳羯磨』一巻、すなわち曇無徳部の四分律の受戒作法を訳出した。また安法賢は魏の時代に来華し、『羅摩伽経』『大般涅槃経』を訳したという(『歴代三宝紀』巻五)。康僧鎧(Samghavarman)は嘉平の末に洛陽に来て『郁伽長者経』など四部を訳出した。この『郁伽長者経』は後漢の霊帝の代に、安玄と厳仏調とが訳した『法鏡経』の異訳であり、西晋代には竺法護が『郁伽羅越問菩薩行経』として訳したもので、郁伽長者のために在家、出家の菩薩の戒行を説いた大乗経典である。亀兹国出身と思われる帛延は甘露中(二五六—二五九)に洛陽に来て『首楞厳経』『須頼経』など三部四巻を訳した。

朱士行　外国僧の渡来と並んで重要なのは二五〇年前後に漢人僧朱士行が『般若経』の原本を求めるために于闐に求法した事実である。朱士行は潁川(河南省許州の東北)の人、はじめ洛陽において『道行般若経』を講じたが、往々にして意味が通ぜず、そのため完全な原本を求めて甘露五年(二六〇)、于闐に行った。彼はそこで『放光般若経』の原本を得て、西晋の太康三年(二八二)、弟子弗如檀(法饒)をして原本を洛陽に将来させた。朱士行は于闐において八十歳で没したが、洛陽に将来された『放光般若経』は倉垣の水南寺にもたらされ、元康元年(二九一)、于闐の沙門無羅叉、河南の優婆塞竺叔蘭によって『放光般若経』二十巻として訳出された。さらに太安二年(三〇三)には倉垣の水北寺で再校書写された。なお同じ年に支孝竜が竺叔蘭について一時に五部を書写して、校定して定本としたという(『梁伝』巻四、朱士行伝)。漢人にして最初に西域に求法の旅にでたのが朱士行であり、この朱士行の求法の旅につづいて、東晋の法顕、唐の玄奘などによる西域およびインド旅行が敢行されたのである。また朱士行が于闐で求め翻訳した『放光般若経』の出現は、西晋時代の般若研究を興隆せしめる上に大きな貢献を果した。この『放光般若経』は、竺法護訳の『光讃般若経』と同本異訳である。

梵唄の初め　魏の武帝の第三子である陳思王曹植は『弁道論』を著わした人で奉仏者であるとともに文学にも通じたが、かつて魚山(山東)に遊んだ時、空中に梵天の讃を聞き、これに和して梵唄を作ったという(『広弘明集』巻五、弁惑篇)。中国仏教における梵唄の初めはこの曹植に始まる(『梁伝』巻十三、経師篇)。中国では「詠経」を転読といい、「歌讃」を梵唄と称した。この曹植の梵唄は呉の支謙や康僧会に継承され、支謙は「梵唄三契」を伝え、康僧会は「泥洹梵唄」を造ったという。

第二節　呉の仏教

後漢の仏教は楚王英の江南配流や、広陵・彭城における笮融の奉仏事業などによって淮・泗流域に拡大し、さらに江南に流伝した。一方、後漢末の戦乱によって洛陽・長安の住民が多数南遷した結果、仏教僧も江南地方に渡った。さらに『牟子理惑論』に「霊帝の崩後、天下擾乱し、独り交州安し。地方の異人、咸来り在り。(中略)牟子母を将いて世を交趾に避け、年二十六蒼梧に帰り妻を娶る」(『弘明集』巻一)とあることから、中原の知識人が南遷し、広州・交州地方にも漢文化が波及したことがわかる。またこの広州や交州には当時、南海交通の発達によって、海路、林邑・扶南を経由して仏教が伝播した。呉の都建業は華北より南下した仏教と、交州や広州より北上した仏教とによって仏教文化を開花させたのである。南下した人の代表者としては月氏人の支謙があり、北上者の中には交趾より来た康僧会があった。そのほか呉の訳経僧には維祇難《いぎなん》・竺律炎・支彊梁接《しきょうりょうせつ》などがある。

支謙　字は恭明、大月氏の人である。祖父の法度が漢の霊帝代に国人数百を率いて帰化した。十歳にして書を学び、十三にして胡書を学び、六国語に通暁した。支婁迦讖の弟子支亮に習学し、当時天下の博知三支に過ぐるなしといわれたほど勝れていた。献帝(在位一九〇—二二〇)の末年、漢室の争乱のため、数十人とともに呉に逃れた。呉王孫権はその博学と才能を聞き、これを召して博士となし東宮を輔導させたという。黄武元年(二二二)より建興中(二五二—二五三)に至る間、多くの経典を訳出し、『了本生死経』(『稲芋経』)に注釈を加えた(『出三蔵記集』巻十三、支謙伝)。なお『法句経』については、黄武三年(二二四)、維祇難(Vighna)が竺律炎とともに武昌(湖北省鄂城県)に来て、胡漢両語に通じた支謙とともに訳出したともいわれる(『梁伝』巻一、維祇難伝)。支謙の訳出経典のなかでもっとも重要なのは、『維摩詰経』『大明度無極経』

『大阿弥陀経』『瑞応本起経』などであり、『大明度無極経』は支婁迦讖訳の『道行般若経』の同本異訳である。西晋時代、老荘の思想によって仏教の教理を理解する風潮を作るのに支謙訳の般若部経典の果した意義は大きい。

康僧会　その先祖は康居の人であったが、世々天竺に住し、父は商業に従事していたため、交趾に移住した。十余歳にして両親を失い、三蔵・六典に通じた。また南陽の韓林、潁川の皮業、会稽の陳慧の三賢より道を学んだ(『出三蔵記集』巻六、安般守意経序)。呉の孫権が支配した江左には未だ仏教はなかったが、大法を弘めるために赤烏十年(二四七)建業に来て小寺を建て仏像を設けて行道した。時に呉国の人々は初めて沙門を見て奇異に感じた。彼が孫権の求めに応じて仏舎利を得たため、孫権は江南に初めて仏寺を建てて建初寺と号し、その地を仏陀里と名づけたという(『出三蔵記集』巻十三、康僧会伝)。しかし太平元年(二五六)、呉の全権をにぎった孫綝は横暴を極め、民間宗教を迫害し、さらに「浮屠祠を壊ち、道人を斬」(『三国志』呉志巻十九、孫綝伝)ったので、康僧会の伝法も容易ではなかったにちがいない。孫権が建てたという建初寺も国家権力を背景とした国立大寺というよりは、初めて来た沙門の住む僧院であり、仏事を行う寺であったかも知れない。『高僧伝』などが伝える康僧会と孫皓との因果応報に関する仏教教義の問答も後代に作られたものであろう。

康僧会の訳出した経典には『阿難念弥経』『鏡面王経』『察微王経』『梵皇王経』などがあげ

られるが、もっとも重要なのは釈迦の前生物語を説いた『六度集経』である。なお彼は『安般守意経』『法鏡経』『道樹経』の三経に注し、あわせて経序を作った。

三国時代の洛陽並びに呉の仏教思想界には二つの系統があった。一つは安世高の小乗禅学の系統であり、他の一つは支婁迦讖の大乗般若学の系統である。安世高系統の重要な経典としては、安世高の『安般守意経』『陰持入経』、安玄の『法鏡経』および康僧会の『六度集経』などであり、人脈としては安世高・安玄・康僧会・厳仏調および南陽の韓林、潁川の皮業、会稽の陳慧などである。『大蔵経』中に現存している『陰持入経註』の作者は不明であるが、この系統に属する人の注釈であり、西晋以前の作と思われる。この『陰持入経註』は当時の仏典の訳語や、その思想を知る上に重要な意味をもっている。第二の支婁迦讖の大乗般若学の系統の重要経典は、支婁迦讖訳の『道行般若経』『首楞厳経』、支謙訳の『維摩詰経』『大明度無極経』などである。人脈としては支婁迦讖の弟子支亮、その弟子支謙である。安世高と支婁迦讖も同じく洛陽に住したが、康僧会と支謙もまた建業で活躍した。両者同時代に活躍した人であるが、その思想系統がまったく異なっていたことに注目すべきである。安世高と康僧会の系統は不老長生を主とする道教的仏教に近く、般若学を説く支婁迦讖と支謙の系統は玄学に類似している。道教的仏教の系統をひく康僧会は後漢の仏教の流れを継承したものであり、玄学の流れに親近性をもつ支謙の般若学は両晋以後の玄学的仏教の端緒を開いたものといえよう。

第三節　西晋の仏教

魏の宰相司馬炎(晋の武帝)は、魏の帝位を奪い洛陽に都して晋と号した(二六五)。ついで南方呉を滅ぼし(二八〇)天下を統一したが、北方胡族の南下によって滅亡し(三一六)、五胡十六国の時代となり、晋の一族は南方建康に移り、東晋を建国した。この間約五十余年間を西晋という。

魏の正始中(二四〇―二四九)に起った新しい思想界の潮流は、西晋時代にも引きつがれ、晋末の永嘉中(三〇七―三一二)に至って隆盛をきたし、老荘学とくに『荘子』研究が盛んとなり、向秀・郭象などを初めとし、多くの『荘子註』が著わされた。また一方、竹林の七賢で代表される清談の名士が活躍し、儒教の礼教秩序を破った自由な思想が時代思潮の主流を占めるに至った。とくに郭象の『荘子』解釈は、学者・貴族の南渡に伴い、東晋社会に受け入れられたが、それは仏教の般若思想の受容を可能にする条件を熟させたのであった。また清談の流行と脱俗自由な風潮とは『維摩経』にあらわれた維摩居士の受け入れを可能にした。

西晋の首都洛陽は後漢以来、西域人の渡来とともに仏教伝播の中心地であったが、西晋においても、仏教は栄え、西晋末の永嘉中には四十二の仏寺があった(『洛陽伽藍記』序)という。当時、衡陽の太守滕永文や晋の闕公則は、斎会を設け誦経し仏像を拝したことが伝えられている

『法苑珠林』巻四十二)。なお西晋時代、訳経者は道俗十二人、経律六百巻を訳出し、百八十所に寺を建て、三千七百人の僧尼を度した(『釈氏稽古略』巻一)ともいわれており、かなり仏教が盛んであったと思われる。

インド僧の耆域は天竺より扶南に至り、交州・広州をへて襄陽に至り、晋の恵帝の末年に洛陽に来た。華やかな洛陽の僧服を見て「衣服華麗にして、素法に応ぜず」(『梁伝』巻九、耆域伝)と批判した。彼の滕永文が満水寺で病にかかっているのを見て、呪術をほどこし恢復させたという。神異を現じた耆域は流沙をへて西域に帰った。

竺法護　竺法護(Dharmarakṣa. 竺曇摩羅刹)は、月氏の人、本姓は支氏、世々敦煌郡に住した。八歳にして出家、外国沙門の竺高座に師事し、竺を姓とし、ひたすら経典を研鑽した。方等経典が西域にあることを知り、師に随って西域に至り、諸国を遊歴した。その間三十六種の西域諸語に通じ、ついに胡本をもって中華に帰った。彼の訳出した経典は[1]『光讃般若経』『正法華経』『維摩詰経』など約百五十部三百巻といわれ、梁の僧祐は、経法の中華に広く流伝した所以は竺法護の力であると激賞した(『出三蔵記集』巻十三、竺法護伝)。

後漢より晋に至るまでの訳経僧の中で、後漢の安世高と支婁迦讖、呉の支謙の三人も訳経部数が多いが、群を抜き諸家中第一であったのは竺法護である。『出三蔵記集』(巻二)では泰始中(二六五―二七四)より、懐帝の永嘉二年(三〇八)までに訳出した部数を百五十四部とし、『高僧伝』では百六十五部、隋の『歴代三宝紀』では二百十部と増加させているが、『開元釈教録』では百七十五部に整理している。とにかく百五十部をこえる経典を漢訳したことは驚嘆に価する。『出三蔵記集』に訳出年次が明記されているものを検討してみると、泰始二年(二六六)から永嘉二年(三〇八)に至る四十年間にわたって翻訳活動をつづけており、翻訳場所も『修行道地経』七巻を訳した敦煌、『聖法印経』を訳した酒泉、『須真天子経』などを訳した長安、『文殊師利浄律経』などを訳した洛陽など多くの場所にわたっている。

竺法護訳の経典は後代の中国仏教界に大きな影響を与えた。『正法華経』十巻はインドの大乗仏教の重要経典を初めて中国に伝えたのであり、これによって竺道潜・于法開・竺法崇・竺法義・竺道壱などの『法華経』研究者が輩出した。また『法華経』の一品である「光世音菩薩普門品」によって観音信仰が普及した。そのほか『維摩詰経』は清談の流行した東晋の貴族社会に受け入れられた。また支婁迦讖によって第一訳がでた『首楞厳経』も西晋には竺法護訳と竺叔蘭訳が出て、支婁迦讖訳を刪定した支謙の刪定本とで四本となった。老荘学が流行していた西晋の思想界に般若経典として影響を与えたのは『光讃般若経』であった。すでに九年前、朱士行が送った原典の訳出とともに西晋の仏教界は『般若経』研究の全盛期を迎えた。晋の孫綽は『道賢論』を著わし、天竺の七僧を竹林の七賢に比べるにあたって、竺法護を山濤に比しその徳を讃え、時人は皆、敦煌菩薩と尊崇した(『梁伝』巻一、竺法護伝)。

法護の訳経を助けた人に聶承遠・聶道真父子がある。法護が『超日明経』を訳出した時、聶承遠はこれを删定して二巻とした。聶道真は梵学に通じ、法護の訳経を助け、また竺法首・陳士倫・孫伯虎・虞世雅なども執筆詳校の役目を果した。竺法護の弟子には敦煌で活躍した竺法乗をはじめとし竺法行・竺法存がある。その他、当時の訳経僧としては恵帝・懐帝（在位二九〇―三一二）の間に法炬が『楼炭経』を訳し、さらに法立とともに『法句喩経』『福田経』の二経を訳した。これらの訳出経典は永嘉中、胡族の進入による動乱のためすべて散逸した。また恵帝（在位二九〇―三〇六）の時、帛遠は『惟逮菩薩経』などを訳すとともに『首楞厳経』に注し、その弟帛法祚は『放光般若経』に注し、『顕宗論』を著わした。同じ恵帝の世に在家奉仏者の衛士度は『道行般若経』二巻を訳出した。

竺叔蘭　天竺の人、父は達磨尸羅（法首）、叔父に二人の沙門があり、幼少より仏教を学び、漢胡の両語に通じた。元康元年（二九一）に『放光般若経』『異維摩詰経』『首楞厳経』を訳した。『放光般若経』は朱士行が于闐よりもたらした原本を無羅叉が手にとり竺叔蘭が晋文に訳した。『首楞厳経』については、後漢の支婁迦讖訳、呉の支謙訳、西晋の竺法護訳、竺叔蘭訳の四訳があるが、西晋末の支敏度はこの四訳の対校本を作った（『出三蔵記集』巻七、合首楞厳経記）。竺叔蘭・無羅叉訳の『放光般若経』が中原地方で大いに流行研究されたのに対して、竺法護が太康七年（二八六）に訳した同本異訳の『光讃般若経』は甘粛・涼州地方では流行したが、中原地方には伝わらなかった。洛陽地方で訳された竺叔蘭の『放光般若経』は、当時の清談・玄学の盛んな中原地方の知識層に流布したのである。

(1) 岡部和雄「竺法護の訳経について」(『印仏研』第十一巻第一号、昭和三十八年一月)。

第四節　道教の成立と仏教

道教の成立　道教の成立[1]は、後漢末の太平道・五斗米道に求めるのが通説である。太平道は張角によって後漢の霊帝(在位一六八—一八九)頃に始められ、黄巾の乱にまで発展した。五斗米道は順帝(在位一二五—一四四)の頃、張陵によって創始され、張魯に至って教会組織が整備され、四川省から陝西省南部にかけて宗教的な結社運動が起った。後漢末期の社会不安の中で農民大衆の要求をかなえたのがこれらの組織であった。太平道は壊滅したが、五斗米道は魏の曹操に降伏し、天師道として存続した。

一方、当時流行した神仙説や仙術に関する書として、呉の魏伯陽の撰とされる『周易参同契』と、晋の葛洪の『抱朴子』とがあり、大きな影響を与えた。道教は神仙思想を中心とする宗教で、道家・陰陽五行・易・卜筮・讖緯などの多くの諸説や呪術までも広く取り入れ、後代においては教理や儀礼の面に仏教の影響を強く受けて成立した。

『老子化胡経』　仏教が次第に社会的勢威を増すにつれ、仏道二教の間で夷夏の区別や、先後問題を中心として仏道二教の間に論争が起った。魏の陳思王曹植は『弁道論』(2)を著わし、神仙術などの詐妄なる点を明らかにした。西晋時代の道仏の論争は帛遠と道士王浮との間で行われた。王浮の作といわれる『老子化胡経』(3)はこの論争の産物の一つである。「去って終わる所を知らず」という『史記』老子伝が発展して、『魏略』西戎伝にみえるように老子が釈迦を教化したという説が生まれたが、このような説によって作られたのが『老子化胡経』である。仏教が中国へ伝来して以来、次第にその勢力を拡大してきたので、道教側が仏教に対する優位を主張するために偽作されたといわれるが、老子が釈迦となったとか、老子が釈迦を教化したということは、仏教が中国社会に受け入れられるためにはきわめて便利な説で、あるいは仏教側が最初に主張したのかも知れない。

この『老子化胡経』は以後仏道論争の際に常に用いられ、唐代には一時禁断の詔もでたが、元代に至って廃滅した。原形は一巻であったらしいが、唐代には十巻本もあったといわれる。

なお道安の『二教論』、甄鸞《けんらん》の『笑道論』、法琳の『弁正論』『破邪論』、祥邁の『至元弁偽録』等に引用された『化胡経』を見ると、『老子化胡経』『老子西昇化胡経』『明威化胡経』『化胡消水経』『老子開天経』などの名称で呼ばれているが、すべて後代に作られたものであり、近代になって発見された敦煌本も、唐代以後の作といわれる。

（1）　道教については、幸田露伴『道教思想』（角川書店、昭和三十二年）、小柳司気太『老荘の思想と道教』（関書院、昭和十年）、常盤大定『支那に於ける仏教と儒教道教』（東洋文庫、昭和五年）、吉岡義豊『道教の研究』（法蔵館、昭和二十七年）、同『道教経典史論』（道教刊行会、昭和三十年）、同『道教と仏教』第一（日本学術振興会、昭和三十四年）、同第二（豊島書房、昭和四十五年）、同第三（国書刊行会、昭和五十一年）、同『永生への願い　道教』（淡交社、昭和四十五年）、窪徳忠『道教と中国社会』（平凡社、昭和二十三年）、同『道教史』（山川出版社、昭和五十二年）、福井康順『道教の基礎的研究』（理想社、昭和二十七年）、大淵忍爾『道教史の研究』（岡山大学共済会書籍部、昭和三十九年）、許地山『道教史』上（商務印書館、民国二十三年）、傅勤家『中国道教史』（商務印書館、民国二十六年）、陳国符『道蔵源流考』（中華書局、一九六三年）などがある。

なお道教経典の敦煌目録については、大淵忍爾『敦煌道経目録』（法蔵館、昭和三十五年）、吉岡義豊『スタイン敦煌道経分類目録』（東洋文庫、昭和四十四年）などがある。

（2）　久保田量遠「曹魏西晋時代に於ける道仏二教の関係」（『支那儒道仏三教史論』第四章、東方書院、昭和六年）。

（3）　桑原隲蔵「老子化胡経」（『東洋史説苑』昭和二年）。柴田宣勝「老子化胡経偽作者伝に就いて」（『史学雑誌』第四十四編第一・二号、昭和八年一・二月）。松本文三郎「老子化胡経の研究」（『東方学報』京都、第十五冊第一分、昭和二十年一月）。福井康順「老子化胡経」（『道教の基礎的研究』）。王維誠「老子化胡説考証」（『国学季刊』第四巻第二号、民国二十三年）。

第二部　発展と定着

――東晋・南北朝の仏教

第三章　五胡十六国の仏教

――北方胡族支配下の仏教――

北方匈奴族の漢(前趙)の劉聡(在位三一〇―三一七)が懐帝の永嘉五年(三一一)、洛陽を攻め帝を虜にし、さらに一族の劉曜が愍帝の建興四年(三一六)、長安を陥したため、ついに西晋は滅亡するに至った。西晋の一族司馬睿は南方建康に逃れてここで帝位につき、東晋の元帝(在位三一七―三二二)と称した。江南を支配した東晋(三一七―四一八)百余年の間、江北中原の地は胡族の蹂躙するところとなり、前趙以後、主として五胡(匈奴・鮮卑・羯・氐・羌)の諸民族が興亡し、十数国の興廃があったので、これを五胡十六国の時代という。北方胡族国家は北魏(四三九)に統一されるまで、南方東晋は劉裕(四二〇)に革命されるまでの百余年間を東晋時代または五胡十六国の時代という。

西晋が滅んで東晋が興ると、中原の貴族も帝室とともに江南に移住したため、従来中国文明の中心であった黄河流域は俄かにさびれて、これより以後は長江の流域が中国文化の中心となり、華北中心の文明が全中国に拡大するにいたった。このことは東洋史上の一大事件であるばかりでなく、中国仏教の展開・拡大に大きな影響を与えたのである。

第一節　仏図澄とその門下

仏図澄　華北の覇者となった後趙王の石勒と石虎の尊信を受け、後趙仏教の中心となって活躍したのは仏図澄[1]（二三二—三四八）である。仏図澄は西域の人、本姓は帛氏とあるから亀兹国の人であったが、罽賓国に行き、説一切有部系の小乗仏教を学んだ。西晋の永嘉四年（三一〇）に敦煌を経て洛陽に来、東晋の永和四年（三四八）十二月八日、鄴都で百十七歳で没した。洛陽に来た時すでに七十九歳の高齢であった。霊能者としての神通力や呪術・予言に長じていた仏図澄は、石勒の尊敬を受けた。石勒の没後は残忍な猛将であった石虎が後趙王となったが、石虎もまた仏図澄を国の大宝として崇敬し、大和上と尊称した。

西晋武帝の太康中（二八〇—二九〇）に晋人の出家を禁じた（『法苑珠林』巻二十八、晋抵世常伝）といわれるが、従来寺を建てたり、出家するのは西域人に限られていたが、石虎は人民が出家することを公許した。石虎治下の仏図澄の教化力は大きく、仏調・須菩提らの外国僧数十名がはるか天竺・康居から数万里を遠しとせずに、流沙を渉って仏図澄の下に集り、さらに漢人の道安、中山の竺法雅なども仏図澄に師事した。かくて門徒一万人に近く、仏寺を興隆すること八百九十三所となり、華北仏教は仏図澄によって最も盛んとなった。弟子には五胡十六国時代の後半に活躍した道安・竺法雅・僧朗をはじめとし法首・法祚・法常・僧慧・道進・法汰・法和・安令首尼などがある。

訳経もせず著述も残さなかった仏図澄は神異道術の達人であった。そのため仏図澄の伝記は『晋書』巻九十五「芸術伝」、『高僧伝』巻九「神異篇」などに収められている。また仏図澄は戒律を正した持律の僧であった(『出三蔵記集』巻十一、比丘大戒序)。彼の弟子安令首尼は西晋末の建興中(三一三—三一六)、洛陽西門に竹林寺を建て、初めて比丘尼戒を受けた竹林寺浄検より戒を受け、建賢寺を建てた。出家者二百余人、精舎を造り、修行に励み、石虎はこれを敬したという(『比丘尼伝』巻一、安令首尼伝)。後趙の石勒・石虎時代に活躍した仏図澄につづいて、当時神異道術に通じて活躍した者には単道開・竺仏調・耆域・揵陀勒などがあった(『梁伝』巻九)。

僧朗　仏図澄の弟子僧朗は太山に住して民衆を教化した神僧であるが、蔬食布衣の生活にあまんじた。冉閔の乱を避けて太山に移り、隠士張忠と交わり修道に努めた。太山西北の金輿谷崑崙山に精舎を建て、百余人の門弟を教えた。僧朗は山中において虎災を除き、道俗を安んじ、八十五歳で没した。彼は霊験・神異の能力に秀でて、前秦王苻堅・後秦姚興・南燕慕容徳・東晋孝武帝・北魏拓跋珪の尊崇を受けた。僧朗が南燕慕容徳より東斉王の号を受け、かつ二県の封給を賜わったことは中国仏教史上特筆すべきである。(2) 義解僧としての僧朗は『放光般若経』を講じたが、弟子に僧叡がある。

(1) 仏図澄については、塚本善隆「華北胡族国家の仏教興隆」(『中国仏教通史』第一巻、第五章)。Arthur F. Wright, "Fo-t'u-têng(仏図澄), A Biography", *Harvard Journal of Asiatic Studies*, vol. 11, 1948, pp. 321-370.

(2) 宮川尚志「晋の太山、竺僧朗の事蹟——五胡仏教に対する省察——」(『東洋史研究』第三巻第三号、昭和十三年二月)。

第二節 道安教団の活躍

仏教史家は初期の中国仏教界の偉人として仏図澄・道安および慧遠の三人をあげるが、中国仏教の地盤を築いた上でもっとも功績のあったものは道安である。(1)道安は一世の師表として仰がれ、乱世の間にあって数千の学徒を指導し、前秦王苻堅の信頼を得て、仏典の校訂・注釈、経録の編纂、儀軌の制定など中国仏教の基礎づけに大きな功績を残した。弟子慧遠も廬山において白蓮社を結び中国浄土教の開拓者としての役割を果したが、中国仏教は実に道安を俟って初めてその根底を固めることができたといってよい。宋の祖琇は「法源濫觴の初め、仏図澄に由りて安を得、安に由りて遠公を得たり」(『隆興仏教編年通論』巻三)といっているが、道安は仏図澄を俟たないでも道安であったが、慧遠は道安を俟たずしては慧遠たり得なかったのである。

道　安　道安は本姓は衛氏、西晋の永嘉六年(三一二)、常山の扶柳(河北省冀県西南六十里)に生まれた。幼くして父母を失い、義兄の孔氏に養育された。天稟の英資にめぐまれ学を志したが、十二歳のとき出家した。容貌が醜陋であったため師から重んぜられず、三年間田圃に駆役されていたが、師に乞うて『弁意経』(『弁意長者子所問経』)と、さらに一万言からなる『成具光明経』を与えられたが、一読して諳んじたという。

その後、道安は師から具足戒を受けて遊学し、仏図澄の弟子となった。道安は仏図澄の信任を得て勉学に励んだが、やがて仏図澄が入滅し、また当時慕容氏と石氏との戦乱が烈しくなったため、道安は護沢(山西省陽城県)に逃れ、そこで太陽の沙門竺法済、雁門の沙門曇講、鄴都の沙門竺僧輔について経典を研究し、さらに竺法汰とともに飛竜山に入り、僧先・道護とともに経典を究めた。また太行の恒山において寺塔を建立し、河北を教化した。武邑の太守盧歆の要請に応じて、その地に開講したが、四十五歳に至って再び冀州(河北省高邑県西南十五里)に帰り、受都寺に住して門下数百人を集め、法化を弘布した。この時、趙王石慕の要請によって鄴都の華林園に入ったが、冉閔の乱が始まったため、衆を率いて王屋(山西省垣曲県)の女机山に入った。さらに難を逃れて黄河を渡り陸渾(河南省嵩県)に移住し、山棲木食して修学した。慕容俊が陸渾に迫ったため、新野(河南省新野県南)に至った。ここにおいて広く教法を流布させるため、その徒衆を四方に派遣させようと考え、法汰を揚州に、法和を蜀に行かせた。自らは五百人（一説四百人）とともに襄陽に達した。襄陽にいる道安の下には四方の学士が集まったため、彼が住していた白馬寺が狭くなり、清河の張殷の宅を寺とし檀渓寺と名づけた。富豪の援助により五層の塔と四百の房が完成した。涼州の刺史楊弘忠は銅万斤を送り、前秦王苻堅は金の倚像などを送った。東晋の孝武帝も使を遣わし彼の高徳を讃えた。有名な習鑿歯も自ら進んで道安と交際を求めた。

前秦の建元十五年（三七九）、苻堅は襄陽を攻略した。苻堅が道安の名声を聞いて、彼を獲得して自分の輔弼とするためであった。道安は苻堅の要請に従い、襄陽を去って長安に至り、数千の僧徒を化導した。道安は長安時代、めぐまれた環境の中で経典の序文を書いたり、経典研究に打ちこむことができたが、苻堅が淝水の戦で敗れ、さらに姚萇に殺される三カ月前、東晋の太元十年（三八五）二月八日、七十四歳で没した。

道安が襄陽にいたとき「四海の習鑿歯」といわれた知識人習鑿歯に対して、自ら「弥天の道安」と称したというが、習鑿歯が謝安に与えた書（『出三蔵記集』巻十五）によると、習鑿歯は道安が非類なき勝れた人材であり、内外の群書をはじめ陰陽・算数にも通じ、仏経についてはもっとも長じていたことを記している。苻堅が襄陽を攻略したのは道安を得るためであったが、彼はその目的を達したとき、僕射の権翼に対して「朕は十万の師を以て襄陽を取り、唯一人半を得たり。（中略）安公は一人、習鑿歯は半人なり」（『梁伝』巻五、道安伝）といったという。また鳩摩羅什もその本国亀玆に居た時、すでに道安の徳風を聞いて、これ実に東方の聖人であると嘆称し、遙かに敬礼したという。

道安は経文の幽遠を究め、その蘊奥を探るため仏典に注釈した。『般若経』研究に力を注いだ道安は『光讃般若経』を注解した『光讃折中解』『光讃抄解』、『放光般若経』の解釈である『放光般若折疑准』および『折疑略』『起尽解』を、さらに『道行般若経』の注釈である『道行集異注』を著わした。(2) 禅観に関するものとしては、『大十二門注』『小十二門注』『了本生死経注』『人本欲生経注撮解』『安般守意経解』『陰持入経注』『大道地経注』がある。そのほか『賢劫八万四千度無極経解』、厳仏調の撰した『十慧章句』と康僧会の集めた『六度要目』より抄出してできた『十法句経』の『連雑解』、竺法護訳の『密迹金剛経』、『持心梵天経』の『甄解』など二十余部を著わした。道安こそ仏典注釈者の祖というべきである。

道安は仏典を注するとともに多くの序文を書き、仏典翻訳の由来、仏典の解題、自己の見解を発表した。『安般注』序、『陰持入経』序、『人本欲生経』序、『了本生死経』序、『十二門経』序（『出三蔵記集』巻六）、『道行般若経』序、『合放光光讃略』解（同巻七）、『摩訶鉢羅若波羅蜜経』抄序（同巻八）、『増一阿含経』序（同巻九）、『道地経』序、『十法句義経』序、十四巻『鞞婆沙』序、『阿毘曇』序（同巻十）、『比丘大戒』序（同巻十一）などを著わした。その他、西域の地理・産物ならびに仏教の状態などを記した『西域志』（『水経注』巻二）も道安の著書とされている。

道安は仏典を翻訳する際、翻訳者が注意すべき事項として「五失本、三不易《ふえき》」を唱えた。五失本とは、禁止条項ではなく、漢語に翻訳するに際してこの五つの規定内においては胡本の原形を失しても止むを得ざる事項であり、三不易とは翻訳が困難である三事項をあげたのではなく、経文を勝手に易えてはならぬという三つの根拠をあげたものである[3]。隋代の訳経者彦琮は『弁正論』を著わし、その中でこの道安の学説を引用し、道安の見識をたたえた（『唐伝』巻二、彦琮伝）。

道安はまた後漢から西晋に至るまでの訳経の時代および訳人を検索し、仏典の真偽を判別するため、東晋の興寧二年（三六四）に『綜理衆経目録』（『道安録』[4]と略称される）一巻を撰した。この経録は散逸したが『出三蔵記集』巻二より巻五までにおいて、その内容を窺うことができる。

道安はまた戒律を重視した。すでに曇柯迦羅(Dharmakāla)と曇諦(Dharmasatya)によって僧祇律および四分律が伝えられて受戒の法も実行されていたが、なお不十分であった。道安は曇摩侍の伝えた『十誦比丘戒本』および僧純が将来した『比丘尼大戒』を竺仏念、曇摩持・慧常などに訳さしめた。かくて道安は戒律を整備、研究し、『僧尼軌範』『法門清式二十四条』（『編年通論』巻三）を制定した。それは(1)行香・定座・上経・上講の法、(2)常日六時行道飲食唱時の法、(3)布薩差使悔過等の法を内容とした。なお礼懺文を集めた『四時礼文』一巻がある（『義天録』

巻二)。そのほか道安は初めて釈姓を唱えた。従来の沙門は各人の姓が不同であったが道安は「大師の本は釈迦より尊きはなし」と主張して、仏弟子たるものすべて釈をもって姓と定めた。

道安は熱心な弥勒信仰者であり、つねに隠士王嘉、弟子法遇・曇戒・道願など八人とともに弥勒像の前において誓いをたて、兜率往生を願った。徒衆数百といわれた道安の弟子の中で僧伝に見えるのは、慧遠・慧持兄弟を初めとして、曇翼・法遇・曇徽・曇戒・道立・慧永・曇邕・道願などである。道安と同学の法汰・法和も道安の弟子ともいえる。これらの中で道安の真の継承者は廬山に移った慧遠であった。

竺法雅——格義仏教　道安と並んで仏図澄の講説を聞いた竺法雅は格義仏教を唱導した。魏・晋時代より、儒教にかわって老子・荘子などの無の哲学が思想界に流行したため、漢訳仏典を理解するのに老荘思想を媒介としたり、老荘思想を習合させて説明する風潮が生じた。これを格義仏教という(5)。格義とは「経中の事数を以て外書に擬配して、生解の例と為す」(『梁伝』巻四、竺法雅伝)といわれるように、たとえば仏教の五戒を儒教の五常にあてはめて理解しようとしたたぐいである。

竺法雅は河間(河北省河間県)の人、中山(河北省定県)出身の康法朗などとともに格義を仏教理解の方法に用いた。法雅は外典と仏経とをかわるがわる講説し、道安・法汰とともに諸疑を解釈して経要を尽した。道安も初期の時代には中国古典、とくに『老子』の言葉を媒介として仏典を理解したが（『安般守意経』序）、後には仏典は仏典として正しく理解すべきだとして、格義を排斥した。しかし老荘学をもって仏教を理解する方法は広く当時の社会に流行したのであった。

竺法雅の時代、康法朗・毘浮・曇相なども格義を主張し、法雅の弟子曇習も格義を継いだ。中山において門徒数百といわれた康法朗には弟子令韶があり、禅数《ぜんしゅ》を善くした。

慧皎の『高僧伝』を見ると、後漢から魏に至る間は、訳経僧の伝記を列ねただけで義解僧はないが[6]、西晋以後になると、『般若経』研究の義解僧を多く記述している。

三国時代、朱士行が于闐から洛陽に送り、竺叔蘭により訳出された『放光般若経』は「大いに華京に行われ、息心居士、翕然とこれを伝えたり」（『出三蔵記集』巻七、合放光光讃略解序）といわれるように、当時の仏教界に迎えられた。阮瞻・庾凱などとともに八達の一人であった支孝竜は『放光般若経』を講じ、康僧淵は『放光』『道行』の二『般若経』を誦した。晋の成帝の時、康僧淵は康法暢・支敏度とともに江南に渡った。常に麈尾を持ち清談に長じた康法暢は『人物始義論』を著わした（泰山に住した支僧敦は大乗に通じ、数論を善くし『人物始義論』を著わしたともいう）。その他、竺道潜・竺法蘊・于法蘭・于法開・于道邃・支遁・竺僧敷なども『般若経』研究に従事した。

般若空についての異説　『般若経』は一切法の空なることを説いたのであるが、当時の学者はこの空を解釈するのに老荘の無をもってしたため、正しく般若の空を理解することができなかった。姚秦の頃、鳩摩羅什が竜樹の『中論』などを翻訳するにいたって、初めて般若の空の正しい理解が得られた。道安の頃までに般若の空の解釈に種々の異説がでて、羅什の弟子僧肇の『不真空論』や、隋の吉蔵の『中論疏』などによると、当時、空の解釈に(1)心無義、(2)即色義、(3)本無義の三義[7]があるとし、曇済の『六家七宗論』[8]では七家の説をあげている。(1)心無義とは「心を万物に無とす、万物未だ嘗て無ならず」(『不真空論』)ということで、空とは万物の上に心を止めぬこと、物に執着心を起さぬことで、支敏度・道恒の主張である。支敏度[9]は衣食のために心無義という新説を創唱したといわれ(『世説新語』仮譎篇)、また道恒は心無義に執したため、竺法汰とその弟子曇壱や、廬山の慧遠に排撃された(『梁伝』巻五、竺法汰伝)。(2)即色義とは「色は自ら色ならず、故に色なりと雖も、而も色に非ず」とあり、色は色としての自性をもたないこと、即色とは即色空の意で、色は色でありながら実は色ではなく、本来空であることを主張する説である。即色義は『即色遊玄論』の著者、支遁の説とされる。(3)本無義とは「情《こころ》に無を尚び、多く言に触れてもって無に賓す。故に非有なれば有は即ち無く、非無なれば無も亦た無し」といわれ、非有非無の双非によって有無の二見を破し、空とは物が一切の分別を超えたものであることを示す。非有非無をもって般若の本質とみたのは、道安であり、その弟子僧叡・慧遠も本無義を主唱した。なお陳の慧達の『肇論疏』では心無義を竺法温(竺法蘊)、即色義を支遁、本無義を道安と慧遠の説としている。また吉蔵の『中論疏』では、本無義に道安の本無義と、不正義とされる琛法師(竺道潜)の説をあげ、即色義には関内の即色義と支遁の『即色遊玄論』の説をあげ、心無義には温法師(竺法温)の説をあげている。なお曇済の『六家七宗論』では本無宗・本無異宗・即色宗・心無宗・識含宗・幻化宗・縁会宗の七宗をあげ、本無宗のなかに本無異宗を含ませて六家と称した(『中論疏記』巻三末)。このうち識含宗は于法蘭の弟子于法開の説、幻化宗は竺法汰の二人の弟子曇壱か道壱かの説、縁会宗は于道邃の『縁会二諦論』の説といわれる。

三国時代以後、老荘思想が流行し、さらに魏の正始中に清談が起って天下を風靡するなかで、『般若経』が陸続と訳出されたため、般若思想に関する理解が急速に高まった。この結果、一方においては格義が現われ、つづいて般若・空についての種々なる異説が行われ、さらにこれらに洗練されて空思想の真の理解が起るに至った。

(1)　道安については、羽渓了諦「弥天道安論」(『藝文』第三年第二・三・四号)を初めとして、湯用彤「釈道安」(『漢魏両晋南北朝仏教史』第八章)、宇井伯寿『釈道安研究』(岩波書店、昭和三十一年)、塚本善隆「中国仏教史上の道安」(『中国仏教通史』第一巻、第七章)、玉城康四郎「道安の仏教」(『中国仏教思想の形成』第一巻、第五章、筑摩書房、昭和四十六年)などがある。なお道安伝の英訳としては、Arthur E. Link, "Biography of Shih Tao-an", *T'oung Pao*, vol. XLVI, Livr. 1–2, 1958がある。中国思想史より見たものに、武内義雄「支那思想史上より見たる釈道安」(『支那学』第二巻第八号、大正十一年四月)がある。

(2) 横超慧日「初期中国仏教者の禅観の実態」(宮本正尊編『仏教の根本真理』三省堂、昭和三十一年)。

(3) 横超慧日「釈道安の翻訳論」(『印仏研』第五巻第二号、昭和三十二年三月)。

(4) 常盤大定「「道安目録」の整理及びその復原」(『後漢より宋斉に至る訳経総録』前編第二章、東方文化学院東京研究所、昭和十三年)。林屋友次郎「道安綜理衆経目録」(『経録研究』前篇第三部、岩波書店、昭和十六年)。

(5) T'ang Yung-t'ung, "On "Ko-yi", the earliest method by which Indian Buddhism and Chinese thought were synthesized", Radhakrishnan, *Comparative Studies in Philosophy*, New York, 1950, pp. 276–286.

(6) 武内義雄『支那思想史』(岩波書店、昭和十一年)一九一頁。

(7) 湯用彤『漢魏両晋南北朝仏教史』(商務印書館、一九三八年)二二九頁以下。境野黄洋『支那仏教史講話』上巻(共立社、昭和二年)一三四頁以下。宇井伯寿「支那仏教史の初期に於ける般若研究」(『仏教思想研究』岩波書店、昭和十八年)。松本雅明「魏晋における無の思想の性格」(『史学雑誌』第五十一編第二・三・四号、昭和十五年二・三・四月)。同『中国古代における自然思想の展開』(松本雅明博士還暦記念出版会、昭和四十八年)。横超慧日「魏晋時代の般若思想」(『福井思想論集』)。蜂屋邦夫「心無義説小論」(東京大学教養学部『紀要比較文化研究』第九輯、昭和四十四年三月)。湯用彤『魏晋玄学論稿』(人民出版社、一九五七年六月)。侯外廬等『中国思想通史』第三巻(人民出版社、一九五七年)四〇四頁以下。

(8) 今井宇三郎「六家七宗論の成立」(『日本中国学会報』第七、昭和三十年十月)。

(9) 陳寅恪「支愍度学説考」(『慶祝蔡元培先生六十五歳論文集』歴史語言研究所集刊外編第一種上冊、

民国二十二年一月、国立中央研究院刊)。

第三節　鳩摩羅什とその門下

道安を崇拝した前秦王苻堅の後を受けて、華北において一大仏教興隆期を現出させたのは、姚秦の時代である。姚秦時代多くの西域僧が陸続として渡来し、訳経事業に従事したが、その中に中国訳経史上に一新時期を劃したばかりでなく、中国仏教を移植の時代から成長発展の時代に転回せしめた原動力となったのは、鳩摩羅什(1)(Kumārajīva. 三四四—四一三または三五〇—四〇九)の活躍である。

鳩摩羅什　鳩摩羅什の伝記を述べた根本資料は『出三蔵記集』巻十四、『高僧伝』巻二、『晋書』巻九十五「鳩摩羅什伝(2)」であるが、三伝とも生没年に疑問があるが、僧肇の撰した『鳩摩羅什法師誄』(『広弘明集』巻二十三)を信用すれば後秦姚興の弘始十五年(四一三)に没したことになり、逆算すればその生年は東晋康帝の建元二年(三四四)とすることができる。なおこの誄に疑問を抱き『高僧伝』等を検討しその生涯を大体三五〇—四〇九年と推定する学者(3)もある。羅什は天竺人鳩摩羅炎を父、亀兹国王の妹を母として亀兹国で生まれた。七歳で出家し、経を学んで、日々千偈を誦したという。九歳の時、出家した母に伴われて罽賓に移り、槃頭達多に師事し、雑蔵、『中阿含経』『長阿含経』を学んだ。十二歳のとき、母とともに罽賓を去り、亀茲に帰る途中、疏勒(Kashgar)に立ち寄り、仏鉢を頂戴した。羅什は疏勒に留まること一年、『阿毘曇』『六足』の諸論、『増一阿含経』を誦した。沙門喜見の推挙により、疏勒王に重んぜられ、『転法輪経』を講じたという。その後亀茲に帰り、広く四吠陀・五明・陰陽星算の諸学を究めた。羅什の初期の習学は小乗仏教を主としていたが、須利耶蘇摩に師事して大乗教を学び、『中論』『百論』を誦した。また仏陀耶舎より『十誦律』を学んだ。爾後、亀茲国の新寺に住し、『放光般若経』を学び、諸大乗経論に通じた。羅什がかつて小乗教を学んだ旧師槃頭達多は罽賓より亀茲へ来て、羅什より大乗の深義を教えられたという。それより大乗学者としての羅什の名声は西域諸国に広まった。

関中で勢力をはった前秦王苻堅は建元十八年(三八二)、将軍呂光に亀茲および焉耆を伐たしめ、亀茲の王室を滅ぼし羅什をとりことした。羅什を伴った呂光は、苻堅が姚萇に殺され前秦が滅んだことを聞いて、涼州を平定し、後涼国を建てたため、羅什も十六、七年間涼州に滞在した。後秦の姚興は弘始三年(四〇一)、後涼を討ち、羅什を長安に迎えた。三宝を尊崇した姚興は国師の礼をもって羅什を迎え、西明閣および逍遙園において経論を訳出させた。爾後十余年間、専心経論の伝訳・講説に従事し、門下数千の英才を教化したのである。

羅什が弘始四年から同十五年にかけての十二年間に翻訳した経典は、『出三蔵記集』では三十五部二百九十四巻、『開元釈教録』では七十四部三百八十四巻というが、とにかく三百巻以上の大翻訳事業をなしとげたのである。その主なものをあげれば、『大品般若経』『妙法蓮華経』『阿弥陀経』『思益経』『仏蔵経』『維摩経』『金剛経』などの大乗経典、『坐禅三昧経』『禅秘要法経』『禅法要解』などの禅経典、『十誦律』『十誦比丘戒本』などの律典、および『中論』『十二門論』『百論』『大智度論』『成実論』などの論書をはじめ、『馬鳴菩薩伝』『竜樹菩薩伝』『提婆菩薩伝』などの伝記類にわたっている。そのほか著書としては姚興のために『実相論』二巻を作ったという。また慧遠の質問に答えたものとして『鳩摩羅什法師大義』三巻がある。羅什がもっとも力を注いだのは般若系の大乗経典と竜樹・提婆系統の中観部の論書の翻訳であり、羅什こそインドの中観仏教や主要な大乗経典を中国に移植した最大の功績者であった。

鳩摩羅什の訳出経典は後の中国仏教に大きな影響を与えた。『中論』『百論』『十二門論』の三論は道生などによって南方へ伝えられ、僧朗・僧詮・法朗を経て、隋の吉蔵によって三論宗として大成された。また『大智度論』も、三論とともに四論学派をおこし、さらに『法華経』とともに天台宗を開く根拠を提供し、『成実論』は成実学派の基礎となった。そのほか『阿弥陀経』や『十住毘婆沙論』は浄土教の所依の経論となり、『弥勒成仏経』などは弥勒信仰の発達をうながし、『坐禅三昧経』などの訳出は菩薩禅の流行をうながし、『梵網経』は大乗戒を伝え、『十誦律』は律研究の資料を提供したのである。

羅什は姑蔵において呂光に強いられて亀玆王女を妻としたり、長安において姚興より妓女十人の提供を受け、自ら講説に際して、「たとえば臭泥の中に蓮花を生ずるが如し。ただ蓮花を採りて臭泥を取ること勿れ」(『梁伝』巻二、鳩摩羅什伝)と弁護したことは、あるいは伝説であって事実ではないかも知れないが、持戒堅固な道安・慧遠などとは異なった特異な仏教者であった。

鳩摩羅什の門下三千人と称せられる中で、関内の四聖といわれた僧肇・僧叡・道生・道融、およびこれに道恒・曇影・慧観・慧厳を加えた八宿を初めとし、僧䂮《りゃく》・僧遷・法欽・曇無成・僧導・僧業・僧嵩など三十数人があった。羅什の没後、僧肇・道融・僧䂮はそのまま長安に留まったが、道生・慧厳・慧観・僧叡・僧苞・曇無成・道温・僧導などは南方に移ったため、羅什の伝えた大乗仏教は江南に伝播し、南北両地において研鑽されるに至った。とくに僧導系統より成実学派が生まれ、僧嵩系統より南方の新三論が生まれた。北地に残った僧䂮は姚興が僧尼を統制するため僧官を置いた時、名声により国内の僧主となり、僧遷は悦衆に、法欽・慧斌は僧録に就任した(『梁伝』巻六、僧䂮伝)。

僧　肇　僧肇は京兆の人、家が貧しかったので書物の筆写によって生計をたてたため、経史等の古典に通じた。殊に老荘を愛好して心要とした。『老子』を読んだが満足せず、呉の支謙訳の『維摩経』を見て歓喜、翫味し「始めて帰する所を知れり」といい、出家して大小乗を学んだ。後に鳩摩羅什が姑蔵に来ていることを知り、姑蔵に至り羅什に師事し、羅什が長安に入ると、師に随って長安に帰り、僧叡などとともに羅什の訳業を助けた。『大品般若経』が訳出された頃、すなわち弘始七年(四〇五)前後、僧肇は『般若無知論』を著わして羅什に呈したところ、羅什はこれを賞讃した。時に廬山の劉遺民が道生の将来したこの論を見て感嘆し、書を僧肇に呈し、僧肇も答書を返した。弘始九年(四〇七)、僧肇は『維摩経注』を著わしたが、これも劉遺民へ贈った。『高僧伝』によると僧肇は東晋の義熙十年(四一四)、春秋三十一をもって没したとされ、これを信用する限り、彼の生涯は三八四―四一四年と確定されるが、彼の没年を四十歳前後と修正し、生没年代を三七四―四一四年と推定する学者もある。(4)

僧肇の著書としては、『肇論』『注維摩詰経』『百論序』『長阿含経序』『宝蔵論』『梵網経序』『金剛経注』『法華経翻経後記』『鳩摩羅什法師誄』などがあるが、『宝蔵論』以下は僧肇の真撰とは認められない。(5)『肇論』は僧肇の書「般若無知論附劉遺民書問」「物不遷論」「不真空論」「涅槃無名論」の四論に「宗本義」が冠されて南北朝末に成立したものである。(6)

(1)　羽渓了諦「鳩摩羅什の研究」(『藝文』第一年第九号・第二年第一号、明治四十三・四年)三四一頁以下。境野黄洋「鳩摩羅什の学統」(『支那仏教精史』第二篇第一章)。横超慧日「鳩摩羅什の翻訳」(『大谷学報』第三十七巻第四号、昭和三十三年三月)。塚本善隆「鳩摩羅什論――その仏教の江南拡大を中心として――」(1)(2)(『結城論集』および『干潟論集』)。湯用彤「鳩摩羅什及其門下」(『漢魏両晋南北朝仏教史』第十章、二七八頁以下)。

(2)　鳩摩羅什伝の資料批判については、上原専録「鳩摩羅什考」(『一橋論叢』第二十二巻第一号、昭和二十四年七月)がある。

(3) 塚本善隆編『肇論研究』(法蔵館、昭和三十年)一三〇頁以下。

(4) 塚本善隆、前掲書、一二〇頁以下。

(5) 拙著『中国華厳思想史の研究』(東京大学出版会、昭和四十年)三七五—四〇一頁。

(6) 板野長八「僧肇の般若思想」(『加藤集説』)。蜂屋邦夫「僧肇の般若無知論及び劉遺民との問答について」上(東京大学教養学部『紀要比較文化研究』第十一輯、昭和四十六年八月)。Liebenthal, Walter, *The Book of Chao* (肇論), A Translation from the Original Chinese with Introduction, Notes and Appendices, Monumenta Serica, Journal of Oriental Studies of the Catholic University of Peking, Monograph XIII, The Catholic Univ. of Peking, 1948.

第四節　毘曇と律の将来

毘曇と律の訳出　東晋時代、華北において訳業に従事した翻訳僧は多いが、その中でとくに華北において大きな影響を与えたのは、毘曇と律に関する訳経である。毘曇と禅数の学は、すべて安世高が伝えて以来、北地においては隆んであり、竺道潜の弟子竺法友は阿毘曇を受け、竺僧度は『阿毘曇旨帰』を著わしたという。

僧伽跋澄(衆現)は罽賓の人、建元十九年(三八三)、『鞞婆沙論』を、翌年に『婆須蜜集経』と

『僧伽羅刹集経』とを訳出した(『出三蔵記集』巻二)。『鞞婆沙論』の訳出に際しては曇摩難提が筆受し、後の二経は曇摩難提・僧伽提婆の三人で梵本を誦し、竺仏念が訳業に当たり、慧嵩が筆受し、道安と法和がこれを対校した。

曇摩難提(法喜)は兜佉勒(Tukhuār. 都貨羅《とかち》)の人、建元二十年(三八四)から二十一年にかけて『増一阿含経』と『中阿含経』を難提が梵本を口誦し、竺仏念が訳出した。

僧伽提婆(Saṃghadeva. 衆天)は罽賓の人、前秦の建元中に長安に来て、建元十九年(三八三)『阿毘曇八犍度論』を、翌年『阿毘曇心論』を訳出した。『八犍度論』は「因縁品」を欠いていたが、三九〇年曇摩卑によって補われた。のち江南に渡り、廬山に入り、東晋の太元十六年(三九一)に『阿毘曇心論』と『三法度論』を慧遠のために訳した。東晋の隆安元年(三九七)から翌年にかけて、罽賓沙門の僧伽羅叉とともに『中阿含経』を訳出したが、この『中阿含経』は現存しない。『三法度論』は東晋の孝武帝の時、鳩摩羅仏提が訳した『四阿含暮抄解』と同一本である。

竺仏念は涼州の人、前秦の建元中、僧伽跋澄・曇摩難提に協力して訳業に従事した。『増一阿含経』『中阿含経』が訳出されたのは竺仏念の功績である。「世高・支謙より以後、念に踰《まさ》るものなく、苻姚二代に在りて、訳人の宗たり」(『梁伝』巻一、竺仏念伝)と称せられた。のち、自ら『出曜経』『菩薩瓔珞経』『十住断結経』『菩薩処胎経』『中陰経』などを訳した。

曇摩耶舎(Dharmayaśas. 法明)は弘始九年(四〇七)より十六年に至る間、天竺沙門の曇摩掘多とともに『舎利弗阿毘曇論』を訳したが、宋の元嘉中に西域に帰り、終るところを知らずという。耶舎の弟子の法度は専ら小乗を学び、方等を読むことを禁じたという。当時、小乗毘曇学が一部において流行していたことがわかる。

阿含経典などを訳出した竺仏念は、前秦の建元七年(三七一)から翌年にかけて曇摩持とともに『十誦比丘戒本』、曇摩持・慧常とともに『比丘尼大戒』を訳したが、律部はその他多くの訳経僧によって訳出された。

弗若多羅(Puṇyatara. 功徳華)は『十誦律』に精しく、弘始六年(四〇四)、『十誦律』を誦し、鳩摩羅什がこれを訳出した。弗若多羅がその三分の二まで訳したところで没したので、さらに曇摩流支(Dharmaruci. 法楽)がこの訳業を輔けて完訳した。亀茲国にあって羅什に律蔵を講じた卑摩羅叉(無垢眼)は罽賓の人であったが、弘始八年(四〇六)長安に来、羅什の没後、江陵の辛寺において『十誦律』を開講し「律蔵の大いに弘まるは、叉の力なり」(『梁伝』巻二、卑摩羅叉伝)といわれた。羅什が訳した『十誦律』は初め五十八巻であったが、卑摩羅叉がこれを六十一巻とした。仏陀耶舎(Buddhayaśas. 覚明)は罽賓の人、弘始十二年(四一〇)から十五年にかけて、『四分律』『四分戒本』『長阿含経』を訳出した。律部の典籍は、東晋の仏駄跋陀羅が『摩訶僧祇律』を、劉宋の仏陀什が『五分律』を訳出してほとんど完備するに至った。

第四章　江南東晋の仏教

——貴族仏教の発展——

三一七年、東晋の元帝が即位してから四二〇年まで十一帝百四年つづいた東晋時代には、漢族の南渡にともなって中原に流行した老荘学や清談とともに、漢訳仏典、とくに『般若経』や『維摩経』が流行し、建康・会稽を中心として南朝貴族仏教の全盛をもたらし、やがて外来仏教が優位な地位を占めながら南朝へ展開する、中国思想史のなかでも特異な時代を現出させた。とくに東晋時代の中期に襄陽を中心として活躍した道安の教団と、東晋後期に廬山を中心に活躍した慧遠の教団は、その後の中国仏教史に大きな影響を与えた。

第一節　貴族社会と仏教

帛尸梨蜜多羅と梵唄の流行　東晋初期、建康仏教に大きな影響を与えたのは西域出身の帛尸梨蜜多羅(Śrīmitra. 吉友)である。帛姓であるから亀茲国の人で、伝によると亀茲国王の嫡子として生まれたが、国を弟に譲って出家した。永嘉中(三〇七―三一二)、洛陽に来たが、戦乱にあって南渡し、呉の康僧会の建立した建初寺に住した。丞相王導が師事したため名士の間で尊崇され、大きな感化を及ぼした。帛尸梨蜜多羅は呪術をよくし、『大孔雀王神呪経』『孔雀王雑神呪』『大灌頂神呪経』などの呪術経典を訳出し、建康に初めて密教を伝えた。また梵唄に長じ、弟子覓歴にこれを伝えたという。成帝の咸康中(三三五―三四二)に八十余歳の高齢で没した。

中国の梵唄は魏の陳思王曹植に始まるといわれる。江南では支謙が『無量寿経』や『中本起経』によって、『菩薩連句梵唄三契』を作り、また康僧会が梵唄声明を流行させたところへ帛尸梨蜜多羅が梵唄の流行に拍車をかけ、さらに孝武帝(在位三七三―三九六)から帰依を受けた支曇籥の詠じた六言梵唄などの伝来にともない、南朝に至るまで貴族仏教の興隆とともに梵唄は流行したのであった。『出三蔵記集』巻十二には「経唄導師集」と題して『陳思王感魚山梵声制唄記』『支謙製連句梵唄記』『康僧会伝泥洹唄記』『覓歴高声梵記』など二十一首の梵唄記などが録されている。また『高僧伝』は「経師篇」を立て、晋代から南朝に活躍した多くの経師の名をあげている(巻十三)。

竺道潜と支遁　江南の清談や玄学的な貴族仏教の発展に大きな貢献をしたのは竺道潜と支遁である。竺道潜(二八六―三七四)、字は法深、華北の名族琅琊《ろうや》の王氏の出身、東晋初期の実力者王敦の弟である。十八歳で出家、当時名声を博した中州の劉元真に師事した。二十四歳のとき『法華経』および『大品般若経』を講じ、聴衆つねに五百人を下らなかった。永嘉の乱を避けて南渡した。建康においては元帝・明帝をはじめ丞相王導・太尉庾亮などから尊崇され、彼はつねにくつをはいて殿内に入ったが、「方外の士、徳重きを以ての故なり」(『梁伝』巻四、竺潜伝)といわれたという。

明帝が崩じ、王導が没した後、竺道潜は会稽の剡山に隠棲すること三十余年、この間、哀帝(在位三六一―三六五)の請により建康に出て、『放光般若経』を講じた。会稽王昱すなわち後の簡文帝の帰依を受け、清談界の名士劉惔とも交わりを結んだ。竺道潜が没するや、孝武帝は、宰相になれる栄誉を棄てて出家し、隠逸を好み山居して仏法を宣揚した彼の徳をたたえて、銭十万をおくったという。孫綽は『道賢論』のなかで彼を竹林七賢の一人劉伶に比している。弟子の竺法済には『高逸沙門伝』の著がある。

支遁[1](三一四―三六六)、字は道林、本姓関氏、陳留(河南省陳留県)の人とも、林慮(河南省林県)の人ともいう。家は世々仏を奉じていたが、早くより江南に移り、余杭山に隠れ、『道行般若経』や『慧印三昧経』に親しんで悟るところがあり、二十五歳で出家した。彼は老荘に通じたばかりでなく清談にも長じ、王洽・劉恢・殷浩・許詢・郗超・桓彦表・王敬仁・何次道・王文度・謝長遐・袁彦伯など当時の一代の名流と交遊があり、殊に『荘子』逍遥遊篇に注して向秀・郭象の二家以外に新見解を出した。のち呉(江蘇省呉県)に支山寺を建て、さらに王羲之の請によって会稽の霊嘉寺に住し、ついで剡山の沃州小嶺に寺を建てて、僧衆百余を導いた。当時の会稽剡山は竺道潜も住した地で、仏道修行者の本山であった。さらに石城山に移り棲光寺を建て修禅と著述をした。三六一年、哀帝即位するや、使を遣わして出都を促したので、建康に出て、東安寺において『道行般若経』を講じた。滞京三年にして帝に上書し、余姚の塢山(浙江省余姚県)に帰り、病いのために東晋の太和元年(三六六)四月四日、五十三歳で没した(没年地については異説がある)。著書に『即色遊玄論』『聖不弁知論』『道行旨帰』『学道誡』『釈曚論』『切悟章』『文翰集』などがあった(『梁伝』巻四、支道林伝)。なお陸澄撰『法論目録』では前掲書以外に『弁著論』『弁三乗論』などをあげている(『出三蔵記集』巻十二)。彼の文集を集めた『文翰集』十巻は梁代まで世に行われたが散逸した。わずかに現存しているのは『大小品対比要抄序』(『出三蔵記集』巻八)を初めとし、『即色妙観章』『逍遙論』『与高麗道人論竺法深書』などが、『世説新語』『弘明集』『広弘明集』『高僧伝』などに断片的に伝えられているにすぎない。

鳩摩羅什入関以前、中国仏教史において重要な役割を果たしたのは華北においては道安、江南においては支遁である。道安が戒律を制定したり経録を創設し、慧遠のような偉大な弟子を輩出させたのに対して、支遁は江南の諸名士との交遊によって、貴族社会に仏教を宣布したのであった。また支遁は『般若経』や『維摩経』の研究から般若の空論に深い理解をもち、即色義をうちたてた。また禅観や戒律に対しても留意した。ちなみに元の曇噩《どんがく》の『六学僧伝』では支遁の伝記を戒学中の弘法科に挿入している。

『荘子』に通じた支遁は『荘子』の思想を媒介として、仏教の空思想の理解の手がかりを得たと同時に、中国思想が仏教思想を媒介として、それ自身の拡充と深化をはかるのに大きな役割を果たした。

竺道潜と支遁のほかにも、江南の貴族と交遊した僧は多い。于法蘭は阮籍に比せられた人で、江南の剡県の石城山下に居した隠者であり、支遁が像を建て讃を書いている。また于法蘭の弟子で、支遁と即色空の義を争った于法開、同じく于法蘭の弟子で、阮咸に比せられ、支遁が銘文を著わした于道邃などがある。康僧淵は長安生まれの康居人であり、漢語に通じ、『放光』『道行』の二『般若経』を誦したが、東晋の世、康法暢・支敏度などの般若学者とともに南渡して、殷浩に見出され、王導・庾亮とも交わった。道安と同学の竺法汰は新野で道安に別れて、曇壱・曇弐などと荊州より建康に入り、王洽・王珣・謝安などと交遊し、瓦官寺に住し、簡文帝のために『放光経』を講じた。法汰の『放光経』の義疏、郗超に与うる書、本無義を論じた書は世に行われたという。

僧侶のみでなく世俗学者のなかにも仏教に通じたものが現われ、老荘批判を行った孫盛、『喩道論』『道賢論』などを著わして儒仏道三教一致論を唱えた孫綽[2]、仏教概論たる『奉法要』[3]を著わした郗超などが輩出した。東晋初期においては、華北に見られるような夥しい経典の翻訳もなく、動乱の中に真摯に生きた宗教的実践も少なく、講経偏重の学風を生み、清談を楽しむ風潮とあいまって、貴族的隠逸的な仏教を流行させたのであった。(4)

(1) 高雄義堅「支那仏教史上に於ける支遁の地位」(『支那学』第三巻第四号、大正十二年)。同『中国仏教史論』(平楽寺書店、昭和二十七年)一二―一三頁。福永光司「支遁と其の周囲――東晋の老荘思想――」(『仏教史学』第五巻第二号、昭和三十一・二年)。蜂屋邦夫「荘子逍遙遊篇をめぐる郭象と支遁の解釈」(東京大学教養学部『紀要比較文化研究』第八輯、昭和四十三年三月)。

(2) 福永光司「孫綽の思想――東晋における三教交渉の一形態」(『人文科学研究報告』第十輯、愛知学芸大学、昭和三十六年二月)。蜂屋邦夫「孫綽の生涯と思想」(東京大学東洋文化研究所『東洋文化』昭和五十二年三月)。

(3) 奉法要の和訳は、福永光司「郗超の仏教思想」(『塚本論集』)。英訳は、E. Zürcher, *The Buddhist Conquest of China*, The Spread and Adaptation of Buddhism in Early Medieval China, Leiden, 1959, pp. 164-179. その評に Kenneth Ch'en(陳観勝), "Apropos the *Feng-fa-yao* of Hsi Ch'ao", *T'oung Pao*(通報), vol. L, Livr. 1-3, pp. 79-92.

(4) 宮川尚志「東晋時代の貴族と仏教」上下(『支仏史学』第四巻第一・二号、昭和十五年五・八月)。

第二節　慧遠教団の活躍

華北で活躍した道安門下より輩出した慧遠は、廬山にこもり、東晋仏教界の指導者となった。

彼は漢人僧として華北に来た僧伽提婆・鳩摩羅什・仏駄跋陀羅などの教学の流れを受け、さらに中国の伝統と新しい政治や倫理から投げかけられた問題とも対決し、新しい展開を迫られた中国仏教史上の一大転換期に活躍した人である。とくに鳩摩羅什が慧遠の質問に答えた『大乗大義章』は、当時の仏教学の水準を明らかにしたもので、その後の仏教思想史を理解する上に大きな役割を果すのみでなく、インド的思惟と中国的思惟とを対比した資料として重要な意義を有する。

廬山慧遠　慧遠(1)(三三四―四一六)、本姓は賈《こ》氏、五台山の山麓、雁門楼煩県に生まれた。十三歳の時、中原の許昌・洛陽に遊学し、六経および老荘を学んだ。二十一歳のとき太行恒山において弟慧持とともに道安に師事し、「真に吾が師なり」(『梁伝』巻六、慧遠伝)と感激し、道安の『般若経』の講義を聞いて、儒道二教を捨てて出家した。東晋哀帝の興寧三年(三六五)、道安は慧遠等四百余人と戦乱を避けて襄陽に来た。前秦王苻堅が襄陽を攻略し道安を伴い去ったために、慧遠は別れて弟慧持および弟子数十人と南下して荊州上明寺に入った。その後、南方の羅浮山行を志し、江を下って潯陽に至り、竜泉寺に来て、廬山の秀峰を望見し、この山に留まる心を動かし、同学の慧永に迎えられ、廬山西林寺に入り、さらに東林寺に住した。慧遠は廬山に住すること三十余年、その間山を出ず、東晋の義熙十二年(四一六)八月、八十三歳で没した(『出三蔵記集』巻十五、慧遠伝)。著書に『法性論』『釈三報論』『大智度論抄』『沙門不敬王者論』など論・序・銘・讃・詩・書、集めて十巻、五十余篇あったという。慧遠の著書をまとめたものに『慧遠文集』がある。弟子に道昺・曇邕・慧宝・僧済・法安・曇順・曇詵・僧徹・道汪・慧静・道温・曇恒・道敬・法荘・曇翼・曇学などがある。

前秦の建元中(三六五—三八四)に長安に来た僧伽提婆は、道安の死後廬山に迎えられ、『阿毘曇心論』と『三法度論』を訳したが、慧遠は両者に序文を書いた。提婆はさらに建康に出て毘曇学を宣布した。慧遠の弟慧持も阿毘曇に通じた。

東晋の隆安五年(四〇一)に鳩摩羅什が長安に迎えられるや、慧遠は羅什に親交を求める手紙を送り、両者の文通が開かれた。慧遠が新しく伝来された大乗仏教に関して質疑を提出し、それに対して羅什が解答したものが『大乗大義章』である。慧遠の門下の道生・慧観・道温・曇翼は長安に行って羅什の教えを受けた。また新訳の『大智度論』を研究し『大智度論抄』を作った。慧遠は初め、毘曇学を学んだが、後に羅什より毘曇学を否定した竜樹の般若学を受けたため、自らの毘曇学と、道安より受けた伝統的な般若学の修正にせまられた。さらに羅什教団から擯斥された仏駄跋陀羅が慧観とともに廬山に来たので、慧遠は彼に坐禅に関する経典の翻訳と禅の指導を求めた。

羅什の行実に破戒があったのに対して、慧遠は持律主義を堅持した。弗若多羅と羅什とによる『十誦律』の訳出が未完成に終わったのを嘆いた慧遠は曇摩流支に弟子曇邕を使わせて残部の訳出を懇請した。『十誦律』が江南に行われた源を開いたのは、慧遠の功績である。

後世、蓮宗の祖師といわれた慧遠は元興元年（四〇二）、百二十三人の同志と般若台の阿弥陀像前において念仏実践の誓いを立てた。廬山の念仏三昧は支婁迦讖訳の『般舟三昧経』に依った。般舟三昧を得る方法として阿弥陀仏を専念し、見仏するという禅観の方法を修していた人々は、やがて来世の往生浄土のための念仏行者となり、慧遠を蓮宗の祖と仰いで廬山の白蓮社を生むにいたった。この白蓮社の中には慧遠を初めとし、東林の十八賢人といわれた慧永・慧持・道生・曇順・慧叡・曇恒・道昞・曇詵・道敬・仏陀耶舎・仏駄跋陀羅などの僧と、劉程之・張野・周続之・張詮・宗炳・雷次宗などの居士、諸名士が含まれている。

潯陽・江陵地方に勢力を奮った桓玄は僧尼沙汰の厳命を出し、かつ僧を王権の下に隷属させるため、沙門が王者に対して礼を致すべしとの見解を慧遠にただしたところ、慧遠は『沙門不敬王者論』を著わし、出家法と世間法との相違を明らかにし、沙門は王者を礼する必要なしと主張した。ここに中国伝統の礼教秩序と外来仏教の戒律との衝突が見られる。

慧遠の礼敬問題の背景には、彼の神不滅論(2)が存在した。この神不滅論は仏の絶対性を説く法身常住の説であり、礼敬問題に触発された慧遠の思想的見地であるとともに、東晋末思想界の重要な課題の一つである神滅、神不滅論争(3)の一つの解答でもあった。

慧遠は中国古典はもとより、仏典も『禅経』『阿毘達磨』『般若経』『中論』などを学び、さらに格義仏教の影響をも残していたため、応報輪廻や神不滅説も雑多な思想的要素から構成されており、慧遠の思想は過渡的性格をもつものといえよう。

道　生　羅什門下の僧肇と並んで重要なのは、江南で活躍した道生(三五五―四三四)である。道生は、本姓は魏、鉅鹿(河北省鉅鹿県)の人、沙門竺法汰によって出家し、十五歳で講座に登り、当時の名士を屈せしめ、二十歳で講演の名声をあげたが、隆安中(三九七―四〇一)に廬山に入り七年間幽棲し、白蓮社の一人となった。後に慧叡・慧厳・慧観とともに長安に来て羅什に師事した。四〇九年建康に帰り、青園寺に住した。善不受報義と頓悟成仏義を主唱した。そのため旧説を守る徒より嫌われ、讃否の声が競い起こった。また六巻『泥洹経』が建康に来るや、道生は経の本義を深く究め、経には説かれていない一闡提(icchantika. 断善根。成仏できる素質を欠く者)も成仏できるという闡提成仏説を唱えた。(4) 人々が経に背ける邪説としてこれを排斥したが、その後北本『涅槃経』が建康に来た時、経中にその説が説かれていたので、人々は道生の卓見に驚嘆した。元嘉七年(四三〇)、廬山に入った(『出三蔵記集』巻十五、道生伝)とも、呉の虎丘山に入り竜光寺に住し、その後俄かに廬山に入った(『梁伝』巻七、竺道生伝)ともいわれる。四二三年、竜光寺において仏陀什と智勝に請い、『五分律』を訳出させた。宋の元嘉十一年、廬山の精舎で没した。『二諦論』『仏性当有論』『法身無色論』『仏無浄土論』『応有縁論』を初めとし、諸経の義疏を著わしたが、『法華義疏』は現存している。

道生は悉有仏性説につづいて、さらに頓悟成仏説(5)を主唱した。道生が頓悟説を主張したため、当時頓悟と漸悟の論争が盛んとなり、慧観は『漸悟論』を作り、曇無成は『明漸論』を著わしてともに漸悟を主張した。宋の文帝(在位四二四—四五二)が頓悟説を述べた時、羅什の弟子僧弼(三六五—四四二)が批難したのに対して文帝は、「若し逝者をして興す可からしめば、豈に諸君が為に屈せられんや」(『梁伝』巻七、竺道生伝)と答えたという。道生の弟子道猷・宝林・法宝をはじめ謝霊運(三八五—四三三)や宋の文帝、慧観の弟子法瑗(四〇九—四八九)などは頓悟説を継承した。また報を望む心を離れたところに善があるという善不受報説も頓悟説とともに道生の独創的思想とされたが、僧鏡はこれを批難した。僧璩は『述道生善不受報義』を著わし、斉代の隠士劉虬は善不受報義・頓悟成仏義を唱えた。後代には頓悟義に大頓悟義と小頓悟義の二説があったとされ、僧肇・支遁・真安埵・邪通・匡山遠・道安を小頓悟師、道生を大頓悟師とした(碩法師『三論遊意義』)。道生の頓悟説は後代の禅宗や華厳宗にも影響を与え、とくに澄観の思想形成に大きな役割を果した(6)。

なお魏・晋時代の仏教は般若教学が主流であったが、宋・斉以後は法華・涅槃教学がその中心となったが、その転回点に位置したのが道生の『法華経疏』(7)であり、その意義は大きい。

道生と当時名声を競った人に慧叡・慧厳・慧観があり、当時の人々は「生・叡は天真に発し、厳・観は窪《ふか》く流《もとめ》て(之を)得たり」(『出三蔵記集』巻十五、道生伝)と称した。

長安の僧叡と建康の慧叡とは、慧皎の『高僧伝』に別人として伝せられているが、同一人(8)であるとも見られる。「僧叡伝」では魏郡、長楽(河北省冀県)の人、十八歳で僧賢の弟子となり、太山僧朗から『放光経』を聴き、二十四歳の時、羅什に師事した。諸経典を初めとして『大智度論』『中論』『百論』『十二門論』の諸論と『坐禅三昧経』に序した。また『中論』と『十二門論』との各品に簡単な綱要を著わし、後者は現存している。「慧叡伝」では諸国を遊歴し廬山に憩い、俄かに長安に行き羅什に師事したが、後秦が亡びた後、江南に渡り建康の烏衣寺に住し、梵漢に通暁し、『十四音訓叙』を著わし、宋の元嘉中八十五歳で没したという。なお慧叡の著作の『喩疑』も現存している(『出三蔵記集』巻五)。

慧厳(三六三—四四三)は、姓は范、予州の人。十六歳で出家して羅什の弟子となり、後に建康に帰り東安寺に住し、宋文帝に親任された。『無生滅論』および『老子略注』を著わした。弟子に法智がある。

慧観は弱年にして出家、のち廬山に行き慧遠の弟子となったが、羅什の来朝を聞いて北地へ行き羅什に師事した。当時の人が「情を通ずるは則ち生と融と上首なり。難を精しくするは則ち観と肇と第一なり」(『梁伝』巻七、慧観伝)と評した。羅什没後、南の荊州に行き、さらに建康に帰り道場寺に住した。『十誦律』に通じ、『弁宗論』『論頓悟漸悟義』『十喩序讃』『勝鬘経序』『修行地不浄観経序』を著わした。弟子に法瑗がある。慧観は『涅槃経』を再治し、一代教を開いて頓教・三乗別教・三乗通教・抑揚教・同帰教・常住教の五時の教判を立てた。南地の教判は慧観の教判を基いとした。

(1)　慧遠に関する総合研究の成果としては、木村英一編『慧遠研究——研究篇』(創文社、昭和三十七年)および『遺文篇』(創文社)がある。
(2)　板野長八「東晋における仏徒の礼敬問題」(『東方学報』東京、第十一冊之二、昭和十五年七月)。同「慧遠に於ける礼と戒律」(『支仏史学』第四巻第二号、昭和十五年七月)。塚本善隆「シナにおける仏法と王法」(宮本正尊編『仏教の根本真理』三省堂、昭和三十一年)。
(3)　津田左右吉「神滅不滅の論争について」(『東洋学報』第二十九巻第一・二号、第三十巻第一号、昭和十七年二・五月、十八年二月)。板野長八「慧遠の神不滅論」(『東方学報』東京、第十四冊之三、昭和十八年十一月)。同「慧遠僧肇の神明観を論じて道生の新説に及ぶ」(『東洋学報』第三十巻第四号、昭和十八年十一月)。
(4)　板野長八「道生の仏性論——特にその歴史性について——」(『支仏史学』第二巻第二号、昭和十三年五月)。
(5)　板野長八「道生の頓悟説成立の事情」(『東方学報』東京、第七冊)。矢吹慶輝「頓悟義の首唱者、竺道生とその教義」(仏誕二千五百年記念学会編『仏教学の諸問題』岩波書店、昭和十年)。
(6)　境野黄洋『支那仏教精史』(境野黄洋博士遺稿刊行会、昭和十年)八五七頁以下。胡適『神会和尚遺集』(亜東図書館、一九三〇年)三九頁。湯用彤『漢魏両晋南北朝仏教史』六六三頁。張東蓀「中国哲学史上仏教思想之地位」(『燕京学報』第三十八期、一九五〇年六月、一六八頁)。拙著『中国華厳思想史の研究』(東京大学出版会、昭和四十年)四〇三頁以下。

(7) 羽溪了諦「最初の法華経疏」(『六条学報』第百四十二号、大正二年八月)。布施浩岳「法華古疏の研究——後秦より北魏を経て陳代に及ぶ——」(『宗教研究』新第六巻六号、昭和四年)。横超慧日「竺道生撰「法華経疏」の研究」(『大谷大学研究年報』第五輯、昭和二十七年十二月)。

(8) 横超慧日『中国仏教の研究』第二、一一九頁以下。

第三節　新大乗経典の訳出

鳩摩羅什によって竜樹系中観哲学の諸論書や、『法華経』『維摩経』『阿弥陀経』などの大乗経典が訳出され、中国仏教教学は大きな展開をとげようとしていた時、東晋の仏教界に新たな大乗経典が訳出されて講学されるに至った。それは曇無讖による『涅槃経』の訳出と、仏駄跋陀羅による『華厳経』の翻訳である。とくに曇無讖訳の四十巻『涅槃経』(北本)は、法顕が将来して仏駄跋陀羅が執本し、宝雲が伝訳した六巻『涅槃経』と対校され、三十六巻『涅槃経』(南本)が完成されるや、南本『涅槃経』によって仏性学説を研究する中国仏教最初の学派である涅槃学派が興起するに至った。

曇無讖——『涅槃経』の伝訳　曇無《どんむ》讖《せん》(曇摩讖。[1]三八五—四三三)は中天竺の人、幼くして達摩耶舎(Dharmayaśas)の弟子となり、初め小乗を学んだ後、白頭禅師より『涅槃経』を授けられ、大乗に帰し、年二十にして大小乗の経二百余万言を誦したという。王の忌諱に触れ、『大涅槃経本』の前分十二巻、『菩薩戒経』『菩薩戒本』をたずさえて罽賓を経て亀茲におもむき、さらに河西王の沮渠蒙遜に招かれて姑蔵に至り、慧嵩・道朗を筆受として『涅槃経』を初め、『大集経』『大雲経』『金光明経』『菩薩地持経』『菩薩戒経』『菩薩戒本』など二十部を訳出した。さらに『涅槃経』の残部を于闐に求めて、玄始三年（四一四）より始めて、玄始十年（四二一）に訳了した。これが四十巻の『涅槃経』、すなわち北本である。法顕訳六巻『泥洹経』の訳出後四年目である。外国沙門の曇無発に経の品目が未だ不足しているといわれ、後品を求めて国を出たが、その途中、怪しまれて蒙遜の刺客に殺された。道場寺慧観は曇無讖の志を継ぎ、後品を求めようとし、高昌沙門の道普を宋の元嘉中（四二四—四五三）に派遣したが長広郡に至って船破れ足を傷つけ、ついに没したため、その志を遂げることができず、「涅槃の後分は宋の地と縁なし」（『出三蔵記集』巻十四、曇無讖伝）と嘆じたという。

曇無讖は、「博通多識なること羅什の流、秘呪神験は澄公の匹なり」（『梁伝』巻二、曇無讖伝）と称されたように、翻訳家としては羅什の博識に等しかったが、呪術にたけていたことは仏図澄に比せられた。鬼を使って病を治す呪術に長じ、「男女交接の術を以て婦人に教授す」（『魏書』巻九十九、牧犍伝）といわれ、鄯善王の妹、曼頭陀林と私通し発覚して涼州に亡命したと伝えられる側面もあったのかも知れない。

曇無讖によって訳出された四十巻『涅槃経』(北本)は宋の元嘉七年(四三〇)末、東晋の都建康に伝えられた。慧観・慧厳・謝霊運などはすでに南地に伝えられていた六巻本と章節が異なる北本の改訂にのりだし、四三六年に三十六巻『涅槃経』を完成した。これを南本と呼ぶ。華北地方の学者は北本を用いたが、江南の涅槃師は南本によって研究した。

北本『涅槃経』が江南に伝わる前に、慧観と道生がそれぞれ漸悟と頓悟を主張して互いにゆずらなかったが、六巻『泥洹経』を研究していた道生が六巻本にのべられていた「一切衆生皆有仏性」説から演繹して、一闡提の成仏を唱えたところ、慧観一派がこれを妄説として宋の文帝に、「道生小僧は全く学識無きに、輒ち胷臆《きょうおく》を事として経宗に乖越《かいえつ》す。若し流伝せば後の学者を誤らん。今、表を以て奏請す。擯して山に入れることを」(道暹撰『涅槃経玄義文句』巻下)と奏上し、そのため道生は蘇州の虎丘山に隠退したという。四三〇年末に北本『涅槃経』が建康に伝わったので、道生の説の正しかったことが分り、『涅槃経』研究が急速に興り、南方の涅槃学派が生まれた。

仏駄跋陀羅——『華厳経』の伝訳　仏駄跋陀羅(Buddhabhadra. 三五九—四二九)は仏賢(『出三蔵記集』)、覚見(『梁伝』)、覚賢(『開元録』)などといわれた。北天竺の人、五歳にして孤児となり、十七歳で出家し、禅律をもって名をなした。求法沙門智厳の要請を受けて東土求法の志をたて、ついに青州東萊郡に至り、さらに鳩摩羅什の名声を聞いて長安に来た。ただし渡来の経路は南海航路をとったと思われるが明確ではない。彼は「静を守りて衆に同ぜず」、ひたすら徳行をつんでいたが、道恒等に擯斥され、ついに弟子慧観など四十余人とともに南方に逃れ、四一〇年頃、慧遠に迎えられて廬山に入った。廬山において禅経を翻訳するとともにこれを講じた。仏駄跋陀羅来華の目的はこの禅経所伝の禅法を伝えるためであった。その後荊州へ行き、建康の道場寺において訳業に従事し、元嘉六年(四二九)七十一歳をもって没した。

彼の訳経については、四一三年頃、廬山において『達磨多羅禅経』が訳され、さらに建康の道場寺において、義熙十二年(四一六)、『摩訶僧祇律』、翌年『大般泥洹経』が法顕とともに訳出され、四一八年から四二〇年にかけて『大方広仏華厳経』、永初二年(四二一)には『無量寿経』(2)が訳出された。そのほか彼の訳出経典としては『観仏三昧経』『大方等如来蔵経』『文殊師利発願経』などすべて十一部がある。

彼の訳出経典のなかでもっとも重要なのは、『華厳経』である。かつて支法領が于闐において得た『華厳経』の胡本三万六千偈を、呉郡の内史の孟顗、右衛将軍の褚叔度が仏駄跋陀羅を請じて訳匠となし、慧厳・慧義など百余人とともにこれを訳出した。この訳業を記念して道場寺に華厳堂が建てられた。この仏駄跋陀羅訳の『華厳経』によって、唐代に華厳宗が成立した。唐代の実叉難陀訳の八十巻『華厳経』を唐訳または新訳というのに対して、仏駄跋陀羅訳の六十巻『華厳経』を晋訳または旧訳と称する。

（1）　布施浩岳『涅槃宗の研究』前篇（叢文閣、昭和十七年）一一六―一三八頁。
（2）　藤田宏達『原始浄土思想の研究』（岩波書店、昭和四十五年）三五―九六頁参照。

第四節　西行求法僧の活躍

中国僧にして西域に求法した最初の人は、三国時代の朱士行であるが、東晋時代にも西行求法僧が数多く現われた。西行求法僧の目的は経典を捜索すること（支法領）、天竺高僧に師事して受教すること（于法蘭・智厳）、聖跡を尋訪すること（宝雲・智猛）などであった。西行求法僧は学問があったため、よく異国の思想を吸収し、仏典の奥義を参究することができた。帰国後は翻訳事業その他において貢献するところが多く、中国仏教の発展に寄与した。

東晋から宋代にかけての西行求法僧には、康法朗・于法蘭・竺仏念・慧常・慧叡・支法領・智厳・法顕・宝雲・智猛・法勇・沮渠京声・道泰など多くの名をあげることができるが、もっとも有名なのは、法顕・智厳・宝雲・智猛・法勇などである。

法顕（三三九？―四二〇？）は姓は龔、平陽武陽の人、三歳にして沙弥となり、二十歳のとき具足戒を受けた。常に律蔵の欠けたることを慨き、経論を尋求する誓いをたて、ついに晋の隆安三年（三九九。『法顕伝』は弘始二年に作る）、慧景・道整・慧応・慧嵬などとともに長安を出発して沙河を渡った。その情景を記して「沙河中、多く悪鬼熱風あり。遇えば則ち皆死す。一も全き者なし。上に飛鳥なく、下に走獣なく、遍望極目、度る処を求めんと欲して、則ち擬する所を知るなし。ただ死人の枯骨を以て標幟となすのみ」(『法顕伝』)とのべている一文は、流沙紀行の名文として後世にまで引用されている。沙河を渡った法顕一行は山路艱危にして壁立千仞の葱嶺に達し、小雪山を渡るに際して慧景を喪った。三十余ヵ国を経て北天竺に達し、迦施国を経て中天竺に達し、摩竭提国の天王寺に留まること三年、胡書胡語を学び、『摩訶僧祇律』『薩婆多律抄』『雑阿毘曇心論』『綖経』『方等泥洹経』および経像を得た。ついで商客とともに師子国(セイロン)に至ったが、この時同行十一人、あるいは留まりあるいは死し、すでに法顕一人であった。ここに留まること二年、『弥沙塞律』『長阿含経』『雑阿含経』および『雑蔵経』の胡本を得た。後に商船に乗って東に還らんとし、耶婆提国(Javadvīpa)を経て広州に往かんとしたが、途中、大風に遇い、義熙八年(四一二)、青州長広郡牢山(山東省労山湾の付近)に着いた。のち建康に出て仏駄跋陀羅とともに道場寺において六巻『泥洹経』『摩訶僧祇律』『大般涅槃経』『雑阿毘曇心論』などを訳したが、未訳の梵本も多かった。後に荊州(江陵県)の辛寺において八十六歳をもって没した。その没年は不明であるが義熙十四年(四一八)より景平元年(四二三)の間と推定されている。(1)

三九九年長安を出発して、四一二年に南海経由で青州に帰着するまで前後十四年間にわたり、経典を求めて同志十一人とともに苦難の旅を敢行したのであるが、十四年間にわたる各国の仏跡・宗教・風俗・地理などの見聞を簡潔明確に記述したのが『法顕伝』[2]（『仏国記』）であり、玄奘の『大唐西域記』、義浄の『大唐西域求法高僧伝』とともに中央アジアやインドに関する重要な資料を提供している。玄奘が二十八歳、義浄が三十七歳で天竺に出発したのに対して、法顕は六十余歳で長安を発し、建康に帰還したのは七十余歳といわれる。

法顕と西域の張掖および烏夷国で遭遇した智厳は、西域を周遊したのち罽賓に至り、仏駄先より三年間禅法を学び、中天竺の仏駄跋陀羅に要請して法を中国に伝えんとして、ともに長安に帰った。宋の元嘉四年（四二七）、宝雲とともに『普曜経』などを訳し、後、海路によって再び天竺に至り、七十八歳にして罽賓において没した。弟子の智羽・智達・智遠が西域より帰って智厳の最後の消息を報じたといわれる。

宝雲は群経を求めようとして東晋の隆安の初め（三九七）に、法顕・智厳と相前後して西域におもむき、烏夷国で法顕に出合い、さらに慧景・慧応などとともに北天竺の弗楼沙国に至ったが反転して長安に還った。その間、天竺の諸語や胡書を学んだため、後に「江左に於て梵（語）に練（達）せるものは、雲を踰ゆるものなし」（『出三蔵記集』巻十五、宝雲伝）と嘆ぜしめたのである。長安に還って仏駄跋陀羅に師事して禅法を学んだ。訳経に『無量寿経』『仏本行経』がある。

法顕・宝雲の渡天の壮挙に刺戟されて仏国に行かんとしたのに法勇がある。法勇は曇無竭ともいい、本姓は李氏、幽州黄竜(河北省)の人、宋の永初中(四二〇—四二二)、同志の僧猛・曇朗など二十五人とともに西方に往き、流沙を渡り、高昌・亀茲・疏勒を経由して、葱嶺の雪山を渡った。「葱嶺を行くに三日方に過ぎ、復た雪山に上る。懸崖壁立して足を安んずる処なし。石壁に皆故《ふる》き杙孔《くいあな》有りて、処処に相対《なら》べり。人各〻四(本)の杙を執り、先ず下杙を抜き、手もて上杙に攀《よ》じ、展転して相代る」(『出三蔵記集』巻十五、法勇伝)という苦闘をへ、同行者十二人を失った。進んで罽賓国に至り、胡語を学び、『観世音受記経』の梵文を得た。西行して新頭那提河(Sindhunadi. インダス河)を渡って月氏国に至り、さらに犍駄羅国の檀特山(Daṇḍakapa-rvata)の南の石留寺に行き、仏陀多羅(仏救)より具足戒を受けた。ついで北行して中天竺に至ったが、その途中同行八人を喪い、五人の旅となった。恒河(Gaṅgā. ガンジス河)を渡り、舎衛国を経て南天竺に至り、後、海路南海経由で広州に達した。

智猛もまた後秦の弘始六年(四〇四)、同志十五人とともに長安を発し、涼州、玉門関を経て流沙を渡り、鄯善・亀茲・于闐を経、葱嶺を越えたが、同行九人は帰還した。罽賓国、迦毘羅衛国(Kapilavastu)をへて華氏城(Pāṭaliputra)に至った。この地で『泥洹経』『摩訶僧祇律』の胡本を得た。四二四年、帰路についたが、同行四人は途中喪くなり、ただ智猛と曇纂の二人のみ涼州に帰り、『泥洹経』二十巻を訳した。元嘉十四年(四三七)蜀に入り、元嘉の末(四五三)に没した。『歴国伝』を著わしたが、現存しない(一部は「智猛遊外国伝」として『出三蔵記集』巻八に収録)。
(1) 境野黄洋『支那仏教精史』(境野黄洋博士遺稿刊行会、昭和十年)五一九頁。
(2) 足立喜六『法顕伝 中亜印度南海紀行の研究』(法蔵館、昭和十五年)。

第五節 儒教・道教との関係

『清浄法行経』 西晋王浮の『老子化胡経』に対して、仏教側は老子・孔子・顔回を菩薩の権現とみなす『清浄法行経』をあらわした。この権現思想の背景となったのが、呉の支謙訳『瑞応本起経』の本生談である。『清浄法行経』の三聖化現説は南北朝時代の僧順の『釈三破論』中に引証され、さらに道安の『二教論』にも見られ、仏が三弟子を遣わして振旦を教化するにあたって、儒童菩薩を孔丘と称し、光浄菩薩を顔淵と称し、摩訶迦葉を老子と称したという。さらに『二教論』に引証された『須弥四域経』では宝応声菩薩を伏羲といい、宝吉祥菩薩を女媧というとなし、伏羲・女媧も菩薩の化現とした。『清浄法行経』は僧祐の「失訳雑経」中に載せられているが(『出三蔵記集』巻四)、隋の彦悰はこれを疑経としている(『衆経目録』巻四)。

儒教との関係(1) 東晋時代、仏教の急速な進展は種々なる問題を惹起した。儒教側から出された仏教批判は、社会問題としては、僧は遊民坐食し租賦をのがれ、寺塔の建立は国費を濫費し、国家に益なしと批判した。倫常問題としては、父母に背き、妻子を捨て、王者を敬わないのは倫常にもとるとした。思想問題としては、神滅不滅、三世応報などがあった。神不滅論を説いたものに羅含の『更生論』、慧遠の『形尽神不滅論』がある。応報論については戴安道の『釈疑論』に対して慧遠が『三報論』を、周道祖が『難釈疑論』を著わした。また孫綽は『道賢論』『喩道論』を著わし、『喩道論』において儒教に立脚しながら儒仏両教を調和しようとした。[2]

(1)　久保田量遠「東晋時代における儒仏道三教の関係」(『支那儒道仏交渉史』第三章、大東出版社、昭和十八年)。

(2)　関正郎「六朝神滅論の背景」(『日本中国学会報』第六集、昭和二十九年十月)。牧尾良海「神滅論小考」(『大正大学研究紀要』第四十九、昭和三十九年三月)。

第五章　南北朝の仏教

——隋・唐仏教の背景——

南北朝は宋(四二〇—四七八)・斉(四七九—五〇一)・梁(五〇二—五五六)・陳(五五七—五八九)四代の南朝と、北魏(三八六—五三四)・東魏(五三四—五五〇)・西魏(五三五—五五六)・北斉(五五〇—五七七)・北周(五五七—五八〇)五代の北朝をいい、北魏の太武帝が華北の諸国を統一してから隋が南北を統一するまで百五十年間をいう。東晋時代と同じく華北は胡族支配下にあり、江南は漢民族によって統治されていた。王朝の変遷は目まぐるしく行われたが、仏教は東晋時代を継承し大きな発展をみた時代である。夥しく翻訳紹介された漢訳仏典に対して本格的な研究が加えられ、仏教諸学派が成立したのも南北朝時代である。仏教教団の社会的勢力が強大となったため、北朝においては北魏太武帝の廃仏、北周武帝の廃仏があり、国家権力による仏教教団の弾圧が行われた。さらに宗教教団として成立した道教との対立抗争が行われたのも南北朝の宗教史の特徴といえる。また北魏の洛陽や、南朝建康における仏教寺院の絢爛優美な建築・美術や、雲岡・竜門石窟に見られる仏教文化の発達も注目すべきである。

第一節　南朝の仏教

宋の仏教　宋の開祖武帝は嵩高山の霊神のお告げである「江東に劉将軍あり、応に天命を受くべし」という受命の瑞祥によって天子となった（『梁伝』巻七、慧義伝。『宋書』巻二十七、符瑞志上）のであり、その時、武帝の意にそって瑞祥を確かめたのが慧義であった。天の命と仏の命とが合一されたことは、外来宗教の仏教が中国の公的宗教として登場したことを意味する(1)。

永初元年（四二〇）、武帝は内殿に斎を設けて、沙門道照を招いた（『仏祖統紀』巻三十六）。永初三年（四二二）には、化城寺に行幸し、寺中に二十八子院を建て僧千人を度した（『宋学士全集補遺』巻四、重興太平万寿禅寺碑銘）。

宋の文帝も仏教を保護し、求那跋摩の名声を聞くや、交州刺史に命じてこれを迎えしめたため、元嘉八年（四三一）、求那跋摩は建康に来て、祇洹寺に住した。文帝は引見して施物を賜わった（『出三蔵記集』巻十四、求那跋摩伝）。宋の高祖に重用された慧厳も文帝に信任され、帝は慧厳に仏法を問い、後に仏教の信者となった（『梁伝』巻七、慧厳伝）。

元嘉の治世(2)は魏・晋の正始の風を受けて、玄談義理を重んじ、仏教においても玄談的老荘的な仏教が盛んであった。このような雰囲気のなかで活躍した謝霊運は一生仏教と深いかかわりをもった。とくに『弁宗論』を著わして、道生の頓悟義を擁護したことは高く評価されてよい。謝霊運は道生の頓悟義を支持し、また『金剛般若経』にも注釈した。また『涅槃経』を慧厳・慧観などとともに改修した。

北朝において行われた仏教弾圧がほとんどなかった南朝では、帝王が仏教保護政策をとったために、外国僧の渡来も盛んであり、宋代には仏陀什・畺良耶舎・求那跋摩・求那跋陀羅などが活躍した。

仏陀什(Buddhajīva)は罽賓の人、律と禅要に精しく、景平元年(四二三)七月、揚州に来た。法顕将来の『五分律』三十巻を訳した。畺良耶舎(Kālayaśas. 四四二後没)は西域の人、毘曇、律、禅観をよくした。元嘉の初め(四二四)沙河を渡り、京邑に来た。後世の浄土教に大きな影響を与えた『観無量寿経』を訳した。沙門宝誌は彼の禅法を尊崇した。

求那跋摩(Guṇavarman. 功徳鎧。三七七—四三一)は曇無讖以後における大乗律伝来の巨匠であり、三蔵法師の名に価する。求那跋摩は罽賓王の支胤であり、経律に通じ、師子国(セイロン)、闍婆国(ジャワ)を経由して、元嘉八年(四三一)宋の都建康に来た。訳出経典に『菩薩善戒経』『四分羯磨』『優婆塞五戒略論』『優婆塞二十二戒』など二十六巻、および伊葉波羅(Īśvara)の『雑阿毘曇心論』十三巻の内、後三巻を訳した。建康滞在僅かに九カ月であったが、その葬儀に際しては、会葬するもの万余人、四面より雲集したといわれる。また元嘉十一年(四三四)、求那跋摩は南林寺において、戒壇を立てて僧尼の受戒を行ったが、これは中国仏教における戒壇の初めといわれる（『仏祖統紀』巻三十六）。

求那跋陀羅　求那跋陀羅（Guṇabhadra. 三九四—四六八）は中天竺の人、大乗を学んだため摩訶衍（Mahāyāna）と号した。元嘉十二年（四三五）広州に来た。文帝はこれを都に迎え祇洹寺に住さしめた。文帝は深く崇敬し、顔延之・彭城王義康・南譙王義宣なども師事した。孝武帝も厚く礼遇し、旱天に際しては、祈雨を請うた。『雑阿含経』『勝鬘経』『楞伽経』『相続解脱経』『無量寿経』などを宝雲および法勇を伝語として訳出した。『阿含経』は僧伽提婆の『増一阿含経』『中阿含経』、仏陀耶舎の『長阿含経』につぎ、この求那跋陀羅の『雑阿含経』の訳出によって[3]『四阿含経』全部が中国に完訳されたことになる。『勝鬘経』『楞伽経』の訳出は中国如来蔵思想の展開に大きな影響を与えた。慧観は『勝鬘経』序を作り、最初の注釈書は道生の弟子道攸（道猷）が作った。そのほか法瑗・僧馥・慧通なども注疏を著わした。

『楞伽経』は四巻『楞伽』といわれ、禅宗の菩提達摩が慧可に与えたもので、慧可門下の法沖が注釈書を著わしたことによって分るように、禅宗系統に大きな影響を与えた。『相続解脱経』は唐の玄奘が訳出した『解深密経』の八品の内の後二品、「地波羅蜜多品」「如来成所作事品」を訳して『相続解脱地波羅蜜了義経』『相続解脱如来所作随順処了義経』としたものである。ここにインドの瑜伽行派の経典の一部が初めて中国に伝えられたのであった。

そのほか宋代には元嘉十年(四三三)京都に至った僧伽跋摩(Saṃghavarman)は律蔵と『雑阿毘曇心論』とに精通しており、元嘉元年(四二四)蜀に来、荊州をへて建康祇洹寺に住した曇摩蜜多(Dharmamitra. 三五六―四四二)は、『禅法要』『普賢観経』『虚空蔵観経』などの諸経を訳出した。また于闐に行った沮渠京声は『治禅病秘要法』を、外国沙門功徳直は玄暢の請によって『念仏三昧経』六巻、『破魔陀羅尼経』を訳出した。

斉の仏教　斉の高帝は建元元年(四七九)、荘厳寺に行幸し、僧達の『維摩経』の講義を聴聞した。武帝は永明元年(四八三)、華林園において八関斎戒を設け仏教を尊崇した。とくに武帝の長子文恵太子と第二子文宣王蕭子良(4)(四六〇―四九九)は有名である。多くの人士が蕭子良の周囲に集まり(八友)、梁の武帝も若き時代に親交をもった。兄の文恵太子とともに名僧を招待して仏法の講説を開いた。彼が尊敬した僧としては、玄暢・僧柔・法度・僧祐・宝誌などがあった。当時の名僧で彼に関係しなかった僧はなかったといわれる。「名僧を招致し、仏法を講語し、経唄の新声を造る。道俗の盛なること、江左未だ有らざるなり」(『南斉書』巻四十、竟陵文宣王伝)といわれるほど仏法は隆盛であった。蕭子良は華厳斎・竜華会・道林斎などの斎会を設けたのみならず、捨身・放生・施薬などの慈善事業を行い、さらに自ら仏経七十一巻を手書したという。著書としては後世に大きな影響を与えた『浄住子浄行法門』(5)『注遺教経』『維摩義略』五巻などを撰した。

斉代も外国僧の渡来があり、僧伽跋陀羅(Saṃghabhadra)は『善見律毘婆沙』を、曇摩伽陀耶舎(Dharmagatayaśas)は『無量義経』を、達摩摩提(Dharmamati)は『法華経』提婆達多品を訳した。ただし『無量義経』は翻訳経典ではなく中国撰述の偽経とされている(6)。

また中天竺の人、求那毘地(Guṇavṛddhi)は斉の建元の初めに建康に来て、毘耶離寺に住し、『百喩経』『十二因縁経』『須達長者経』を訳した。

梁の仏教　梁の武帝(7)(在位五〇二―五四九)の治世、四十八年間は、内政は整い、文運は栄え、南朝文化の最盛期を出現させた。南朝仏教も梁代に至って大成され、頂点に達した。

武帝は儒学・文学の面においても勝れた学才を示していたばかりでなく、仏教を信奉すること篤く、晩年に及んでは「釈教に溺る」(『南史』巻七、武帝紀論)といわれるほど、深く仏教に心を傾けたのであった。天監三年(五〇四)四月八日、武帝は群臣士庶二万人を率いて、道教を捨てて仏教に帰依すべきを宣言した(『弁正論』巻八)。この武帝の捨道奉仏について正史の記載がないため、疑問を呈する学者もあるが(8)、次第に道教からより高度な仏教へと惹きつけられたのは事実であろう。ついで天監十年(五一一)には自ら断酒肉文を公表し、仏教徒としての戒律生活に入った。これ以来、武帝はますます仏教に凝り、天監十六年三月には犠牲廃止の勅令を出し(『広弘明集』巻二十六)、伝統を重んじる漢族の間の烈しい批難にもかかわらず、宗廟の供物に初めて蔬果を用いた(『梁書』巻二、武帝紀)。その年十月には天下の道観を廃して道士を皆還俗せしめた(『仏祖統紀』巻三十七)。このため道士陸修静の一門が北斉に奔ったという。天監十八年(五一九)には鐘山草堂寺慧約に請い、菩薩戒を受けた。

武帝は当代の名僧大徳と親しみ、とくに家僧として武帝の顧問ともなり、師友となる高僧もあった。家僧としては僧伽婆羅・法寵・僧遷・僧旻・法雲・慧超・明徹などがあげられる。その他、宝誌・僧祐・宝唱・智蔵・慧約(9)・洪偃・宝瓊・安廩・慧勝・法規など武帝の知遇をうけた。とくに光宅寺法雲・開善寺智蔵・荘厳寺僧旻は梁の三大法師と称された。

梁の都建康は「都邑の大寺七百余所、僧尼講衆、常に万人有り」(『破邪論』巻下)といわれるように著名の大寺が多かった。とくに有名なのは同泰寺で大通元年(五二七)に完成した。その他、大愛敬寺・大智度寺・皇基寺・光宅寺・開善寺などは武帝建造の大寺である。

その他、大規模な斎会を設けたり、四回にわたって捨身(10)を行った。武帝はしばしば同泰寺において無遮大会、平等大会、盂蘭盆会などを行った。とくに中大通元年(五二九)九月、同泰寺において、道俗五万人に対し、四部無遮大会が設けられ、捨身が行われ、群臣は一億万銭をもってこれを贖った。この時の五万人斎会は古来未曾有の大斎会であったという。平等慈悲の精神を道俗を分たず、士庶を問わずに及ぼしたばかりでなく、水陸大斎会を設けて水陸一切の生物にまで及ぼそうとした。捨身については第一回が大通元年三月、同泰寺において行われたのを最初として、前後四回行われた。捨身とは『法華経』『涅槃経』『金光明経』などに説かれている教えで、身を捨てて仏を供養し、あるいは衆生に施す菩薩行であり、焼身供養もその一つである。『高僧伝』では「亡身篇」に捨身した高僧の伝をかかげている。武帝が行ったのは寺院の奴隷となって奉仕し、財物を布施することであった。

武帝は仏教教理の研究を熱心に行った。武帝の仏教関係の著作としては、『涅槃経』『大品経』『浄名経』『三慧経』等の義記数百巻があったという(『梁書』巻三、武帝紀)。『大梁皇帝立神明成仏義記』『大梁皇帝勅答臣下神滅論』(『弘明集』)を初めとして、訳経序や仏教関係の詔・頌・文・賦・詩(『広弘明集』)などが現存している。

武帝はまた高僧の講論を聴き、講会を主催し、親しく講経を試みた。僧旻・法雲・慧超などに『制注般若経』や『勝鬘経』を講ぜしめた。中大通元年九月、捨身する前に、同泰寺において『涅槃経』を自ら講じた。もっとも多く講じたのは『般若経』『三慧経』であった。武帝はまた当時の学僧に命じて多くの書を編纂述作させた。僧旻の『衆経要抄』、智蔵の『義林』、僧朗の『注大般涅槃経』、宝唱の『続法輪論』『経律異相』『法集』『飯聖僧法』、宝亮の『涅槃義疏』、僧紹の『華林仏殿経目』などがある。ちなみに梁の武帝と禅宗の達摩との問答は史実ではない。

武帝は菜食を守り、戒律の生活を送ったため皇帝菩薩と称されたが、あまりに仏教に溺れたためについに梁朝を滅亡に導く原因となった。武帝の長子昭明太子、その弟の簡文帝、元帝ともいずれも仏教を信奉した学者であり、昭明太子は『解二諦義』(『広弘明集』巻四)を著わした。

高僧の活躍　武帝の治下、梁の三大法師を初めとして多くの高僧が活躍した。僧祐（四四五—五一八）は律僧であるとともに仏教史学者であり、中国仏教伝来以来の護教的文献を集めた『弘明集』[11]、中国撰述の現存している最古の仏典である『釈迦譜』、経典目録の最も重要な資料である『出三蔵記集』を初めとして、『法苑集』（逸亡）なども著わしたという（『梁伝』巻十一、僧祐伝）。僧祐の弟子の宝唱は天監中、勅を奉じて新安寺主となり華林園宝雲経蔵を掌ったが、『名僧伝』『比丘尼伝』を撰した（『唐伝』巻一、宝唱伝）。慧皎（四九七—五五四）は、『涅槃経義疏』『梵網経疏』などの著述があるほか、僧祐の『出三蔵記集』や宝唱の『名僧伝』などにもとづき、後漢明帝の永平十年（六七）より、梁武帝の天監十八年（五一九）まで四百五十三年間の高僧二百五十七人、付伝二百四十三人の伝記を集めた『高僧伝』[12]を撰した。本書は中国初期仏教史の最も信頼すべき資料であり、後の『続高僧伝』『宋高僧伝』の模範となったものである（『梁伝』巻十四。『唐伝』巻六、慧皎伝）。

梁代には僧伽婆羅・曼陀羅・真諦三蔵が渡来した。僧伽婆羅は扶南国の人、毘曇、律に通じ、正観寺に住し、求那跋陀羅の弟子となり、『阿育王経』『解脱道論』などを訳した。同じく扶南国の沙門曼陀羅も婆羅とともに『宝雲経』『法界体性経』『文殊般若経』の三部を訳した。

真諦三蔵　真諦[13]（Paramārtha. 波羅末陀。四九九—五六九）は西天竺優禅尼（Ujjayani）国の出身で、梁の武帝が扶南国に名僧の招致を依頼した結果、大同十二年（五四六）南海に達し、二年後に建康に至り、梁の武帝に謁した。侯景の乱によって世情騒然としていたため、富春に往き『十七地論』などの訳業に従事した。ついで承聖元年(五五二)再び建康に帰り、正観寺において願禅師など二十余人とともに『金光明経』を訳したが、二年後の五五四年、予章に帰り、各地を流浪したが、永定二年(五五八)、再び予章にもどり、臨川・晋安の諸郡に留まり訳経に従事したが機縁にめぐまれず、三度、帰国を志したが果さず、天嘉三年(五六二)には、舶を汎べて帰国の途についたが、風に吹かれて広州に上陸した。このため帰国を諦め、『摂大乗論』などの訳出に従事した。光大二年(五六八)、世を厭って自殺せんとし弟子たちに止められたが、翌年、疾にあって没した。訳書に『十七地論』『決定蔵論』『摂大乗論』『摂大乗論釈』『中辺分別論』などのインドの瑜伽行派の諸論書をはじめ、『倶舎論偈』『倶舎釈論』など世親の『倶舎論』の翻訳と、『大乗起信論』『如実論』など如来蔵系統の論書も訳した。「東夏に来りてより、広く衆経を出すと雖も、偏えに摂論を宗とす」(『唐伝』巻一、真諦伝)といわれるように真諦がもっとも力をいれたのは、『摂大乗論』の訳出と弘通であった。真諦訳『摂大乗論』にもとづいて摂論学派が成立した。弟子に慧愷・法泰・道尼・曹毘など十余人を数えるが、真諦に随ってよく訳経事業を助けたのは慧愷(五一八―五六八)である。

陳の仏教　陳の高祖武帝は梁の敬帝より禅譲を受け、五五七年陳を建国したが、即位の年、仏牙(仏の遺骨)を祠って四部(出家在家の男女の奉仏者)を集めて無遮大会を設け、親しく礼拝した。

この仏牙は斉の僧統法献が于闐より得て、鐘山の定林上寺に蔵されていたが、天監末に摂山の慶雲寺慧興が蔵し、さらにその弟慧志の手に渡り、承聖末に密かに高祖の蔵するところとなった(『陳書』巻二、高祖紀)といわれるが、高祖は革命者として人心を収攬するため仏教を利用したという。[14] 高祖は翌永定二年に四回にわたって大荘厳寺に行幸し、捨身や無遮大会を行っている。これらは奉仏行為であると同時に莫大な資金を集める手段でもあった。永定三年には後に京邑の大僧統となった宝瓊を召して重雲殿において『大品般若経』を講ぜしめた。後の文帝(在位五五九—五六六)・宣帝(在位五六八—五八二)なども無遮大会や捨身を行い高僧を召じて経典を講ぜしめた。

陳代に活躍した外国沙門に月婆首那(高空)がある。西天竺優禅尼国の出身で、初め東魏に行き、後、梁の大同中に南に渡り、于闐僧の求那跋陀が将来した『勝天王般若経』を、陳の文帝の天嘉六年(五六五)に江州興業寺において訳出した。その他、扶南国僧の須菩提は『大乗宝雲経』を訳した。

(1) 板野長八「劉裕受命の仏教的瑞祥」(『東方学報』東京、第十一冊之三、昭和十五年三月)。
(2) 塚本善隆「南朝〈元嘉治世〉の仏教興隆について」(『東洋史研究』第二十二巻第四号、昭和三十九年三月)。
(3) 小川弘貫『中国如来蔵思想研究』(中山書房、昭和五十一年)。

(4) 小笠原宣秀「南斉仏教と蕭子良」(『支仏史学』第三巻第二号、昭和十四年七月)。撫尾正信「南朝士大夫の仏教信受について——南斉蕭子良とその周囲——」(『佐賀竜谷学会紀要』第五号、昭和三十二年十二月)。

(5) 塩入良道「文宣王蕭子良の「浄住子浄行法門」について」(『大正大学研究紀要』第四十六輯、昭和三十六年三月)。

(6) 横超慧日「無量義経について」(『印仏研』第二巻第二号、昭和二十九年三月)。

(7) 森三樹三郎『梁の武帝』(平楽寺書店、昭和三十一年)。山崎宏「梁の武帝の仏教信仰」(『支那中世仏教の展開』法蔵館、昭和四十六年、一八八—二三六頁)。

(8) 内藤竜雄「梁の武帝の捨道の非史実性」(『印仏研』第五巻第二号、昭和三十二年三月)。太田悌蔵「梁武帝の捨道奉仏について疑う」(『結城論集』)。

(9) 撫尾正信「梁国師慧約をめぐって」(和田博士古稀記念『東洋史論叢』講談社、昭和三十六年)。

(10) 名畑応順「支那中世に於ける捨身に就いて」(『大谷学報』第十二巻第二号、昭和六年三月)。

(11) 牧田諦亮編『弘明集研究』訳注篇上下(京都大学人文科学研究所、昭和四十九・五十年)。

(12) 山内晋卿「高僧伝の研究」(『支那仏教史之研究』一—四一頁)。牧田諦亮編『梁高僧伝索引』(平楽寺書店、昭和四十七年)。Arthur, F. Wright, "*Hui-chiao* (慧皎), *As a Chinese Historian*," Journal of Indian and Buddhist Studies, vol. III, No. 1. Arthur, F. Wright, "*Biography and Hagiography, Hui-chiao's Lives of Eminent Monks*," Silver Jubillee volume of the Zinbun-Kagaku-Kenkyusyo, Kyoto Univ. 1954. Robert Shih, *Biographies des Moines Éminents* (*Kao Seng Tchouan*) *de Houei-Kiao*, Traduites et Annotées, Louvain-Leuven, 1968.

（13）　宇井伯寿「真諦三蔵伝の研究」（『印度哲学研究』第六、岩波書店、昭和四十年）。なお真諦訳十八空論、三無性論、顕識論、転識論、決定蔵論の研究も同書にある。蘇公望『真諦三蔵年譜附訳述考』（北京仏学書局、民国二十九年九月）。

（14）　塚本善隆「陳の革命と仏牙」（『東方学報』京都、第十九冊、昭和二十五年十二月）。

第二節　北朝の仏教

北魏の仏教　北方異民族の拓跋部族が蒙疆より南下して華北に君臨した北魏（三八六—五三四）の時代に中国仏教史上の隆盛期が出現した。北斉の史官の魏収(1)（五〇六—五七二）が『魏書』を編纂するにさいして「釈老志(2)」を新設したことによっても、北魏時代に仏教の社会的勢威が大きかったことがわかる。

北方鮮卑の拓跋部は北方より南下して勢力を伸張させ、拓跋珪は登国元年（三八六）、国号を魏と定め、道武帝と称した。太祖道武帝は山西・河北に進出して大同に遷都するや、従来、中原の地に流行していた仏教を尊崇すべきであると考え、仏教を国家公認の宗教として流伝を許したのみならず、自ら進んで新首都建設の都市計画のなかに宏壮な仏寺を建立することを認めた。太祖は天興元年（三九八）詔を下して仏寺仏像の建立を命じた。また太祖は僧朗を敬し、書簡を送り、絵素《きぬ》などを賜わった（『広弘明集』巻二十八「与朗法師書北魏主拓跋珪」。『魏書』釈老志）。さらに皇始中（三九六―三九七）、趙郡（河北省趙県）の沙門法果を迎え、道人統（沙門統）に任じて僧徒を統監させた。太宗も法果を尊崇し、輔国・宜城子・忠信侯・安成公などの号を授けたが固辞された。法果は泰常中（四一六―四二三）、八十余歳で没した。法果は常に「太祖は明叡にして道を好む。即ち当今の如来なり。沙門宜しく礼を尽すべし」（『魏書』釈老志）といい、天子を拝することが仏を礼拝することと同一であると主張した。法果が「現在の皇帝は即ち現在の如来である」と主張した思想は、北朝の仏教界に長く継承され、北朝仏教の国家的性格を強める思想的背景となった。

　これに反して同じく道安門下からでた盧山の慧遠が王者への礼敬を拒否して『沙門不敬王者論』を著わし、自ら方外の逸民をもって任じた態度は、道安の「国主に依らざれば、則ち法事立ち難し」（『梁伝』巻五、道安伝）の態度や、法果の現在の帝王を「当今の如来」[3]とする態度とは異なるものがある。ここに北朝胡族の専制皇帝治下における仏教と、南朝の貴族制社会における漢族皇帝治下の仏教の性格の相違がよくあらわれている。このため北朝仏教は北魏以後、国家的色彩[4]を強め、呪術的・実践的・民衆的傾向を強めるに至った。

　北魏第三代世祖太武帝（在位四二四―四五二）は即位するや、太祖・太宗の仏教政策を受けつぎ、高徳の沙門を招いて談論したり、四月八日の仏誕会には行像の行事を行わせた。太武帝は始光三年(四二六)、長安を陥落させ、夏の赫連昌を平らげ、ついで翌年、夏の都、統万城を陥れた。北魏の長安占領は、羅什仏教が北魏仏教の中にくみこまれたことを意味する。その際羅什の弟子白足和尚曇始は長安から平城にうつされ世祖に重んぜられた(『魏書』釈老志)。この曇始は遼東開教の人として知られ、北魏仏教の高句麗伝来の一つとされる(5)。

四三九年、北涼を滅ぼし、涼州を占領した北魏は、曇無讖が活躍していた涼州仏教を北魏の勢力圏内にくみ入れることを可能にし、ここに北魏仏教は長安・涼州の二大仏教圏を獲得することができ、北魏仏教の全盛時代を現出させる準備を整えることができた。

北魏の廃仏　太武帝の時、その政策の推進者に宰相崔浩(三八一—四五〇)がいた。彼は新天師道の創始者寇謙之(6)(三六三—四四八)と結託し、太武帝に取り入り、仏教弾圧の敷石を打つに至った。崔浩は太武帝の関中征服、北涼征服の軍政の最高顧問としての地位を得、寇謙之の新天師道も国教としての地位を確立しつつあった。始光二年(四二五)には帝都に天師道壇が造られ(『水経注』巻十三)、崔浩が司徒に任ぜられた神䴥四年(四三一)には静輪宮が建造されたが、未完に終わった。同じ年には「州鎮、悉く道壇を立て、生各〻一百人を置く」(『歴代三宝紀』巻三)といわれたことから、寇謙之の新天師道は、中央・地方に道壇をもち道教教団としての体裁を整えつつあった。太延四年(四三八)には崔浩と寇謙之は策動をつづけ、五十以下の者は僧となることを禁じた僧侶制限の詔を発した(『魏書』巻四上、世祖紀)。さらに四四〇年には年号を太平真君に改め、ついに太武帝は道教君主となった。太平真君二年(四四一)、崔浩は民間の神廟を迷信として廃させた。涼州から平城へ迎えられ、太子晃(恭宗)が師事していた沙門玄高と高僧慧崇が処刑された。太平真君七年(四四六)、太武帝が崔浩の建策によって蓋呉を討伐するため長安に入るや、長安の寺院における沙門の非行に激怒し、崔浩の仏教断滅の進言を入れ、廃仏の詔が下り、沙門は殺戮され、仏像経巻は皆悉く焚毀された。時に太平真君七年三月であった。国政をとっていた太子晃が沙門の刑殺と、寺院仏像の焚毀をいましめたが、太武帝は仏教は虚妄であり、これを除くべしという崔浩の主張を受けて、「朕に非ざれば、孰かよく此の歴代の偽物を去《のぞ》かんや」(『魏書』釈老志)という激しい仏教憎悪の感情をもって、北魏全土にわたって苛烈な廃仏を断行した。その廃仏の情況は、「太平七年をもって、遂に仏法を毀滅し、軍兵を分遣して寺舎を焼掠し、統内の僧尼をして悉く道を罷めしむ。其れ竄逸する者あれば、皆人を遣わして追捕せしめ、得れば必ず梟斬す。一境の内、復た沙門無し」(『梁伝』巻十、曇始伝)といわれる。この激しい廃仏令には、さすがの寇謙之も不賛成を唱えて崔浩と争ったが、太平真君九年(四四八)、寇謙之は没した。

　太武帝を煽動し、道士寇謙之を利用しながら廃仏断行に成功した崔浩も自ら編纂した魏の国史を石に刻して自己の功業を天下に示そうと計画したが、胡族蔑視の態度で編纂された国史が、胡族出身者の太武帝の激怒をかい、廃仏令発布の四年後、太平真君十一年(四五〇)、崔浩一族並びにその僚属以下百二十八人が誅殺された。翌正平元年には太子恭宗も帝の不興を蒙ったまま薨じ、帝もまた翌年宗愛などによって暴殺された。

曇曜と仏教復興　寇謙之・崔浩・太武帝の死は、廃仏令によって隠れひそんでいた仏教徒に再興の機会を与えた。四五二年、奉仏者であった故太子晃の長子、高宗文成帝が即位し、興安と改元された。即位の年の十二月、復仏の詔が発布されるや、熱狂的な仏教徒の興仏運動がおこった。崔浩の刑死や太武帝の暴死を目の当たりに見た民衆は、仏教の因果応報の信仰に驚き目覚めたのであった。

復仏に当って天竺僧の師賢が仏教教団を統率し監督する宗教局長としての沙門統に任命された。さらに沙門統の主宰する官衙として監福曹(昭玄)が置かれた。地方には僧曹が置かれ、これらの監督僧官の下において、僧侶は民衆教化の任務を国家から委嘱された。復興された仏教は国家宗教として出発した。興仏事業の首班となり、全盛の北魏仏教の基礎をすえたのは師賢の後をついで第二代沙門統となった曇曜(7)(生没年不明)である。涼州仏教徒であった曇曜は文成帝の和平初年(四六〇)から、献文帝を経て、孝文帝の太和中(四七七—四九九)に至る三十余年間、三代の皇帝に仕えた。献文帝(在位四六五—四七一)は皇興元年(四六七)に永寧寺を建立したが、寺には七重塔が構えられ、塔の高さ三百余尺、その結構は天下第一と称せられた。高祖孝文帝(在位四七一—四九九)も仏教を尊崇し、朝廷の実権を握っていた文成帝の皇后、文明皇太后馮行幸した。

氏も熱心な仏教信者であった。承明元年(四七六)八月孝文帝は永寧寺において顕祖の追善供養を行い、百余人を度し、自ら剃髪式を行い、僧服を施与した。太和元年にもしばしば永寧寺に行幸した。

沙門統曇曜は太祖道武帝より現在の皇帝文成帝を含めた五代の帝王のために釈迦立像五体を彫造し、雲岡石窟の第十六洞より第二十洞までにこれを祠った。この五つの石窟(曇曜五窟)は「皇帝即如来」の北朝仏教の伝統思想を造形化したもので、曇曜は文成帝を「当今の如来」として帝身に似せて釈迦像を彫造させたのであった。曇曜は雲岡石窟開鑿の発願者として活躍したばかりでなく、僧祇戸および仏図戸(第七章第一節参照)を設立し仏教興隆事業の財政的基礎を確保した。また『付法蔵因縁伝』の訳出編纂に努力したため、『続高僧伝』の撰者道宣は曇曜を「訳経篇」に収めてその伝をのべている。

洛陽の仏教　太和十七年(四九三)、高祖孝文帝は洛陽に遷都した。孝文帝は胡俗を捨てて儒教国家の帝王たることを理想とし、宗室初め多くの胡族の反対をおしきって洛陽遷都を断行したため、北魏の漢化は一層徹底された。太和十九年(四九五)には、徐州の白塔寺に行幸して、道登法師に『成実論』を講ぜしめた。太和二十一年(四九七)、帝は羅什の住した寺跡に、羅什を追慕するための三重塔を建てさせ、さらに官位を授けて優遇するため羅什の子孫を探し求めた。孝文帝の時、沙門道順・恵覚・僧意・恵紀・僧範・道弁・恵度・智誕・僧顕・僧義・僧利が知遇を受け尊敬された。

太和二十三年（四九九）即位した世宗宣武帝（在位四九九―五一五）も孝文帝以上に仏教を信じ、自ら宮廷で諸僧朝臣のために『維摩経』を講じた（『魏書』巻八、世宗紀）。崇仏天子の下、延昌中（五一二―五一五）に至って、天下州郡の僧尼寺の総計は一万三千七百二十七所になったという。世宗は景明中（五〇〇―五〇三）の初め、白整に詔して、大同の雲岡石窟に準じて、洛南の竜門において、孝文帝とその皇后文昭皇太后のために、石窟を造営させた。これが竜門の石窟である。また世宗をついだ粛宗孝明帝（在位五一五―五二八）の代には、洛陽城内に霊太后の発願によって、永寧寺が建てられた。しかし北魏は正光以後、内乱外寇相つぎ、洛陽の貴族も滅び争乱状態となった。

永熙三年（五三四）七月、北魏の孝武帝は高歓の権勢を避けて長安に奔り、宇文泰をたよって西魏を建て、高歓は十月、孝静帝を擁立し、天平元年と改元、鄴に遷り東魏を建てた。ここに洛陽は帝都としての地位を失い、その仏寺も荒廃の一途をたどった。

北魏時代、仏経は流通し、四百十五部、一千九百十九巻が魏に集まり、僧尼数二百万、寺院三万余を数え、仏教は大いに盛んとなったが、その弊害も顕著にあらわれるに至った。

外国僧の活躍　北魏時代に来朝し、翻訳に従事した人に菩提流支・勒那摩提・仏陀扇多・般若流支などがある。菩提流支（Bodhiruci.　?―五二七）は北天竺の僧で菩提留支とも書かれ、道希という。五〇八年洛陽に至り、永寧寺に住し、『金剛般若経』『入楞伽経』『深密解脱経』『金剛般若経論』『無量寿経論』『法華経論』など三十余部の経論を訳した。菩提流支は無着・世親系の新大乗仏教学を伝えたため、当時の仏教学界に大きな影響を及ぼした。『十地経論』の研究にもとづいて地論学派が生まれ、『無量寿経論』は曇鸞の『往生論註』をうみだし、浄土教勃興の転機を与えた。

勒那摩提(Ratnamati. 宝意)は中天竺出身で『究竟一乗宝性論』『法華経論』『宝積経論』など数部を訳し、『華厳経』を講じた。仏陀扇多(Buddhaśānta. 覚定)は北天竺僧で正光元年(五二〇)より元象二年(五三九)までの間に洛陽の白馬寺、鄴都の金華寺において『摂大乗論』など約十部を訳した。瞿曇般若流支(智希)は五三八年より五四二年の間、鄴都において『正法念処経』『廻諍論』『順中論』などを訳した。そのほか吉迦夜は曇曜とともに『付法蔵因縁伝』を訳した。また曇靖は疑経の『提謂波利経』を撰した。楊衒之は洛陽の諸寺の旧聞・古跡を集録した『洛陽伽藍記』(8)を撰した。

神亀元年(五一八)、世宗の命により、敦煌出身の宋雲(生没年不明)は、僧恵生とともに西域および北天竺を訪れて正光三年(五二二)、仏経百七十部をもちかえった(『洛陽伽藍記』巻五。『魏書』巻百二、西域伝。『魏書』釈老志は出着年時がやや異なる)。宋雲・恵生の旅行記は後人によって『北魏僧恵生使西域記』(9)としてまとめられた。

なお北魏時代に活躍した僧に、浄土教の開祖曇鸞、禅法を習した仏陀禅師や禅宗の開祖菩提達摩、四分律宗の開祖慧光、『華厳経』研究の霊弁などがある。

北斉の文宣帝　文宣帝（高洋）は法常を国師として招じて『涅槃経』を講ぜしめ、曇延（五一六―五八八）を尊崇して昭玄統とし、さらに僧稠（四八〇―五六〇）に詔して鄴都に雲門寺を建てさせ、屠殺を禁じ、民をして月に六回、年に三回、斎戒せしめた（『唐伝』巻十六、僧稠伝）。昭玄十統を置き、法上（四九五―五八〇）を大統に任命した。北斉僧官の管轄下には僧尼四百余万、四万余寺といわれるので、如何に仏教が盛んであったかが分る。

北斉代の外国翻訳僧としては那連提耶舎（Narendrayaśas. 尊称）があり、『月燈三昧経』『大悲経』などを訳出した。また高僧としては法上・法常を初めとし、天台宗の創始者慧文禅師、禅者として活躍した僧達・僧実の両禅師などがある。

北周の廃仏　三武一宗の法難の第二は北周武帝（在位五六〇―五七八）によって断行された。[10]武帝はきわめて英邁な君主であり、永らく実権を掌握していた宇文護（四九五―五七二）を殺して、万機を親裁した。武帝は北斉討伐のため、富国強兵策をとり、仏教寺院を整理し、寺院所有の荘園を没収し、国家財政の健全化を計ろうとした。また堕落した仏教僧侶の粛清を意図し、仏教教団の整理、廃絶を行った。

天和二年（五六七）、道士衛元嵩は武帝に上書し、仏教廃毀を進言した。天和四年（五六九）二月、武帝は大徳殿に行幸し、百官・道士・沙門を集め、仏道二教について討論させた。翌年二月十五日、仏教僧甄鸞が『笑道論』を武帝に奉呈し、道教の偽妄なることを明らかにしたが、武帝は群臣の前で『笑道論』を焚焼した。これに対して道安は『二教論』を奉呈し、仏道二教の優劣を論じた。武帝は次第に儒教優位の政策を強め、建徳二年(五七三)には三教の中で儒教を第一においた。儒教国家北周の確立とともに武帝は仏道二教の廃毀にふみきり、建徳三年(五七四)五月十七日、仏道二教を断滅し、経像をこわし、沙門・道士を還俗させ、もろもろの淫祀を禁じた。ついで国立宗教研究所ともいうべき通道観[11]を設立した。廃仏に成功した武帝は、建徳六年(五七七)北斉を討征の時、同じく廃仏を実施した。この北斉廃仏に際しては任道林、および浄影寺《じょうようじ》慧遠の反対意見がのべられた。宣政元年(五七八)六月一日、武帝が崩じ、九月十三日宣帝即位するや、任道林の仏教復興の請願を入れ、仏教復興を勅許した。北周廃仏では八州の寺廟四万を貴族の第宅に充て、経典を焚焼し、仏教僧三百万を還俗させたのである(『歴代三宝紀』巻十一)。廃仏の期間はわずか五年弱であったが、仏教界に与えた影響は思想的にも経済的にも甚大なるものがあった。

(1)　塚本善隆「魏収と仏教」(『東方学報』京都、第三十一冊、昭和三十六年三月)。

(2)　塚本善隆『魏書釈老志の研究』(仏教文化研究所出版部、昭和三十六年)。英訳に James R. Ware, "Wei-shou on Buddhism," *T'oung Pao*, vol. XXX, 1933, pp. 100–181. この批評として、周一良「評

魏楷英訳魏書釈老志」(『史学年報』第二巻第四期、民国二十六年十二月)がある。

(3) 鈴木啓造「皇帝即菩薩と皇帝即如来について」(『仏教史学』第十巻第一号、昭和三十七年三月)。

(4) 横超慧日「中国仏教に於ける国家意識」(『中国仏教の研究』第一)。

(5) 李能和『朝鮮仏教通史』上編(新文館、大正七年)一一—一四頁。

(6) リチャード・B・マーサー、大藪正哉・松本浩一共訳「寇謙之と北魏朝廷に於ける道教の神政」(『道教の総合的研究』国書刊行会、昭和五十二年)。

(7) 塚本善隆「沙門統曇曜とその時代」(『支那仏教史研究・北魏篇』弘文堂書房、昭和十七年)。

(8) 神田喜一郎「洛陽伽藍記序劄記」(『東洋史研究』新第一巻第五・六号、昭和二十二年七月)。畑中浄円「洛陽伽藍記の諸板本とその系統」(『大谷学報』第三十巻四号、昭和二十六年六月)。

(9) 内田吟風「後魏宋雲釈恵生西域求経記考証序説」(『塚本論集』)。E. Chavannes, *Voyage de Song-Yun dans l'Udyāna et le Gandhāra, (518–522 P. C.)*. Bulletin de l'Ecole française d'Extrême-Orint, Tome III, 1903, pp. 377–441.

(10) 塚本善隆「北周の廃仏に就いて」(『東方学報』京都、第十六・十八冊、昭和二十三年九月・二十五年二月)。同「北周の宗教廃棄政策の崩壊」(『仏教史学』第一巻、昭和二十四年七月)。野村燿昌『北周廃仏の研究』(東出版株式会社、昭和四十三年)。

(11) 窪徳忠「北周の通道観に関する一臆説」(『福井文化論集』)。

第三節　儒教・道教との抗争

神滅論争　東晋の庾氷によって提起された王者に対する礼敬問題は、慧遠と桓玄との論争となり、その後も問題とされたが、南北朝時代、とくに南朝において重視されたのは神滅不滅および因果応報の問題であった。儒教は形神ともに滅し後世に応報なしと主張するのに対して、仏教は神不滅を唱え、三世因果応報を主張した。

東晋代、羅含が『更生論』を著わして、老荘の自然説にもとづいて神不滅説を唱えたのにつづき、劉宋代、鄭道子《ていどうし》は『神不滅論』を著わした。宋代に神滅不滅に関して論争したのは、慧琳・何承天・宗炳・顔延之である。黒衣の宰相慧琳は『白黒論』（『均善論』）を著わして仏教を攻撃し、何承天も『達性論』を著わして仏教を誹謗した。これに対して慧遠の弟子宗炳[1]は『難白黒論』と『明仏論』を著わし、顔延之は『釈達性論』を著わして何承天と論争した。

斉・梁代、神滅不滅に関して問題を提起したのは、范縝《はんしん》の『神滅論』[2]である。無神論にたつ儒者范縝の『神滅論』に対して、蕭子良が僧を集めてこれを批難したが、屈することはなかった。范縝の外弟蕭琛《しょうしん》は『難神滅論』を著わしてこれを反駁し、また沈約および曹思文も『難神滅論』を著わして論争した。范縝の『神滅論』は蕭琛の『難神滅論』の中に引用されている（『弘明集』巻九)。范縝の『神滅論』は梁代に継承され、梁武帝の命により光宅寺法雲は王公貴顕に意見を徴した。『大梁皇帝勅答臣下神滅論』には六十二人の奉答書が収録されている。

南方においては儒仏の対立抗争が激しかったのに対し、北方においては北斉の顔之推の『顔氏家訓』帰心篇に見られるように五常と五戒との一致調和が説かれた。五常と五戒との一致の思想は北朝においても一般に認められ、すでに北魏の曇靖によって作られた『提謂波利経』においても説かれている。唐代では法琳の『破邪論』や、神清の『北山録』等でも主張されている。

道仏の論争　北魏の太武帝の時代、寇謙之は儀礼面において仏教を取り入れながら、新天師道を開創した。道教は皇帝を外護者とするばかりでなく、信者とするところの国家宗教たる地位を獲得した。一方江南においては宋代に陸修静が、梁代には陶弘景が出て、教学の整備と道教経典の整理・体系化が行われた。陶弘景は茅山派道教を開創した。このように道教が教団的にも教学的にも整備されその勢力が増大するや、必然的に当時、大きな勢力となっていた仏教と対立抗争するに至った。その論争点はとくに夷夏論が中心であった。(3)

宋明帝の泰始三年(四六七)、顧歓《こかん》は『夷夏論』を著わして、夷狄の宗教たる仏教は中夏の取るところに非ずとして仏教を排撃した。この顧歓の『夷夏論』の及ぼした影響は大きく、ただちに明僧紹の『正二教論』、謝鎮之の『与顧道士析夷夏論』、朱昭之の『難顧道士夷夏論』、朱広之の『疑夷夏論諮顧道士』、慧通の『駁顧道士夷夏論』、僧敏の『戎華論析顧道士夷夏論』などの駁論が著わされている。顧歓の『夷夏論』は伝わらないが、『南史』巻七十五の「顧歓伝」と『弘明集』に収録されている上記の駁論によってその内容を推定できる。ちなみに慧通の『駁顧道士夷夏論』の引文中に牟子の『理惑論』と共通する部分があり、慧通が牟子に仮託して『理惑論』を偽作したという説を生むに至った。

顧歓と同時代に張融があり、『門律』(『弘明集』巻六)を著わして仏道二教の同一説を唱えたが、道は本地で仏は垂迹であるとみたので、張融が主とするのは道教にあることは明らかである。この張融の『門律』に対して、『三宗論』(『大乗玄論』巻一)の著者周顒《しゅうぎょう》が反駁を加えた。張融が道教に立脚して道仏の一致説を主唱したのに対して、周顒は儒教に立脚して儒仏一致説をたてた。また孟景翼は『正一論』(『南史』巻七十五)を著わして道仏二教の一致を唱えた。さらに道教の立場から仏教を攻撃したのに張融の『三破論』がある。これに対して梁の劉勰は『滅惑論』を、僧順は『答道士仮称張融三破論十九条』を著わしてこれに反駁した。

北朝においては北魏孝明帝の正光元年(五二〇)に禁中で仏道二教の論争があった。清道観の道士姜斌と融覚寺曇無最が、老子と仏陀との出世の前後について対論し、曇無最に破られた姜斌は馬邑に配流されたという。

このような仏道二教の論難についての資料は、北周甄鸞の『笑道論』、道安の『二教論』、僧祐の『弘明集』、道宣の『広弘明集』『集古今仏道論衡』、法琳の『破邪論』、神清の『北山録』などに収録されている。

(1) 太田悌蔵「宗炳「明仏論」の神不滅説及びその三教調和思想」(『常盤論叢』)。同「支那宋斉時代の道仏論争」(『宗教研究』新第十巻第三号、昭和八年五月)。

(2) 久保田量遠『支那儒道仏三教史論』六八—八七頁。蜂屋邦夫「范縝「神滅論」の思想について」(『東研紀要』第六十一冊、昭和四十八年三月)。なお従来の研究については、蜂屋論文の「注」参照。

(3) 久保田、前掲書、第十章「夷夏論」。

第六章　諸学派の興起と展開

第一節　涅槃学派

『涅槃経』の研究者として先ず第一にあぐべきは道生である。道生は東晋の義熙十四年(四一八)に訳出された六巻『泥洹経』を研究し、『泥洹義疏』を著わし、さらに劉宋の元嘉七年(四三〇)末、北本『涅槃経』が華南に伝来すると、それを講義した。涅槃関係の著書には、『涅槃三十六問』『釈八住初心欲取泥洹義』『弁仏性義』があった。道生とともに『涅槃経』を研究した人には、慧厳・慧観・僧導・曇無成がある。

慧厳(三六三―四四三)は、羅什門下の四哲の一人であり、『無生滅論』『老子略注』を著わしたが、『大涅槃経』が宋土に来るや、慧観・謝霊運とともに南本を修正する任に当った。

慧観は、慧遠の弟子で、羅什にも師事し、『法華宗要序』を著わし羅什に呈した。羅什の没後、荊州に行き、文帝の時、建康の道場寺に住した人で、『弁宗論』『論頓悟漸悟義』『十喩序讃』『勝鬘経序』『修行地不浄観経序』などを著わしたが、『涅槃経』を研究し、一代教を頓教

（『華厳経』）と漸教に分け、さらに漸教を三乗別教（三乗の行因得果不同を説く経）、三乗通教（『般若経』）、抑揚教（『維摩経』『思益経』）、同帰教（『法華経』）、常住教（『涅槃経』）の五教に分けて五時の教判を主張した。『涅槃経』をもって仏一代の説教につき最極の経として、これを常住教といったのは慧観に始まる。この時代、涅槃研究において著名な人に慧静・曇無成がある。

慧静は、「法輪一たび転ずる毎に輒ち帙を負うもの千人あり」（『梁伝』巻七、慧静伝）といわれた人で『涅槃略記』を著わした。なお同名異人であるが、慧静も涅槃を善くした人で『仏性集』を著わした。曇無成（宋元嘉中没）は、羅什の弟子で、顔延之や何尚之とも交わりを結び、著書に『実相論』『明漸論』『中無生論』がある。

慧観の弟子の霊根寺法瑗（四〇九—四八九）は、道生の頓悟説を主唱したため、何尚之をして「今日、復、象外の談を聞く。謂つべし、天未だ斯の文を喪ぼさず」（『梁伝』巻八、法瑗伝）と嘆ぜしめたという。法瑗の弟子僧宗（四三八—四九六）は、曇斌・曇済に学び、講説ごとに、聴者千余人に近かったという。この僧宗の涅槃の講義の名声を慕って南地にきたのが北地の法師曇准（四三九—五一五）であった。慧観の涅槃研究の系統は、法瑗—僧宗—曇准と次第した。

『涅槃経』の注釈としては、慧静の『涅槃略記』、道生および僧鏡の『泥洹義疏』、法瑤の『涅槃義疏』などがあるが、もっとも有名なのは宝亮の『涅槃義疏』である。宝亮（四四四—五〇九）は、十二歳で出家し、青州の道明法師の弟子となる。斉の文宣王の請により霊味寺に住し、衆経を講じ、僧俗の弟子三千余人あった。梁の武帝の天監八年(五〇九)の初め、勅命により『涅槃義疏』十余万言を撰し、武帝はこれに序文を書いた。宝亮の撰述とされる『涅槃経集解』七十一巻(現存)は、或いは宝亮の撰述ではなく、建元寺沙門僧朗の撰述かも知れない(『唐伝』巻一、宝唱伝。『歴代三宝紀』巻十一)。その中には道生・僧亮・法瑤・曇済・僧宗・宝亮など諸家の学説が集めてあり涅槃学派研究の必読書である。

北地において『涅槃経』研究で有名なのは曇延(五一六—五八八)である。曇延の『涅槃経義疏』十五巻は浄影寺慧遠のものよりも勝っているといわれた。弟子には慧海(五五〇—六〇六)・童真(五四三—六一三)・通幽・覚朗・道洪(五七四—六四九?)・道愻(五五六—六三〇)・慧誕(五五七?—六二七?)・道謙・玄琬(五六二—六三六)・法常(五六七—六四五)などがあった。

第二節　成実学派

鳩摩羅什訳の『成実論』の研究は初め北地において行われていたが、その後南地において盛んとなり、梁代に南地成論大乗といわれ、もっとも隆盛を極めた。羅什門下の成実学派の二大系統は僧導と僧嵩に始まる。僧導は『二諦論』『成実論義疏』を著わした。これが『成実論』に対する最初の注釈である。弟子に曇済・僧鐘・道亮などがある。曇済は『六家七宗論』を著わした。道猛(四一一—四七五)は僧導に師事したと思われる。寿春には劉裕(宋武帝)が僧導とその一門を迎えて建てた導公寺もあり、羅什訳の『成実論』研究の中心地であった。道猛・曇済の弟子に法寵(四五一—五二四)がある。多宝寺道亮(宋泰始中没)は『成実論義疏』を著わした人であるが、羅什の孫弟子に当る。涅槃学者であるが、成実を講じること十四遍といわれた梁の宝亮が小亮といわれたのに対して、道亮は大亮と呼ばれた。道亮の弟子には智林があるが、『二諦論』『毘曇雑心記』『注十二門論』『注中論』を著わし、『成実論』は大乗義をあらわすものとされた。(1)(2)

僧導と並んで成実研究の一大系統をなす僧嵩は、羅什より『成実論』を受けて北地においてこれを弘めた(『魏書』釈老志)。弟子に僧淵(四一四—四八一)があり、『涅槃経』は外道の説で仏説に非ずとしてこれを誹謗した。僧淵の弟子に曇度(四八九没)・慧記・道登(四二一—四九六)・慧球(四三一—五〇四)・法度(四三七—五〇〇)などがある。曇度は僧淵に従って『成実論』を受けこれに精通した。高祖孝文帝のために講義し、平城で教化をつづけて学徒千余に達したという。『成実論大義疏』を撰した。道登は僧淵より『成実論』を学び、魏室に招かれて盛んに講説した。道登は孝文帝に信任厚く、南伐に随従し、敵地の宣撫工作に活動したという(『南斉書』巻四十五、遙昌伝。『魏書』釈老志)。(3)

南地で有名な学者に僧柔(四三一—四九四)・慧次(四三四—四九〇)がある。斉の永明七年(四八九)十月、文宣王が京師の碩学名僧五百余人を集め、定林寺の僧柔と謝寺の慧次を請じて、普弘寺において交替で『成実論』を講ぜしめた(『略成実論記』)。僧柔等は『略成実論』を著わし、その際、周顒がその序を作った。この僧柔と慧次には多くの弟子があったが、もっとも有名なのが、梁の三大法師といわれる智蔵・僧旻・法雲の三人である。中でも『成実論』の発揚にもっとも力を尽したのが開善寺智蔵(四五八—五二二)である。智蔵の著『成実論大義記』と『成実論疏』とは実に当時における成論大乗師のよりどころとなった。『成実論』をもって小乗と判じたのは、智顗・吉蔵以後のことであって、恐らくは羅什以後、梁代までの学者はこれを大乗として講述してきたと思われる。

智蔵の門下で有名なのは竜光寺の僧綽であり、建元寺の法寵とともに成実に秀いでていた。僧綽の説は吉蔵の『大乗玄論』『二諦章』などにも盛んに引用されている。慧韶は僧旻・智蔵から『成実論』を学び、さらに僧綽の教えを受け、独自の見解を示し「滅諦を弁じて本有と為し、麁細を用いて心を折す」(『唐伝』巻六、慧韶伝)るとした。僧綽の弟子には慧暅(五一五—五八九)・洪偃(五〇四—五六四)・警韶(五〇八—五八三)がある。洪偃は『成実論疏』を著わし、陳の文帝の帰依を受けた。そのほか僧旻の系統に属する成実学者としては宝淵(四六六—五二六)・僧喬(四六七—五〇二?)などがあり、法雲の系統に宝海(四九二—五七一?)がある。その他系統不明な成実学者に南澗寺仙師があり、その弟子に三論宗の法朗(五〇七—五八一)、陳の大僧正となった宝瓊(五〇四—五八四)がある。隋代に活躍した成実学者に慧日道場の智脱(五四一—六〇七)がある。智脱は梁の招提寺慧琰が『成実論玄義』を撰したが、文詞が繁であったのでこれを删正したため世に盛んに行われたという。

(1) 塚本善隆「水経注の寿春・導公寺について」(『福井思想論集』)。

(2) 境野黄洋「「成実」大乗義」(『常盤論叢』)。

(3) 春日礼智「支那成実学派の隆替について」(『東方学報』京都、第十四冊第二分、昭和十九年二月)。
楊白衣「倶舎成実宗史観」(『中国仏教史論集』中華文化出版事業委員会、民国四十五年)。

第三節　地論学派

『十地経論』の翻訳については古来から三人三処別訳説(『唐伝』巻一、菩提流支伝)と二人二処別訳説(『歴代三宝紀』巻九)などがあるが、訳場に列して筆受の任にあった侍中崔光の『十地経論』の序文によると、菩提流支と勒那摩提、および伝訳沙門の仏陀扇多の三人が同一訳場である太極殿において訳出したことは確かである。ただし勒那摩提と菩提流支との間に、教義上見解を異にした点があったために、別訳説が生まれたのであろう。地論宗は北道派と南道派に分かれるが、この北道・南道の名称は相州より洛陽に入るに二道あり、道寵は北道にいたため北

道派とし、慧光は南道にいたので南道派といわれた。(1)

北道派を開いた道寵は菩提流支に師事すること三冬、その名は鄴都に高く、弟子に僧休・法継・誕礼・牢宜・儒果などがあった。道寵門下の五人についてはその事跡が不明であるが、僧休は慧遠と相並び称せられた学者であった(『唐伝』巻十二、霊幹伝)。

南道派の慧光は四分律宗の開宗者であるとともに、北斉の僧統であり、光統《こうず》律師と呼ばれている。『十地経論』の伝訳に加わり、勒那摩提の教えを受け、両三蔵の争いに通じ、取捨選択し、『十地経論』の綱領を悟り、論の注釈を作ったという。『十地経論』が流伝したのは慧光の力が大である。慧光門下に十哲があったといわれるが、法上・僧範・道憑・曇遵・慧順・霊詢・道慎・曇衍・安廩・僧達などが知られている。

法上(四九五―五八〇)は、九歳にして『涅槃経』を得、十二歳のとき道薬禅師について出家し、慧光に師事した。時人に「京師の極望は、道場と法上」(『唐伝』巻八、法上伝)とまで尊崇され、魏・斉の二代にわたって僧統となり、僧尼二百余万を綱領すること四十年になんなんとした。著書に『十地論義疏』『増一数法』『仏性論』『大乗義章』『衆経録』がある。

慧光の弟子の十哲の名は明らかでないが、法上・僧範(四七六―五五五)・道憑(四八八―五五九)の三人が有名である。道憑について時人は「憑師の法相、上公(法上)の文句、一代の希宝」(『唐伝』巻八、道憑伝)と賞揚していたというから、法上と比肩する大学者であったことが分る。道憑の門下で有名なのは霊裕(五一八—六〇五)である。霊裕は学徳高く裕菩薩と称せられた。北周の廃仏に際しては聚落に隠れたが、隋が興ると召されて都統となり、後に演空寺に住した。『大乗義章』四巻などのほか、多くの著書を著わした。この霊裕の弟子に彭淵(五四四—六一一)があり、彭淵は終南山至相寺の祖であり、その門下に智正(五五九—六三九)が出るが、この智正の学系を受けたのが実は華厳宗第二祖の智儼であるので、霊裕の系統こそ華厳宗の母胎といえる。

法上門下の弟子の中で最も有名なのは浄影寺慧遠(2)(五二三—五九二)である。北周の廃仏に際しては北周武帝に極諫したが、汲郡西山に隠棲した。大象二年(五八〇)復仏した時、少林寺において講義し、隋に革まるや、勅によって洛州沙門都に就任し、後、浄影寺において講説し、七百余人の学徒が雲集したという。浄影寺に住していたため浄影寺慧遠といい廬山の慧遠と区別している。著書に『大乗義章』十四巻など多くの疏がある。とくに『大乗義章』は二百四十九科から成り、教法・義法・染・浄・雑の五衆に分けられたもので、地論宗南道派の教説よりみた南北朝の仏教学の集大成として教理史上重要な意味をもつ。多くの弟子の中で有名な人に霊璨(五四九—六一八?)・慧遷(五四八—六二六)・慧覚(五三一—六二〇)などがある。慧遠の門流は甚だ盛んで、一方は『涅槃経』を弘敷し、一方は『十地経論』を宣揚し、後世からは涅槃宗と十地宗の二宗の名をもって呼ばれた。とくに慧遷は隋の開皇十七年(五九七)、勅によって五衆の制度が設けられた時、十地衆主となった人である。

地論学派の南道派と北道派の学説の相違については、南道派では阿黎耶識(ālaya-vijñāna)を浄識とみなし八識説であるのに対して、北道派では真妄和合識とみなし九識説をとる。第八識を妄識とし、第九識を真識、清浄識とするのである。南道派の学説は、宋訳四巻『楞伽経』の学説と等しく、北道派は魏訳十巻『楞伽経』の学説と同じである。真諦の摂論宗が起こると、第九菴摩羅識(amala-vijñāna)を浄識とみなすため、地論宗北道派の説と一致することになり、北道派は摂論宗と合して消滅し、ひとり南道派のみが栄える結果となった。

(1) 布施浩岳「十地経論の伝訳と南北二道の濫觴」(『仏教研究』第一巻第一号、昭和十二年五月)。
(2) 拙稿「浄影寺慧遠における大乗思想の展開」(『中国仏教思想史研究』春秋社、昭和四十三年)。

第四節　摂　論　学　派

真諦三蔵訳出の『摂大乗論』[1]を所依として成立したのが摂論学派[2]である。真諦の弟子慧愷(五一八—五六八)は法泰などとともに真諦に仕え、『摂論』『倶舎論』の訳出にあたって筆受をなした。法泰は慧愷・僧宗などとともに名をなし、広州制旨寺において真諦の訳業を助けること二十年、五十余部を訳した。とくに律の『明了論』を訳し、『明了論疏』五巻を著わした。靖嵩(五三七―六一四)は北周の法難に際し、同学の法貴・霊侃等三百余僧とともに南地に避難し陳の宣帝に迎えられた。新しく伝来した世親の唯識教学を法泰より受けた。『摂論疏』などを撰した。靖嵩の系統は智凝に伝わる。この智凝(五六二?―六〇九?)の弟子に僧弁(五六八―六四二)がある。

真諦の弟子道尼は『摂論』を弘め、開皇十年(五九〇)には勅によって長安の大興善寺に住した。道尼は広州において最後まで真諦に師事した人である。道尼の門下で有名なのは道岳(五六八―六三六)である。道岳は『摂論』よりも『倶舎論』に通じていた。慧休(五四八―?)は法彦・志念・霊裕に随い、後、曇遷および道尼にあい『摂論』を受けた。真諦門下で有名な居士曹毘は広州に至り『摂論』を学んだ。弟子に僧栄・法侃(五五一―六二三)がある。

摂論宗の北方伝播にもっとも功績があったのは曇遷[3](五四二―六〇七)である。幼くして周易・老荘に通じ、初め曲李寺慧栄に投じ、二十一歳の時、定州の賈和寺曇静律師によって出家した。鄴都の曇遵法師について仏法の綱要を学んだ。「学は法を知らんが為め、法は行を修せんが為なり。豈に栄利を以て、即ち名づけて道と為さんや」(『唐伝』巻十八、曇遷伝)の志をもって林慮山黄花谷の浄国寺に隠れ、諸経論を研精した。北周破仏の時、三十六歳で建康に逃れ、道場寺において唯識を研鑽した。桂州刺史蔣君の宅で『摂大乗論』を得て唯識の教義に通じた。隋代になると、彭城の慕聖寺において『摂論』を弘め、「摂論の北土の創開、此れ自り始めと為す」

(『唐伝』巻十八)といわれ、摂論宗の北土開宗の祖となった。一時建康に行ったが、開皇七年、勅によって長安にかえり大興善寺に住した。この時慧遠・慧蔵・僧休・宝鎮・洪遵の五大徳とともに大興殿に召された。法門の領袖にして曇遷より二十歳年長の慧遠も曇遷の『摂論』の講義を聞いたのである。著書に『摂論疏』『亡是非論』など二十余巻がある。『亡是非論』は華厳宗第二祖智儼の『華厳孔目章《くもく》』の中に引用されている。弟子に慧海(五五〇—六〇六)・弁相(五五五?—六二七?)・道哲(五六四—六三五)・玄琬(五六二—六三六)・法常(五六七—六四五)など多くの学者がいるが、弁相の弟子霊潤は摂論学者として知られ、従来の諸家とは異なる新説を出したことが記されている(『唐伝』巻十五、霊潤伝)。

(1)　佐々木月樵『漢訳四本対照摂大乗論』(萠文社、昭和六年)。
(2)　勝又俊教『仏教における心識論の研究』(三喜房仏書林、昭和四十九年)。
(3)　結城令聞「隋・西京禅定道場釈曇遷の研究——中国仏教形成の一課題として」(『福井思想論集』)。宇井伯寿『西域仏典の研究』(岩波書店、昭和四十四年)五—一七頁。

第五節　禅・浄土と戒律

禅法の流行　中国の禅法(1)は後漢の安世高に始まる。また三国の呉の康僧会も注目しなければばならない。苻秦の道安も深く禅観に達し、その晩年には長安において罽賓の僧と毘曇を訳したので、禅数の学を重んじるに至った。しかし当時はなお禅法は未だ明らかでなく、その規矩も備わっていなかった。羅什が長安に来た時、僧叡は禅経の訳出を請うた。羅什は『坐禅三昧経』『禅法要解』『禅秘要法経』を、仏駄跋陀羅は『達磨多羅禅経』を訳出した。劉宋には曇摩蜜多が『五門禅経要用法』を、沮渠京声が『治禅病秘要法』を訳出し、禅法が流行するに至った。

後漢から東晋代にかけて流行した禅法には、安世高の訳出による『安般守意経』にもとづいて安般を念ずる方法があり、呉の康僧会は「夫れ安般は諸仏の大乗にして、以て衆生の漂流を済うものなり」(『安般守意経』序)と称した。一方、羅什訳の『首楞厳三昧経』によって首楞厳三昧が重視された。首楞厳三昧は大乗仏教のもっとも重要な禅定の一つであり、健相とか勇伏定とか訳されて威力絶大なるものとされ、これを修する者が多かった。そのほか浄土教の所依となったものに支婁迦讖訳や竺法護訳の『般舟三昧経』にもとづく般舟三昧がある。

東晋代、廬山の慧遠は禅法を重んじ、弟子を西域に行かせ、禅経および戒律を求めさせた。また仏駄跋陀羅に禅経を訳させた。同じ頃、曇摩耶舎(Dharmayaśas)は江陵の辛寺において大いに禅法を弘めた。学び来る者三百余人という(『梁伝』巻一、曇摩耶舎伝)。宋の初め、曇摩蜜多(Dharmamitra. 三五六―四四二)は、特に禅法を深め、涼州より蜀をへて荊州に至り、長沙寺において禅閣を造立し、さらに建康の祇洹寺において『禅法要』『普賢観経』『虚空蔵観経』『五門禅経要用法』などの禅経を訳した。学者皆集まり大禅師と号した(『出三蔵記集』巻十四)。その頃、建康には求那跋摩(Guṇavarman)と仏陀什(Buddhajīva)がいて禅法をよくした。沮渠京声も宋の初め、建康に来て、『治禅病秘要法』を訳した。東晋から宋初にかけて、建康・江陵・蜀地方を中心に禅法が盛んであった。

羅什系統の禅法は道生・慧観などによって特異な展開をとげた。道生の主唱した頓悟説と後の達摩禅との思想的な関連を説く学者もあるが、(2) その内容において質的に異なるものといえよう。(3) 江南の禅法の興隆に貢献したのに宝誌がある。宝誌(四一八—五一四)は保誌とも書くが、僧倹に師事して禅法を修し、多くの神異をあらわした。今日宝誌の著述とされる『十二時頌』『大乗讃』『十四科頌』などの小篇があるが、恐らく後人の仮託の作であろう。

仏駄跋陀羅系統の禅法を受けた玄高(四〇二—四四四)は、十二歳で出家、仏駄跋陀羅に師事し、のち長安の沙門曇弘など百余人とともに麦積山に隠居し、禅道を修した。外国禅師曇無毘に学んだ。北魏の太子拓跋晃の師となったが、廃仏に際して慧崇とともに殺された。弟子に玄暢・僧印などがある。

北魏の習禅者で重要なのは仏陀禅師である。『魏書』釈老志では跋陀とあり、道宣も「僧稠伝」では跋陀とするから、跋陀が正しいと思われる。仏陀禅師と『十地経論』の翻訳者の仏陀扇多を同一視する説もあるが、(4) この二人は全くの別人である。(5) 仏陀禅師はもと天竺の僧で諸国を遊歴し、魏の平城に来た。孝文帝はこれを敬い、少室山に少林寺を建てて住せしめた。弟子に地論宗南道派の慧光・道房がある。

僧稠（四八〇―五六〇）は、僧寔法師について出家し、初め仏陀禅師の弟子道房について止観を修した。常に『涅槃経』聖行品の四念処法を修し、道明禅師より十六特勝法を受け、後に少林寺において仏陀禅師に師事、跋陀より「葱嶺より已東、禅学の最は、汝其の人なり」（『唐伝』巻十六、僧稠伝）と深要を授けられ、嵩岳寺に住した。北斉の文宣帝は僧稠を尊崇し、天保三年（五五二）、勅を下して竜山に精舎を構え、雲門寺と名づけてこれに住せしめ、石窟大寺の主も兼ねさせた。著書に『止観法』がある。弟子に曇詢（五二〇―五九九）がある。

『十地経論』の翻訳者、勒那摩提も禅法を伝えたが、その弟子に道房・僧達・僧実などがある。僧達（四七五―五五六）は、北魏の孝文帝に迎えられて『四分律』を講じ、勒那摩提、および慧光に師事して『十地経論』を学び、梁の武帝に迎えられて同泰寺に住したが、再び北地に帰り北斉の文宣帝に尊崇され、洪谷寺に住した。宝誌は僧達を称して「達禅師は是れ大福徳の人なり」といい、梁の武帝は「北方の鸞法師・達禅師は、肉身の菩薩なり」（『唐伝』巻十六、僧達伝）と讃えた。僧実（四七六―五六三）は、二十六歳で出家し、道原法師に師事、太和の末（四九九）に勒那に遇い、禅法を授かった。保定の年（五六一）に、北周の太祖は僧実を尊崇し国の三蔵となした。弟子に曇相（？―五八二）などがある。

北地の禅法は仏駄跋陀羅・仏陀禅師・勒那摩提などの系統を受けて発展したが、これとまったく異なった系統を開いたのが菩提達摩であり、この達摩の禅が後代の禅宗の基いとなる。達摩は中国禅宗の初祖とされている。後世においては達磨と書く。現存する達摩の伝記に関する資料としては、楊衒之の『洛陽伽藍記』と、道宣の『続高僧伝』の「菩提達摩伝」がある。楊衒之は達摩と同時代の人、道宣は達摩より約百五十年後の人である。達摩は南天竺の婆羅門種とも、波斯国の人ともいわれる。志、大乗に存し、辺隅にあるを悲しみ、法を中土に拡めんとして、宋境の南越に達し、後北地に至り禅を拡めた。洛陽の永寧寺の華麗な建物を見て自ら「年一百五十歳なり。諸国を歴渉し、周遍せざる所なけれども、而も此寺の如く精麗なるは、閻浮にも無き所なり。物の境界を極むるも、また未だ此あらず」(『洛陽伽藍記』巻一)といった。永寧寺は魏の煕平元年(五一六)に完成し、十一年後の大風で破壊されたというから、達摩が洛陽の永寧寺を見たのはこの間であるという。天平中(五三四—五三七)以前に洛陽において没した。一説には毒殺されたともいう。弟子に曇林(曇琳)・道育・慧可・僧副などがあるが、禅宗第二祖は慧可がついだ。

達摩は慧可に四巻『楞伽経』を授けて、「我れ漢地を観るに、惟だ此の経のみ有り。仁者《なんじ》依行せば、自ら世を度するを得ん」(『唐伝』巻十六、僧可伝)と教えた。慧可は常に四巻『楞伽経』をもって法要としたので、達摩の一派を楞伽宗ともいう。また南天竺一乗宗とも称した。達摩の思想は弟子曇林の著わした『二入四行論』によって知られる。二入とは理入と行入、四行とは報寃行、随縁行、無所求行、称法行である。なお達摩の二入四行説は『金剛三昧経』の成立に影響を与えた。[7]

禅宗第二祖慧可は僧可ともいう。初め外典を学んだが、四十歳の時、達摩にあって師事すること六年、一乗を精究した。達摩の没後、天平の初年(五三四)、鄴都において講苑を開くや、道恒禅師などは慧可の説法を魔語なりとしてこれを誹謗した。ちなみに達摩と梁の武帝との会見、慧可の雪中断臂などの説話は、後代の禅宗文献が創作したもので、歴史的事実ではない。慧可の弟子に第三祖僧璨がある。僧璨については史的人物と認め難いという説[8]もあったが、現在の学界では史的人物であるとされている。

浄土教の成立　中国の浄土教は大きく分けると、弥勒浄土と弥陀浄土の二種に分けられる。西晋の竺法護訳の『弥勒菩薩所問本願経』や『仏説弥勒下生経』などにもとづいて弥勒浄土教が、支謙訳の『大阿弥陀経』、畺良耶舎訳の『観無量寿経』などによって弥陀浄土教が起った。

弥勒の浄土教は道安に始まるが、その後はあまり振わなかった。しかし礼拝の対象としての弥勒信仰は北魏を中心として栄え、竜門石窟においては釈迦像の造立が第一で、弥勒仏は第二の地位を占めていた。[9]また梁の宝亮(四四四—五〇九)、北斉の霊裕(五一八—六〇五)などは弥勒経典に注している。しかし浄土教の本流は何といっても弥陀浄土であり、南地においては廬山の慧遠の白蓮社の影響を受けて盛んであった。劉宋では曇弘（？—四五五）、南斉では法琳（？—四九五）が、常に『無量寿経』および『観無量寿経』を誦した。北地においても、慧光・道憑は西方に願生することを願い、霊裕と浄影寺慧遠とは『観無量寿経』の疏を作った。しかし北地においてもっとも重要なのは、曇鸞である。

曇鸞(10)（四七六—五四二？）は、五台山の霊跡を見て発心出家し、竜樹の『中論』『百論』などの四論を学び、さらに『大集経』の注釈を志して病いにかかり、神仙長寿の法を得るため梁に行き、道士陶弘景から仙経十巻を授かり洛陽に帰った。菩提流支から『観無量寿経』を授けられた。晩年、汾州の北山の石壁玄中寺に住し、浄土教義の研究実践に勤めた。その著、『往生論註』『讃阿弥陀仏偈』は浄土教の基礎をすえた（『唐伝』巻六、曇鸞伝）。なお曇鸞には「胎息法」や「服気法」などの著作があったと伝えられ、偽作であろうが、現に『曇鸞法師服気法』が『達磨大師住世留形内真妙用訣』とともに『道蔵』に収録されている（『雲笈七籤』巻五十九）。曇鸞は『観無量寿経』の念仏観から転じて、称名念仏を初めて打ち立てた。

戒律の研究と流行　小乗律で中国に伝来したのは、説一切有部の『十誦律』、法蔵部の『四分律』、化地部の『五分律』、大衆部の『摩訶僧祇律』、根本説一切有部の『根本説一切有部毘奈耶』である。この中で重要なのは『十誦律』と『四分律』である。

『十誦律(11)』は、羅什が関中において弗若多羅と共同でその三分の二を訳出、弗若多羅が没したため、さらに残りを曇摩流支とともに訳出した。訳文が不十分であることを知りつつ羅什が没したため卑摩羅叉がこれを完成させた。卑摩羅叉は『十誦律』を江陵に伝え、僧業・慧観などがさらに建業に弘めた。梁の慧皎が「諸部皆伝わると雖も、しかも十誦の一本、最も東国に盛なり」(『梁伝』巻十一、論)という如く、『十誦律』がもっとも弘まった。[12] 江陵の辛寺に住した慧猷は卑摩羅叉に師事して『十誦律』を学び、『十誦義疏』を著わした。羅什の弟子の僧業(三六七—四四一)・慧詢(三七五—四五八)、南斉代、僧主に任ぜられた法頴(四一六—四八二)、京師の瓦官寺の超度、『観無量寿経』を誦した法琳なども『十誦律』に詳しかった。『十誦律』でもっとも有名なのは智称(四二九—五〇〇)である。法輪を転じること二十余年、『十誦律』を講ずること四十余講であった。その著『十誦義記』は古今に卓越したものといわれた。智称の弟子の法超(四五六—五二六)は『出要律儀』を撰述した。陳の太建中に没した光宅寺曇瑗や、智称の弟子の僧弁について学び、『羯磨疏』『菩薩戒疏』などを著わした智文(五〇九—五九九)がある。なお梁の僧祐も『十誦律』を講じ、受戒の法を述べたといわれ、南地の『十誦律』の研究者として大きな貢献をした。

『四分律』[13]は四一〇—四四二年に、仏陀耶舎が竺仏念の協力を得て長安において訳出したものであり、上座部系の部派である法蔵部の伝えた戒律である。中国においては初め『十誦律』の研究が盛んであったが、『四分律』は内容が整い、理解も容易であるため、六世紀頃から『四分律』研究が盛んとなった。『四分律』が訳出されて六十余年後、北魏の孝文帝の世に、北台の法聡律師が初めて『四分律』を弘めたといわれるが（凝然『律宗綱要』）、不明である。あるいは智称の弟子に法聡・法超二人があるが、その中の一人法聡を指すかも知れない。北地の『四分律』研究の開拓者は道覆であり、「是れより先、四分未だ宣通を広くせず。道覆律師なるもの有り、創めて此の部を開き、疏六巻を製す」（『唐伝』巻二十一、慧光伝）といわれたが、これはただ科文をたてただけで未だ宗旨を鮮明するに至らず、『四分律』の研究講讃は慧光の活躍にまたねばならなかった。慧光は『四分律疏』百二十紙を撰し、弟子道雲は『四分律疏』九巻を作り、さらに弟子道暉が略して七巻とした。慧光以後『四分律』研究は北方に盛んとなり、ついで唐代になると道宣（五九六―六六七）・法礪（五六九―六三五）・懐素（六二四―六九七）の三人が輩出し、四分律宗の基礎がすえられるに至った。

梁の武帝が菩薩戒弟子と称したことによって分るように、南地においては大乗戒である菩薩戒が流行した。菩薩戒を説いた経典としては、竺仏念訳の『菩薩瓔珞本業経』、羅什訳とされる『梵網経』、同本異訳の曇無讖訳の『菩薩地持経』と、求那跋摩訳の『菩薩善戒経』などがある。『菩薩瓔珞本業経』(14)は梁代以前中国において撰述された疑経とされている。十重禁戒・四十八軽戒を説く『梵網経』(15)も羅什訳ではなく劉宋代に中国において撰述されたとみなされている。『菩薩地持経』(16)は『瑜伽師地論』の「本地分菩薩地」と同本であり、戒品の中に三聚浄戒

（摂律儀戒、摂善法戒、摂衆生戒）が説かれているため、中国・日本では『梵網経』と並んで重視された。『菩薩地持経』については北地の僧範・慧順・霊裕・法上などが疏を作り、慧光・曇遷などもこの経を弘めた。大乗戒経としてもっとも重要な『梵網経』は隋・唐代になって盛んに研究され、天台智顗は『菩薩戒義疏』二巻を、華厳法蔵は『梵網経菩薩戒本疏』六巻を、新羅の大賢は『梵網経古迹記』三巻を著わした。

(1) 佐々木憲徳『列伝体漢魏六朝禅観発展史論』（昭和農道塾出版部、昭和十年）。水野弘元「禅宗成立以前のシナの禅定思想史序説」（『駒沢大学研究紀要』第十五号、昭和三十二年三月）。古田紹欽「菩提達摩以前の禅」（『鈴木学術財団研究年報』第二号、昭和四十年三月）。

(2) 境野黄洋『支那仏教精史』八五七頁以下。胡適『神会和尚遺集』（亜東図書館、一九三〇年）三九頁。湯用彤『漢魏両晋南北朝仏教史』六六三頁。張東蓀「中国哲学史上仏教思想之地位」（『燕京学報』第三十八期、一六八頁）。

(3) 鈴木大拙『禅思想史研究』第二（「鈴木大拙全集」第二巻、岩波書店、昭和四十三年）四〇頁。宇井伯寿『禅宗史研究』（岩波書店、昭和十年）二〇―二一頁。

(4) 境野黄洋『支那仏教精史』九一六頁。

(5) 柳田聖山「ダルマ禅とその背景」（『北魏仏教の研究』一一七―一七七頁）。

(6) 松本文三郎『達磨』（森江書店、明治四十四年）。鷲尾順敬『菩提達磨嵩山史蹟大観』（菩提達磨嵩山史蹟大観刊行会、昭和七年）。鈴木大拙「校刊少室逸書附録・達磨の禅法とその思想」（『少室逸書』安宅仏教文庫、昭和九―十一年）。同『禅思想史研究』第二。宇井伯寿『第二 禅宗史研究』（岩波書店、昭和四十一年再刊)。関口真大『達摩大師の研究』(彰国社、昭和三十二年)。同『達磨の研究』(岩波書店、昭和四十二年)。柳田聖山『禅宗史書の研究』(法蔵館、昭和四十年)。同『達磨の語録』(『禅の語録』1、筑摩書房、昭和四十四年)。林岱雲「菩提達摩伝の研究」(『宗教研究』新第九巻第三号、昭和七年)。津田左右吉「禅宗についての疑問の二三」(『シナ仏教の研究』第六篇、岩波書店、昭和三十二年)。中川孝「菩提達摩の研究――四行論長巻子を中心として――」(『文化』第二十巻第四号、昭和三十一年)。田中良昭「四行論長巻子と菩提達摩論」(『印仏研』第十四巻第一号、昭和四十年十二月)。胡適「菩提達摩考――中国中古哲学史的一章――」(『胡適文存』第三集、一九二七年)。今関天彭訳『支那禅学の変遷』(東方学芸書院、昭和十一年)。吉岡義豊「中国民衆信仰の中の達摩大師――「達摩宝巻」を中心として――」(『榧田研究』)。松田文雄「菩提達磨論――「洛陽伽藍記」の達磨」(『文化』第三号、昭和五十一年三月)。

(7)　水野弘元「菩提達摩の二入四行説と金剛三昧経」(『駒沢大学研究紀要』第十三号、昭和三十年三月)。

(8)　境野黄洋『支那仏教精史』九三〇―九三二頁。

(9)　塚本善隆「竜門石窟に現れた北魏仏教」(『支那仏教史研究・北魏篇』)。

(10)　道端良秀『中国の浄土教と玄中寺』(永田文昌堂、昭和二十五年)。小笠原宣秀『中国浄土教家の研究』(平楽寺書店、昭和二十六年)。野上俊静『中国浄土三祖伝』(文栄堂書店、昭和四十五年)。塚本善隆「支那浄土教の展開――漢魏晋南北朝――」(『支仏史学』第三巻第三・四号、昭和十四年十二月)。

(11)　上田天瑞訳『国訳十誦律』(『国訳一切経』律部五・六・七)。平川彰「漢訳律典翻訳の研究」(『律蔵の研究』第二章、山喜房仏書林、昭和三十五年)。
(12) 境野黄洋『支那仏教精史』七九九―八一〇頁。
(13) 境野黄洋訳『国訳四分律』(『国訳一切経』律部一・二・三・四)。西本竜山『四分律比丘戒本講讃』(西村為法館、昭和三十年)。
(14) 望月信亨『浄土教の起源及発達』(共立社、昭和五年)一八四―一九六頁。
(15) 望月信亨、前掲書、一五五―一八四頁。同『仏教経典成立史論』(法蔵館、昭和二十一年)四四一―四七一頁。大野法道『大乗戒経の研究』(理想社、昭和二十九年)二五二―二八四頁。
(16) 大野、前掲書、一八三―二〇四頁。平川彰「大乗戒と菩薩戒経」(『福井思想論集』)。

第六節　疑経の成立と流行

中国において疑経の製作[1]は早い時代から行われていたが、道安(三一二―三八五)自ら仏経に非ずとして撰述した『新集安公疑経録』(『出三蔵記集』巻五)を見ると、疑経として『宝如来経』『毘羅三昧経』『惟務三昧経』『貧女人経』など二十六部三十巻の経名をあげている。梁の僧祐の『出三蔵記集』巻五「新集疑経偽撰雑録」では、『決定罪福経』『安墓呪経』『灌頂経』『提謂波利経』『宝車経』など合せて二十部二十六巻を列ねている。さらに隋の法経の撰した『衆経目録』には疑惑として『仁王経』『梵網経』『占察善悪業報経』『大乗起信論』など五十五部六十七巻、偽妄として『宝如来経』『老子化胡経』『須弥四域経』『梵天神策経』『灌頂経』『五凡夫論』など、計百四十一部三百三十巻を出している。同じく隋の彦琮等の撰した『衆経目録』巻四には、疑偽合して二百九部四百九十一巻を列ねている。『道安録』で二十六部三十巻の疑経が、隋の彦琮の『衆経目録』では二百九部四百九十一巻に増大していることは、道安以後、両晋・南北朝時代に驚くべき数の疑経が撰述されたことを示している。これらの疑経の経文の一節は道綽の『安楽集』、善導の『観念法門』など多くの文献に引用されている。(2)

庶民経典の成立　北魏時代、疑経の第一にあげられるのは『提謂波利経』二巻である。この経は「宋の孝武帝の時、北国の比丘曇靖撰す」(『出三蔵記集』巻五)といわれている。また撰者曇靖の伝歴は明らかでないが、この経は「仏の最初の信者となった商人の一団に対する仏の説法」という形で撰述され、三帰五戒の在家仏教を平易に説いたものであるため急速に流行し、北地のみならず南地にも流布し、隋の初めには関中の地方で『提謂経』を中心にして結成された信仰団体(邑義)が存在したという。(3)『提謂経』はかつては『法苑珠林』その他に逸文として残存していたが、今日では敦煌本『提謂経』が発見紹介され、スタイン本『提謂経』とペリオ本『提謂経』が研究資料として提示されるに至った。(4)

『提謂経』と並んで北魏に撰述された疑経に『宝車経』(『宝車菩薩経』『妙好宝車菩薩経』)がある。僧祐は「北国淮州の比丘曇弁撰す。青州の比丘道侍改治す」(『出三蔵記集』巻五)とのべている。

この経は三帰五戒を受持し、十善戒を保ち、八関斎戒を守り、斎日に戒律生活を維持すべきことを説き、また中国の泰山信仰と仏教の地獄応報の信仰とが結びつけられて説かれている。

『浄度三昧経』[5]は、昭玄沙門統曇曜の訳とされるが(『歴代三宝紀』巻三。『唐伝』巻一)、あるいは曇曜に仮託されたものかも知れない。曇靖の『提謂経』の撰述と時代が同じであることは確実であろう。この経は斎戒を受持して、善神の守護を得て、六斎日・八王日にはとくに戒法を守り、増寿益算し、死後まさに天上に生ずることができることを説いた。資料としては『大日本続蔵経』所収本と敦煌本とがある。なお、この経の逸文は『経律異相』『諸経要集』『法苑珠林』『安楽集』『観念法門』などに引用されている。

一方、南地においても『灌頂経』『菩提福蔵法化三昧経』などの疑経が撰述された(『出三蔵記集』巻五)。『灌頂経』は、『薬師琉璃光経』または『灌頂抜除過罪生死得度経』ともいわれるもので、宋の孝武帝の大明元年(四五七)、秣陵の鹿野寺の比丘慧簡が、経より抄出したものであるという。この経は『八吉祥神呪経』『観薬王薬上経』『提謂経』などの諸経から抄出して撰集したものである。

『菩提福蔵法化三昧経』は、斉の武帝(在位四八二―四九三)の時、比丘道備が撰したといわれる。道備は名を道歓と易えたといわれるが、梁の天監二年(五〇三)、『衆経要攬法偈二十一首』を撰した道歓と同一人であろうか。斉の末には大学博士江泌の娘、僧法尼が閉目静坐して誦出した経として『宝頂経』『浄土経』など二十一種三十五巻が記録されている。また梁代には天監九年(五一〇)、郢州の頭陀道人妙光が造作した『薩婆若陀眷属荘厳経』一巻、作者不明の『法苑経』百八十九巻、『抄為法捨身経』六巻などがあった。そのほか隋の法経の『衆経目録』巻二に初めて著録された『大通方広経』(6)(『大通方広懺悔滅罪方広経』)がある。この経によって陳の文帝(在位五五九—五六六)が『大通方広懺文』を撰しているため、この経の撰述年代の下限は陳の文帝以前と思われる。この経は現世に行ってきた諸罪を懺悔し、仏名を唱名・誦持・読誦・書写することによって成仏できると説く。

道教および俗信関係の疑経　中国仏教は初期伝来以降、道教的仏教として受容された基本的な構造を受けて、疑経の撰述に際して道教の影響を受けたものが多い。『四天王経』『三品弟子経』などを初め、先に述べた『浄度三昧経』や『提謂波利経』の一部にもその影響は見られる。『四天王経』は劉宋の元嘉四年(四二七)、智厳・宝雲の共訳とされている。この経は道教の思想である現世の善悪の行為によって人の年寿の長短が定まると説く。『抱朴子』内篇などに説かれる司過の神が人が犯す罪の軽重によって寿命を増すという増寿益算説を受けたものである。『三品弟子経』は『歴代三宝紀』巻五、『開元録』巻二などでは呉の支謙訳とし、『出三蔵記集』は「失訳雑経録」に入れている。

敦煌本『首羅比丘見月光童子経』には、月光童子が三千の徒衆とともに蓬莱山にあり、水災がある時、月光が出現し、申酉の年、衆生のために説法すると説かれている。月光童子出現のことは『観月光菩薩記』『仏鉢経』などにも見られる。

特定の教義を主張した疑経　護国経典としてまた菩薩戒を主張するために説かれたものに『仁王般若波羅蜜経』『梵網経』『菩薩瓔珞本業経』などがある。『仁王般若経』は菩薩の階位を説いているが、主旨は護国の法を明すにある。国王が百講座を敷き、百法師を請じて般若波羅蜜を講ぜさせれば、怨敵は退散し国を護ることができると説く。鳩摩羅什訳とされているが後代に造られたものである。『出三蔵記集』に経名があること、梁の武帝の『注解大品序』に「ただ仁王般若は具さに名部を書するも、世既に以て疑経と為せば、今は則ち置いて論ぜず」（『出三蔵記集』巻八）とあること、北魏永安三年（五三〇）の題記ある『仁王経』の古写本（許国霖『敦煌石室写経題記』）があることなどによって梁代以前に世に行われていたことは明らかである。

『仁王般若経』に基づいて菩薩の階位を論じた『梵網経』については、すでに第五節で述べたように曇無讖の戒本、『菩薩地持経』『涅槃経』『比丘応供法行経』などに基づいて、十重四十八軽戒をたて、さらに南北朝時代における王者の非法、僧尼の非行を正さんとして制定されたものである。そのほか姚秦の竺仏念訳と伝えられる『菩薩瓔珞本業経』がある。この経は菩薩の五十二位の階位および十無尽戒を説くが、翻訳の由来は不明で、梁代以前に『仁王経』や『梵網経』の説を受けて、偽作されたものと見られる。

天台智顗や嘉祥吉蔵がその経証としてしばしば引用したばかりか、三階教の信行が重要な経証とした『像法決疑経』[7]は、『出三蔵記集』には著録されず、隋の『法経録』や『歴代三宝紀』に著録されているため、六世紀後半の撰述と推定される。中国においては早く散逸したが、敦煌文献も発見され、日本においても古来より用いられていたのであった。この経は像法期の仏教界の僧俗の堕落を指摘し、いたずらな造塔・造像・写経への謙虚な反省をのべ、仏教改革を強調したのは、六世紀後半の仏教をとりまく社会的条件の反映と見られる。

隋の菩提燈訳とされる『占察善悪業報経』二巻については、隋の開皇の頃、広州および青州においてこの経によって塔懺の法を行う者があり、男女が群集するので、開皇十三年(五九三)、広州の司馬郭誼が長安に来てその由を奏聞し、法経等に真偽を正させたところ、疑経と断定された(『歴代三宝紀』巻十二)。この経の上巻では占察法が説かれる。占察法とは木輪をもって過去世の善悪の業、現世の苦楽吉凶等を占い、凶事が現われれば、地蔵菩薩を礼懺して滅罪除障させることである。経の下巻はほとんど『大乗起信論』の説と同じく如来蔵説が説かれている。なお『占察経』の塔懺法は自撲法[8]という滅罪法である。なお成立年代は劉宋時代と思われるのに『無量義経』[9]がある。この経は速疾成仏思想を説いた疑経で、その撰述の背景には『法華経』や、道生の頓悟成仏説があったとみられる。

最後に観音信仰を鼓吹するための疑経としては『高王観世音経』『観世音三昧経』『観世音懺

悔除罪呪経』『観世音菩薩救苦経』などがあるが、『高王観世音経』と『観世音三昧経』[10]が有名である。『高王観世音経』が経録に初めて著録されたのは道宣の『大唐内典録』(六六四撰)であるが、すでに『魏書』巻八十四の「盧景裕伝」にその名が見えている。盧景裕が高歓の軍に捕えられ、獄中に『高王観世音経』を黙誦すること千遍、その功徳によって死罪を免れたことが縁由となって世に流通したという。

『観世音三昧経』は智顗の『観音玄義』巻下や、吉蔵の『法華義疏』巻十二などに引用された中国撰述経典で、その後散逸し、現在では京都国立博物館に所蔵されている外、敦煌本もある。この経が初めて経録に著録されたのは、法経の『衆経目録』である。『出三蔵記集』に著録されていないので、この経の撰述は恐らくは梁・陳の頃と推定されている。『高王観世音経』が観音菩薩の功徳利益をのべているのに対して、この経は観音信仰の理論と具体的な実践法を示しており、後に天台智顗の請観世音懺法として結実されるに至った。

(1) 牧田諦亮『疑経研究』(京都大学人文科学研究所、昭和五十一年)。
(2) 望月信亨「古佚経の遺文」(『仏教史の諸研究』望月仏教研究所、昭和十二年)。
(3) 塚本善隆「支那の在家仏教特に庶民仏教の一経典」(『支那仏教史研究・北魏篇』)。
(4) 牧田、前掲書、一四八—二一一頁。
(5) 望月信亨『仏教経典成立史論』四〇四—四〇七頁。砂山稔「曇曜と浄度三昧経——東アジア仏教理解の一環として——」(『日本中国学会報』第二十五集、昭和四十八年十月)。

(6) 牧田、前掲書、第八章「大通方広経管見」。
(7) 牧田、前掲書、第九章「像法決疑経について」。
(8) 楊聯陞「道教之自搏与仏教之自撲」(『塚本論集』)。
(9) 横超慧日「無量義経について」(『印仏研』第二巻第二号、昭和二十九年三月、一〇〇—一〇九頁)。
(10) 牧田、前掲書、第七章「高王観世音経の出現」、第五章「観世音三昧経の研究」。

第七章　仏教の社会的発展

第一節　仏教教団の発展

南北朝時代、とくに北魏において仏教教団は飛躍的に発展した。北魏の太和元年(四七七)頃には、「四方諸寺六千四百七十八、僧尼七万七千二百五十八人」といわれた仏教教団が、約三十年後の仏教復興後の宣武帝の延昌中(五一二―五一五)には天下の州郡の僧尼寺は全部で一万三千七百二十七所と算えられ、さらに北魏末には僧尼大衆二百万人、国家大寺四十七所、王公等造寺八百四十九所、百姓造寺三万余所といわれるに至った(『弁正論』巻三)。北魏一代においていかに仏教教団が急膨張したかがわかる。このように急膨張した仏教教団がどのような機構で統制されたか、また財政的な裏づけは何か、という点を僧官制度、および僧祇戸・仏図戸の性格から考察してみよう。

僧官制度の確立　僧官とは国家が僧侶中より任命して、仏教教団の統制監督を目的として僧尼を統括し法務を行わせるものである。[1]南北朝時代の僧官は北朝系統の沙門統(道人統・僧統または昭玄統)と、南朝系統の僧正(僧主)との二大系統に分けられる。沙門統の起源は北魏の太祖の時、法果が道人統となり、僧正の起源については後秦姚興の時、僧䂮が国内僧主となったといわれる(『大宋僧史略』巻中)。

僧官の起源は、北魏の道武帝が皇始中に趙郡の沙門法果を平城に迎えて、道人統となし僧徒を綰摂させたことに始まる(『魏書』釈老志)。その年は皇始二年(三九七)とも(『仏祖統紀』巻三十八)、皇始元年[2]ともいわれる。太武帝の廃仏の頃には沙門法達が僧正であった(『梁伝』巻十一、玄高伝)。ついで後秦の姚興は羅什門下の僧䂮を国内僧主とし、僧遷を悦衆、法欽・慧斌の二人を僧録に任命した(『梁伝』巻六、僧䂮伝)。

興安元年(四五二)、仏教復興の詔を下した北魏の文成帝は師賢を道人統に任じた。道人統の主宰する官衙は監福曹といわれた。中央監福曹の長官が道人統であり、その次官が都維那である。地方各州にはその分署というべき僧曹があり、その長官に州沙門統が任ぜられ、州沙門統に対し中央の沙門統は沙門都統と称せられた。中央沙門統と地方沙門統とによって全仏教教団が一つに統制されるに至った。

和平元年(四六〇)道人統師賢が没するや、曇曜を沙門統(または昭玄統)に任じ、この時、従来あった監福曹を昭玄寺となした(『魏書』釈老志)。昭玄寺とは「諸仏教を掌る。大統一人・統一人・都維那三人を置く。亦た功曹・主簿員を置き、以て諸州の郡県の沙門曹を管す」(『隋書』巻

二十七、百官志)るものといわれるが、実際には大統・統各一人を置くことなく、曇曜を沙門統に補し、その上に別に大統を置かなかったようである。中央では昭玄寺の沙門統を示すため昭玄沙門統・昭玄大統などの名称が用いられた。ちなみに『魏書』釈老志や『高僧伝』では沙門統としているが、後代の『大宋僧史略』や『仏祖統紀』などは沙門都統の称呼を用いることが多い。

その後、孝文帝の時、思遠寺主僧顕が沙門都統に、皇舅寺法師僧義が都維那に任ぜられた(『広弘明集』巻二十四「帝以僧顕為沙門都統詔」)。ついで宣武帝の正始三年(五〇六)から永平四年(五一一)まで、恵深が昭玄統に任ぜられた(『魏書』釈老志)。都維那に任ぜられた者の名は不明であるが、わずかに都維那僧暹・僧頻の名が見られる。なお北魏の僧制の内容については不明であるが、孝文帝の太和十七年(四九三)に僧制四十七条が立てられ(『魏書』釈老志)、東魏には慧光が僧制十八条を判定した(『唐伝』巻二十一、慧光伝)。僧侶の殺人以上の犯罪は俗権で断罪したが、殺人以下の犯罪は昭玄寺が、『十誦律』や『僧祇律』などの内律・僧制をもってこれを裁断したのである。

なお孝文・宣武二帝の頃、各寺に上座・寺主・維那、すなわち三綱または三官に相当する僧官が置かれた。上座とは年臘・学徳ともに高き者、寺主とは寺の事務長、維那は悦衆と同じく僧衆の雑事を掌る者の意味である。

東魏になると、慧光が初め国都となり、ついで国統となった。国都は昭玄都維那、国統は昭玄統の別名である。慧光の門人、法上は昭玄統となり、北魏から北斉にかけて前後四十年間、その任にあった。北斉の文宣帝は天保二年(五五一)、法上を昭玄大統とし、他に九人の通統を置き、あわせて十統としたが、これを昭玄十統と呼ぶ。(3) 通統九人の中には僧達・曇遵・慧順・曇衍・道慎など慧光・法上門下が多い。なお魏末から北斉の頃、地方にも中央と同様に多くの僧官が置かれた。

西魏では文帝の時に道臻を魏国大統に、曇延を国統に任じた。同じく文帝の大統中(五三五—五五一)、僧実を昭玄三蔵に任じた。北周では中央に曇崇が周国三蔵、地方に亡名が夏州三蔵に、僧瑋が安州三蔵に勅任された。そのほか犍陀羅国より来た闍那崛多が益州僧主に任ぜられた。三蔵の名が冠せられたのは宗教行政権の行使者としての権限は縮小され、教界内の礼法・道徳・教学方面の監督者であることを示している。

南朝の僧官は僧正・僧主の名称を用いたが、その名称の始まりは後秦の姚興が羅什門下の僧䂮を国内僧主とし、僧遷を悦衆、法欽・慧斌の二人を僧録に任命したことに求められる。また東晋安帝の時代、益州刺史毛璩は、その信奉する僧恭を蜀郡僧正に任じた(『梁伝』巻六、慧持伝)。僧䂮の国内僧主は中央僧官、僧恭の蜀郡僧正は地方僧官である。

劉宋代には高祖武帝の時、瓦官寺法和が僧主となり(『梁伝』巻七、僧苞伝)、孝武帝の代には曇岳に代って智斌が僧正になり(『梁伝』巻七、僧瑾伝)、僧璩・法頴・道温は都邑僧正に、慧璩が京邑都維那になった。明帝代には智斌の後を受けて、僧瑾が天下僧主となった。天下僧主の名は彼に始まる。なお明帝の泰始二年(四六六)、宝賢尼が都邑僧正に任ぜられた(『比丘尼伝』巻二)。宝賢尼の都邑僧正を京邑尼僧正とも呼ぶ(『仏祖統紀』巻三十六)。尼正という尼僧統は南朝において多く任命された(『大宋僧史略』巻中)。

斉の高帝代には宋末の僧主曇度の後任として道盛が勅任され、都邑僧正法頴も僧主となった。つぎの武帝の永明中(四八三―四九三)、法献と玄暢が同じく僧主となり、江の南北両岸を分任した(『梁伝』巻十三、法献伝)。玄暢は荊州僧主僧慧とともに黒衣の二傑と称された。その頃、慧基は文宣王の篤信を受け、「蓋し東土僧正の始なり」(『梁伝』巻八、慧基伝)といわれた。その他、地方には荊土僧主僧慧・慧球が、南袞州僧正には道達が任命された。斉代では京師建康に天下僧主を置いたが、江北地方の実権は南袞州(江蘇省江都県)僧主が、東土三呉地方は東土僧主が、西方は荊土僧主が、南方は南海僧主がそれぞれ実権を握っていたと思われる。

梁代では武帝の家僧であった慧超が最初の僧正となった。ついで光宅寺法雲が僧正に就任、その後に慧令が任命された。都邑僧正には法超、呉国僧正に僧若・法仙、十城僧主に曇斐が任命された。中央僧正の統制不十分のため、斉代と同じく地方僧正が実権を掌握した。

陳代では天下僧正に『十誦律』の大家、曇瑗が就任した。建康では、宝瓊・慧暅が京邑大僧正になった。地方では慧乗が広陵大僧正に就任し、江都揚州地方を統制した。斉・梁二代に比較して、地方僧官は建康およびその周辺に限られた。

南朝の僧制については、慧遠の僧制が初め用いられたらしいが、宋の僧璩の『僧尼要事』二巻や、斉の文宣王の『僧制』一巻、梁の法雲の僧制などが制定された。

僧祇戸と仏図戸　北魏の仏教が中央・地方の僧官制度を設けて教団統制を確立するとともに、新たに僧祇戸・仏図戸の制度を設けたこと[4]は、仏教教団の発展に重要な役割を果した。僧祇戸は年々六十斛の粟(僧祇粟)を僧曹に納める義務を負う特定の戸で、僧曹は僧祇粟を管理し運用して、凶年には饑民に賑給し、豊年には若干の利息付きで返納させた。制度上は僧祇粟は寺有物ではなく僧侶の収入でもなく官有物であったが、これを監督し運営するのは僧であり、しかも僧曹の長官以下の首脳部は僧であったため、造寺・度僧・法事・講経などの仏教事業に利用された。ちなみに僧祇粟の僧祇は梵語 sāṃghika の音訳で「衆」の意味であり、僧祇粟とは僧祇大衆に等しく供せられる粟の意味であろう。僧祇戸の制度は僧祇律の律文からヒントを得たといわれる。仏図戸は重罪犯人および官奴を寺奴として、寺の洒掃および寺有地の耕作などの労役に従事させた者で、仏教教団の管理下に置かれた奴隷をいう。僧祇戸・仏図戸は一種の寺院財であった。

沙門統曇曜は仏教教団の経済的基礎を強固にし、その国家社会に対する活動面を広く活潑にするために僧祇戸・仏図戸の制度を考案し、平斉戸(『仏祖統紀』巻三十八がいう平民斉戸の意味ではなく、平斉郡の戸の意)を僧祇戸にする奏請をした。『魏書』釈老志によると、僧祇戸・仏図戸の創設を高宗の時としているが、これは『魏書』刊本の誤りで、事実は顕祖の皇興三年(四六九)から高祖の承明元年(四七六)の間、さらにいえば顕祖崩御後、顕祖追善の仏教事業を盛んに営んだ高祖の承明元年頃に設立されたものと推定されている。(5)

四七〇年代に創設された僧祇戸・仏図戸は五一〇年頃には各地に普及し、仏教教団の経済的基礎を強化し、その発展興隆を助長し、国家の緊要な社会施設となり庶民の生活の安定に寄与した面もあったが、その反面種々の弊害も生じ、悪用され当初の目的に副わなかった。永平四年(五一一)夏の宣武帝の詔には、(1)僧祇粟の貸出に高利を付し、債務のとりたてに水害や旱害の事情を考慮せず、(2)利息が元本を超過したり、(3)契約書を改変して細民を苦しめていることを指摘し、以後、僧祇粟の管理は僧官のみにまかせず、州の刺史とともに監督検査させること、尚書は僧祇粟の所在地を州別に調査し、その元金・利息・賑給の多少、貸出・償還の年月、現在の未回収額などを列ねて台帳に記入させること、もし利が元本を超過したものや、初めの契約書を改変したものは、国法によってこれを免じ返済の義務がないこと、以後、貸出の場合はまず貧窮者に対してなすべく、富者への勝手な貸出を禁じ、冒濫あれば法によって処罰することを定めている。

仏図戸の制についても熙平二年(五一七)春、霊太后が令を下して、(1)今より奴婢の出家を許さず、(2)僧尼にして他人の奴婢を度する者は、五百里外に移して僧となす、(3)僧尼が親戚および他人の奴婢の子を養い、年齢に達すると私度して弟子としているが、自今之を許さず、もし犯せば還俗させ、被養者を本籍に帰すという三ヵ条の禁令を出している。この点から考えると当時、奴婢にして出家する者(6)が非常に多かったことが分る。

僧祇戸・仏図戸の制度が何時まで継続し、どのように改廃されたかは不明であり、北魏以後に僧祇戸・仏図戸に関する文献はない。なお、北魏の太和以後、主として華北で行われた邑義・邑社や、寺院における無尽蔵や長生庫の貸出事業などとの関連性を考えてみる必要があろう。

(1) 高雄義堅「北魏仏教教団の発達」(『中国仏教史論』平楽寺書店、昭和二十七年)。小笠原宣秀「支那南北朝時代仏教々団の統制——特に僧官僧曹について——」(『竜谷史壇』第十四号、昭和九年八月)。賀光中「歴代僧官制度考」(一)(二)(『東方学報』第一巻第一・二期、一九五八年十二月)。
(2) 山崎宏『支那中世仏教の展開』(法蔵館、昭和四十六年)四七六頁。
(3) 山崎「北斉の僧官昭玄十統」(前掲書、五一七—五三七頁)。
(4) 高雄義堅『中国仏教史論』三〇—三四頁。
(5) 塚本善隆「北魏の僧祇戸・仏図戸」(『支那仏教史研究・北魏篇』一九一頁)。
(6) 道端良秀「中国仏教と奴隷の問題」(『塚本論集』)。同「中国仏教に於ける奴隷出家の問題」(『印仏研』第九巻第一号、昭和三十六年一月）。仁井田陞「唐代法における奴隷の出家入道と奴隷解放」（『結城論集』）。

第二節　在俗者の仏教信仰

義　邑　北魏の曇曜が創立した僧祇戸と直接関係があるかどうかは不明であるが、北魏代、華北において盛んに結成された在家仏教徒を中心とした信仰団体があり、それを邑義または義邑と呼ぶ。主として仏像建立のために結成された信仰団体である。この義邑に属する団体員を邑子と呼び、そのほとんど大部分の構成員は在俗者であったが、邑師と称する出家の教化者もおり、義邑を巡回して教化に当った。現存する資料によると、義邑は北魏の太和七年（四八三）の造像銘(1)に初出し、邑主から維那に至るまで百三十九人の名が見られる。永煕二年（五三三）に始められ、武定元年（五四三）八月に完成した河南省登封府の碑文によると、「邑義五百余人」とあることから大規模な義邑が存在していたことが分る。(2)

義邑の組織は、教化者としての邑師、義邑の事務を取り扱う邑維那、教化に当った教化主、財物施入の勧進に当った勧化主、仏堂・集会所などの建立に当り尽力した道場主・仏堂主、仏具・経典・燈明などを特別に布施寄付した鐘主・経主・燈明主、仏像造営のために出資した像

主、尊像が完成した後で、専ら供養をなす供養主などから成り立っている。(3)

法　社　義邑と同様な目的で作られたものに法社がある。法社は普通、廬山の慧遠に始まるといわれる。法社に関する南北朝の資料には、慧遠の『法社節度序』、僧祐の『法社建功徳邑記』、西晋竺法護訳とされる疑経の『法社経』一巻などがある。とくに法社は南朝において発達した。慧遠の白蓮社では、彼を中心として百二十余人の道俗が法社を結んでいた。しかしその在俗者は貴族・官僚・知識階級を主とした。

南方の法社が貴族中心であったのに対して、北方の法社は庶民を中心としたものであった。北斉代、鄴下の沙門道紀は鄴下の村里を回りながら、八戒を奉持させ、法社の斎を行い、屠殺を許さないという方法で布教し、法社結成に努力したため、多くの人がその教えを奉じた(『唐伝』巻三十、道紀伝)。この法社では八戒を奉持し、屠殺を禁じるという戒律を重視していた。なお北朝においては義邑に関する資料が数多く現われたのに対して、法社に関する資料がほとんどないことは、法社と義邑が初期においてはその性格が異なっていたと思われる。この法社は唐代、とくに天宝の乱後になって大きく発達した。

斎　会　斎とは梵語 upoṣadha, poṣadha、パーリ語 posatha の漢訳語で布薩ともいわれる。潔斎・戒会のことで罪を悔い改め、身・口・意の三つの行為をつつしみ、身を清めることが本来の意味であるが、正午の食事を意味するお斎《とき》の意味に転じ、さらに仏事の時の食事の意味となった。斎会とは僧を集めて斎食を施す法会の意味である。

観音信仰　竺法護によって「光世音菩薩普門品」(『正法華経』)が、鳩摩羅什によって「観世音菩薩普門品」(『妙法蓮華経』)、闍那崛多・達摩笈多共訳の「観世音菩薩普門品」(『添品法華経』)などの『観音経』が六朝時代に翻訳され、劉宋の曇無竭が訳した『観世音菩薩授記経』などにより観音菩薩に対する信仰が起った。さらに密呪に属する東晋の竺難提訳の『請観世音菩薩消伏毒害陀羅尼呪経』、北周の耶舎崛多の『十一面観世音神呪経』などの経典や、中国撰述の疑経である『高王観世音経』『観世音三昧経』などの出現により、観音信仰の流行が一層庶民の間に普及した。(4)

観音の住所は補陀落迦(Potalaka)であり、中国では唐末・五代に、日本僧慧鍔が五台山から得た観音像を、舟山列島の潮音洞に安置して観音院を創建してから、ここを補陀落山と呼び、観音の聖地とされるに至った。観音信仰はどこまでも現世利益が主眼である。一方、『法華経』の注釈的研究が南北朝時代に盛んとなるにつれ、『観音経』に対する教理研究も行われ、ついに天台智顗(または灌頂)によって『観音玄義』二巻、『観音義疏』二巻、『請観音経疏』一巻などが撰述され、観音懺法も行われるに至った。

六朝時代、観音信仰によって霊験を得た事跡は甚だ多く、その資料は『高僧伝』『続高僧伝』『法苑珠林』『仏祖統紀』を初めとして、宋の傅亮の『光世音応験記』、宋の張演の『続光世音応験記』、斉の陸杲の『繋観世音応験記』[5]などの六朝撰述の「観世音応験記」を初めとして、清の弘賛の『観音慈林集』、清の周克復の『観音経持験記』など多くの「応験記」に見られる。これらの「応験記」に記された霊験譚を見ると、六朝の人々が真摯に観音を念じたすがたを明らかにすることができる。

（1）佐藤智水「北朝造像銘考」（『史学雑誌』第八十六編第十号、昭和五十二年十月）。
（2）高雄義堅『中国仏教史論』三四―三六頁。小笠原宣秀「支那南北朝仏教と社会教化」（『竜谷史壇』第十号、昭和七年七月）。大村西崖『支那美術史彫塑篇』（仏書刊行会図像部、大正四年）。
（3）山崎宏『支那中世仏教の展開』七六五―七八一頁。
（4）佐藤泰舜「六朝時代の観音信仰」（『支那仏教思想論』古径荘、昭和三十五年）。
（5）牧田諦亮『六朝古逸観世音応験記の研究』（平楽寺書店、昭和四十五年）。

第三節　仏教芸術の発達

寺塔の建立　寺院建築も北魏時代になると絢爛豪華な寺院の造営があいついだ。粛宗の熙平中（五一六―五一七）に、洛陽城内の太社の西方に、永寧寺が建てられた。霊太后は親しく百僚をひきいて、礎石をおいた。仏塔は九層より成り、高さ四十余丈（『洛陽伽藍記』では九十丈）といわれた（『魏書』釈老志）。この塔の各層の屋根に角があり、角に皆、金鐸を懸け、上下合せて百二十鐸といわれ、「土木の功を殫《つく》し、造形の巧を窮む。仏事の精妙なること思議すべからず」（『洛陽伽藍記』巻一）といわれた。

また宣武帝の建立した景明寺は、正光中（五二〇—五二四）に霊太后が七層塔を造った寺で、四月八日には、盛んな行像の出発点であった。この寺は華麗なること永寧寺に等しといわれ、四月八日の仏誕節のありさまを「時に金花日に映じ、宝蓋雲に浮び、旛幢林の若く、香煙霧に似たり。梵楽法音、聒《かまびす》しくして天地を動かし、百戯騰驤して、所在駢比す。名僧徳衆は、錫を負うて群を為し、信徒法侶は花を持ちて藪を成す。車騎は塡咽して繁衍相傾く。時に西域の胡沙門あり、此を見て仏国と唱言す」（『洛陽伽藍記』巻三）と述べている。東西二十里、南北十五里で、十万九千余戸を数える洛陽に寺が千三百六十七所あった（同上巻五）といわれることによって、洛陽の仏教寺院の繁栄を知ることができる。しかしながら東魏の建国とともに都が鄴城に移った後、洛陽に残った寺はわずか四百二十一所という。ちなみに唐の道宣は聖寺として天台山石梁寺・五台山太孚寺・終南山竹林寺など十二ヵ寺について論じている（『集神州三宝感通録』巻下）。また寺塔については、西晋の会稽鄮塔、東晋の金陵長干塔、石趙の青州古城寺塔、姚秦の河東蒲坂古塔など二十塔についての因縁を明らかにしている（同巻上）。

仏像の鋳造　後漢末（一九〇頃）、笮融が徐州地方に建てた仏寺とその金銅像とが中国最古のものといわれる(1)。楚王英の浮屠祠や、桓帝の浮屠祠が厳密にいって画像であるのに対して、笮融の浮屠祠は彫像であり塗金の銅像である(『三国志』呉志巻四十九、劉繇伝)。三国呉の孫皓は金像を献上させた(『出三蔵記集』巻十三、康僧会伝)。なお康僧会は建初寺を建立した。後漢末から三国にはかなりの仏像・仏寺が造られた。現存する金銅仏の最古のものは建武四年(三三八)に造られた。(2)

金人とか金像と記録されたものは金銅仏であった。初めの仏像は神仙像的であった。初期の仏教教学が老荘の教義をかりて表現した格義仏教と同じである。その後、五胡十六国時代から塑像が、つづいて石像が造られた。両晋・南北朝から唐・五代に至る間の仏教像並びに道教像の変遷についてはすでに学者の研究がある。(3)また道宣は後漢・三国・両晋・南北朝・隋・初唐に至る間の有名な金像・銀像・石像・木像・行像など五十像をあげて、その因縁由来を説明している(『集神州三宝感通録』巻上)。

敦煌石窟　敦煌石窟は敦煌県の南東、大泉河にのぞむ石窟寺院で鳴沙山千仏洞、または莫高窟とも呼ばれている。現在総数五百窟近くをかぞえ、敦煌文物研究所によって調査・修理が進められている。敦煌石窟の開創は三六六年(四世紀半)といわれる。莫高窟の窟院は四世紀(北魏)から十四世紀(元)に至る間、つぎつぎと開鑿された。元の至正八年(一三四八)撰の莫高窟碑によると、唐から五代・宋をへて元代に至るまで造営・重修があったことがわかる。(4)

一九〇〇年頃、第十七洞の側室の中に、三、四万巻の古写本類が収蔵されているのを管理の道士王円籙が発見した。この古写本を一九〇七年にスタインが、翌年にペリオが入手した。スタイン蒐集の敦煌文書[5](スタイン文書)の大部分は大英図書館(British Library)に収蔵された。ペリオの蒐集文書[6](ペリオ文書)はパリの国立図書館(Bibliothèque Nationale)に収蔵された。スタインとペリオの蒐集を知った清朝政府は敦煌文書の保護にのりだし、これを北京図書館[7]に収蔵した。そのほかロシヤの探検隊も敦煌文書(オルデンブルグ文書)を入手した[8]。なお敦煌資料の一部は竜谷大学図書館[9]にも収蔵されている。これらの古写本の大部分は巻子本の仏典や変文であるが、そのほか寺院経営記録、祈願文類、公私の文書類などである。古いものは四世紀にまでさかのぼるが、大部分は八〇〇年以後の書写と推定されている。なお壁画[10]のもっとも古いのは北魏のもので、劉宋の元嘉二年(四二五)の銘文を有するものもある。石窟発見の古写本類を扱う学を敦煌学[11]という。

雲岡石窟　南北朝時代の仏教美術史上、後世にもっとも大きな影響を与えたのは、雲岡・竜門の石窟の開鑿事業である。雲岡石窟[12]の開鑿について『魏書』釈老志は、「曇曜、帝に白す。京城の西、武州塞に於いて、山の石壁を鑿り、窟五所を開き、仏像各一を鐫建《せんけん》せんと。高きは七十尺、次は六十尺、彫飾は奇偉にして一世に冠たり」と記している。武州塞とは雲岡であり、山西省大同西方の武周川によって開かれた断崖に造営された。曇曜の石窟開鑿は和平元年から末年(四六〇—四六五)にかけて始まったと見られる。曇曜は高祖以下五帝の供養のため五窟を造営した。この五窟は第十六洞から第二十洞までに当り、五窟の五尊像は五帝の尊容に擬したものである。その後、献文帝・孝文帝も石窟を開鑿し、太和十八年（四九四）、平城から洛陽に遷都するまで、三十五年間にわたって大規模な造営がつづいた。雲岡は仏教美術の宝庫で、その源流は中央アジアから遠くアフガニスタンおよび西南インドに求められ、この雲岡からは竜門・鞏《きょう》県・天竜山などを初めとして各地の諸石窟が派生したので、雲岡こそ東アジア仏教美術の母体といえる。

竜門石窟　竜門石窟(13)は河南省洛陽の南十二キロ、伊川の両岸にある石窟である。ここに初めて石窟が開かれたのは太和十八年（四九四）である。北魏が平城から洛陽に都をうつすと、自然に雲岡石窟の造営が竜門石窟に移った。竜門石窟ははじめ私的な小さな仏龕などが造営されていたが、景明（五〇〇—五〇三）の初めになって、宣武帝は大長秋卿の白整に詔して、大同の雲岡石窟に準じて、洛陽の南の伊闕山（竜門）に、孝文帝とその皇后文昭皇太后のために、石窟二カ所を造営させた（『魏書』釈老志）。この二カ所は規模が大きすぎたために完成せず、正始二年（五〇五）、大長秋卿の王質に勅して計画を縮小、さらに永平中（五〇八—五一二）、宣武帝のために石窟一カ所を造営した。この帝室の三つの石窟が、現今の賓陽洞三窟である。この三窟は北魏後半の代表的石窟であり、後壁には坐仏を中心とした五尊像、左右の壁には仏立像を中心とした三尊仏の立像がある。

北魏滅亡後も開鑿が進められ、とくに唐の高宗の時代（六七〇—六八〇）に磨崖の三仏、双洞・万仏洞・獅子洞・恵簡洞・奉先寺洞などが造営され竜門石窟の最盛時代を現出した。とくに咸亨三年（六七二）に始まり、上元二年（六七五）に完成した奉先寺洞は竜門最大の石窟で、中央は盧舎那仏、左右に羅漢・菩薩、その間に供養者の立像があり、左右の壁には神王像と力士像がある。

麦積山石窟　敦煌・雲岡・竜門などと関連する中国仏教芸術の宝庫に麦積山石窟[14]がある。甘粛省天水県南東の秦嶺山脈の西端に位置する麦積山の東南面に石窟および磨崖仏が造営されている。磨崖、石窟の数は百九十四以上に及ぶが、東方崖と西方崖に大別される。北魏の景明三年（五〇二）、張元伯が開鑿したのを初めとし、北魏様式が明らかなのは西方崖である。東方崖の上七仏閣（散花楼）は北周時代の造営（「秦州天水郡麦積崖仏龕銘並序」）である。その後、隋・唐・宋の間に造営と修理が行われた。

同じく北魏の景明中（五〇〇—五〇三）に造営された石窟寺院に鞏県石窟[15]がある。鞏県石窟は河南省鞏県城北西の邙山《ぼうざん》を背に洛水を前にして南面する五石窟である。初唐に一部修造が行われ、以来、宋・元・明・清代に補修された。

天竜山・響堂山・雲門山　北魏につづいて北斉代も石窟造営が盛んであり、その代表的なものが天竜山石窟[16]と響堂山石窟とである。天竜山石窟は太原市の南西にあたり、東方群と西方群とに分かれ、東方群に八窟、西方群に十三窟ある。創建者と開始年代は明確ではないが、東魏・北斉代の造営である。隋代の造営で明確なのは第八窟であり、隋の開皇四年(五八四)の銘文がある。その後、唐・五代・北漢にいたる間、造営補修がつづいた。

北斉代の仏教芸術を代表するものに響堂山石窟[17]がある。響堂山は鼓山ともいい、太行山脈の支脈で河北・河南の省境にある。石窟は南北二ヵ所あり、北響堂山は河南省武安県義井里、南響堂山は河北省滋県彭城鎮にある。北響堂山は常楽寺の背後にあり、三大窟が造営されている。三大窟の一つ、南洞の窟外に北斉武平三年(五七二)の晋昌郡公唐邕の刻経記があり、南洞の造営が五七二年以前であることが分る。南響堂山には七窟あり、開皇(五八一―六〇〇)から先天(七一二)に至る間の造像記がある。

石窟寺院は北魏・北斉代に多く造営されたが、隋・唐代には雲門山石窟が開鑿された。雲門山は山東省益都県城の南東の王家庄にある。ここに五ヵ所の石窟が造営された。石窟の造営は隋初であるが、則天武后時代に多く造営された。この雲門山石窟の近くに駝山石窟[18]がある。駝山石窟は雲門山と対峙して隋から唐代にかけて造営された。

末法思想と房山石経　中国において末法思想が成立したのは南北朝時代から隋にかけてである。末法思想[19]とは仏教の歴史哲学で、正・像・末の三時思想や、五濁《じょく》(劫濁・見濁・煩悩濁・衆生濁・命濁)や法滅の思想によって形成されたものである。正・像・末の年時について、(1)正法五百年、像法一千年、(2)正法一千年、像法五百年、(3)正・像各五百年、(4)正・像各一千年の諸説がある。末法については正・像の後、一万年とする点で諸説が一致している。中国においては正法五百年、像法一千年、末法一万年の説が多く信ぜられた。

末法思想の興起する事情については種々あるが、⑴澆末を説き正・像の年時を明せる経典に接したこと、⑵澆末の姿を目前に見せつける教団の堕落と外部からの迫害とがある。経典についてはすでに北斉の曇景によって澆末思想を説く『摩訶摩耶経』が、那連提耶舎によって『大集月蔵経』が訳された。とくに人心にもっとも大きな刺戟を与えたのは、那連提耶舎の『大集月蔵経』であった。隋の吉蔵、三階教の信行、唐の道綽・善導などすべてこの『大集月蔵経』によって末法思想を説いている。

中国で末法到来の意識を初めて表明したのは文献上では南岳慧思である。彼は当今は現に是れ末法なりの信念に立って、『立誓願文』を著わした。[20]『立誓願文』を慧思四十五歳の作とすれば、『大集月蔵経』の訳出よりも七年前、北周武帝の廃仏事件に先立つこと十五年であり、この時点において早くも深刻な末法の自覚を喚起したことは注目すべきである。その後末法相応の教法としてうちたてられたのが信行の三階教と道綽・善導の浄土教である。

北周の廃仏によって法滅の惨禍を目前に見た仏教徒は急速に末法到来を意識した。そのため教法をして久住せしめんとする護法的精神の発露として、永久に経典を石に刻する刻経事業がおこった。静琬の房山石経や、霊裕の宝山石窟などの石経がそれである。

房山石経などの先駆として、すでに北斉時代に風峪の石経や、北響堂山石経がある。風峪の石経は山西省太原の南西にあり、『華厳経』を刻したが、この『華厳経』は唐の実叉難陀訳であるから、北斉時代のものではない。北響堂山石経は北斉時代、唐邕が発願して五六八から五七二年の間に、石窟の壁面に『維摩経』『勝鬘経』『孛経』『弥勒成仏経』を刻した。

房山石経[21]はもっとも大規模な石経で、隋の静琬(?―六三九)が大業中(六〇五―六一七)に発願して、『一切経』を碑石に刻みつけた。一代では完成せず、その事業は唐・遼・金代まで数百年にわたって継承され、石室の壁面や碑石に『一切経』が刻された。この房山石経は法滅のためにそなえた聖業であった。房山雷音洞にある貞観二年(六二八)の刻記には「正法・像法、凡そ千五百余歳なり。貞観二年迄、既に末法に浸りて七十五載なり。未来に仏教廃毀する時、この石経を出して世に流通せしむ」とある。貞観二年を末法期七十五年とすれば、西暦五五三年、すなわち梁の承聖二年、北斉の天保四年をもって像法時を終わり、その翌年から末法時に入ったと自覚されている。

同じく法滅を憂えて宝山に石窟を造営し、石経を刻した人に霊裕がある。「宝山に於て石龕一所を造り、名づけて金剛性力住持那羅延窟と為す。面別に法滅の相を鐫《けず》る」(『唐伝』巻九、霊裕伝)といわれる。この石窟は隋の開皇九年(五八九)の造営で、中に盧舎那仏・阿弥陀仏・弥勒仏の三尊を造立し、石窟の壁面に『勝鬘経』『涅槃経』『法華経』などの経文が刻されている。

霊裕は『滅法記』という書を著わしていることによっても、強烈な末法到来と法滅の自覚をもっていたことは明らかである。

（1）　大谷勝真「支那に於ける仏寺造立の起源に就て」（『東洋学報』第十一巻第一号、大正十年一月）。
（2）　水野清一『中国の仏教美術』（平凡社、昭和四十三年）二七―三五頁。
（3）　大村西崖『支那美術史彫塑篇』。松原三郎『中国仏教彫刻史研究』（吉川弘文館、昭和三十六年）。
（4）　塚本善隆「敦煌仏教史概説」（西域文化研究会編、敦煌仏教資料『西域文化研究』第一、昭和三十三年）。
（5）　L. Giles, *Descriptive Catalogue of the Chinese Manuscripts from Tunhuang in the British Museum*, published by the Trustees of the British Museum, London, 1957. 蔵文文書については、Louis de la Vallée Poussin, *Catalogue of the Tibetan Manuscripts from Tun-huang in the India Office Library*, with an appendix on the Chinese Manuscripts by Kazuo Enoki, published for the Commonwealth Relations Office, Oxford, 1962. スタイン文書の稀覯仏典についての解説に、矢吹慶輝『鳴沙余韻解説』（岩波書店、昭和八年）がある。
（6）　Paul Pelliot, *Catalogue de la collection de Pelliot, Manuscrits de Touen-houang.* 本書の中国語訳については、陸翔訳「巴黎図書館敦煌写本書目」（『国立北平図書館々刊』七巻六号・八巻一号、一九三三・四年）。なお正式の目録として、Jacques Gernet et Wu Chi-yu (éd.), Bibliothèque Nationale, Département des Manuscrits; *Catalogue des Manuscrits Chinois de Touen-houang* (Fonds Pelliot chinois), vol. I, N°s 2001–2500. Paris, Bibliothèque Nationale, 1970 が刊行され、続刊の予定である。蔵文については、M. Lalou, *Inventaire des Manuscrits tibétains de Touen-houang, conservés*

à la Bibliothèque Nationale (Fonds Pelliot tibétain), vol. 1-3, Bibliothèque Nationale, 1939, 50, 61.

(7) 陳垣『敦煌刧余録』(国立中央研究院歴史語言研究所、民国二十年)。許国霖「敦煌石室写経題記与敦煌雑録」(商務印書館、民国二十六年六月)。ロンドン、パリ、北京などの敦煌文書の総合目録としては、王重民『敦煌遺書総目索引』(商務印書館、一九六二年)がある。なお台北の中央図書館所蔵敦煌本のすべては、『国立中央図書館蔵敦煌巻子』(石門図書公司、民国六十五年)に影印されている。日本では、ロンドン、パリ、北京の敦煌本の主要なものは東洋文庫で写真が見られる。

(8) オルデンブルグ将来文献を中心とした目録は、ル・ヌ・メンシコフ氏などにより、その目録が二冊まで刊行されている。**M. И. Воробьева-Десятовская и др., Описание китайских рукописей дуньхуанского фонда Института Народов Азии, вып. I. II., Москва. 1963, 67.**

(9) 高楠順次郎「燉煌本古逸経論章疏幷古写経目録」(『昭和法宝目録』第一巻、大正一切経刊行会、昭和四年)。西域文化研究会「竜谷大学所蔵敦煌古経現存目録」(『西域文化研究』第一「敦煌仏教資料」西域文化研究会、法蔵館、昭和三十三年)。なお大谷大学所蔵経文については、野上俊静編『大谷大学所蔵敦煌古写経』(大谷大学東洋学研究室、昭和四十・四十七年)。

(10) 松本栄一『敦煌画の研究』(東京文化学院東京研究所、昭和十二年)。謝稚柳『敦煌芸術叙録』(古典文学出版社、一九五七年)。

(11) 神田喜一郎『敦煌学五十年』(二玄社、昭和三十五年)。なお敦煌写本の概説としては、Fujieda Akira, *The Tunhuang Manuscrits, A General Description*, Part I, II. Zinbun Kagaku Kenkyusyo, Kyoto Univ. 1966. 池田温「敦煌遺文」(『書の日本史』第一巻、平凡社、昭和四十五年)がある。専門誌に『敦煌学』第一輯(香港新亜研究所敦煌学会、一九七四年七月)、敦煌研究特輯号に『東方学報』

京都、第三十五冊（昭和三十九年三月）がある。そのほか、呉其昱・池田温訳注「フランスにおける最近の敦煌文書研究」（『東方学』第五十三輯、昭和五十二年一月）。

(12) 関野貞・常盤大定『支那仏教史蹟』二（仏教史蹟研究会、大正十四年）。水野清一『雲岡石仏群』（朝日新聞大阪本社、昭和十九年）。水野清一・長広敏雄『雲岡石窟』（三十二巻、京都大学人文科学研究所、昭和二十六―三十一年）。塚本善隆「雲岡石窟の仏教」（『印仏研』第二巻第二号、昭和二十九年三月）。佐藤智水「雲岡仏教の性格――北魏国家仏教成立の一考察――」（『東洋学報』第五十九巻第一・二号、昭和五十二年十月）。長広敏雄『雲岡と竜門――中国の石窟美術』（中央公論美術出版、昭和三十九年）。同『雲岡石窟 中国文化史蹟』（世界文化社、昭和五十一年）。

(13) 水野清一・長広敏雄『竜門石窟の研究』（座右宝刊行会、昭和十六年）。

(14) 名取洋之助『麦積山石窟』（岩波書店、昭和三十二年）。

(15) 常盤大定・関野貞『支那仏教史蹟評解』二（仏教史蹟研究会、大正十五年）。

(16) 外村太治郎・田中俊逸『天竜山石窟』（大正十一年）。常盤大定・関野貞『支那仏教史蹟評解』三（仏教史蹟研究会、昭和元年）。水野清一・日比野丈夫『山西古蹟志』（中村印刷出版部、昭和三十一年）。

(17) 水野清一・長広敏雄『響堂山石窟』（東方文化学院京都研究所、昭和十二年）。

(18) 閻文儒「云門山与駝山」（『文物参攷資料』一九五七年第十期）。

(19) 高雄義堅「末法思想と諸家の態度」（『中国仏教史論』）。

(20) 結城令聞「支那仏教に於ける末法思想の興起」（『東方学報』東京、第六冊、昭和十一年二月）。

(21) 塚本善隆「石経山雲居寺と石刻大蔵経」（『東方学報』京都、第五冊副刊、「房山雲居寺研究」昭和十年三月）。

第三部　完成と盛大——隋・唐の仏教

第八章　隋の仏教

第一節　隋の文帝の仏教政策

仏教復興の先駆——菩薩僧の設置　北周武帝の廃仏によって大弾圧を受けた仏教教団は、隋代になって急速に復興した。隋代はわずかに三十余年間にすぎないが、中国仏教の全盛期である唐代仏教の基礎をすえた時期であり、中国仏教史から見ても大きな転回点を形成するものでもある。

仏道二教を廃し、通道観を建てて一種の国立宗教研究所とした北周の武帝は、宣政元年（五七八）六月崩じ、その長子宣帝が即位した。宣帝の皇后は隋の文帝楊堅の娘であった。大成元年（五七九）二月、宣帝は静帝に位をゆずり、大象と改元された。静帝は仏教復興を宣言し大象元年四月二十八日詔を下し、旧沙門の中の徳行高き有髪の菩薩僧百二十人を選んで、陟岵寺において国のために行道させた（『広弘明集』巻十）。この詔によって菩薩僧が設置された(1)。北周武帝の廃仏の際、終南山の一峰紫蓋山に隠れた法蔵は、この詔を聞いたらしく、同年九月下山して謁見を請うたが、僧形のため入内を許されなかった。しかし宣帝が大象二年(五八〇)五月に崩じると大丞相となり政治の実権を握った楊堅は法蔵の剃髪を許可し、法蔵に命じて百二十人の度僧を検校させ、法服を賜わった(『唐伝』巻十九、法蔵伝)。ここに楊堅の仏教再興政策は第一歩を踏み出したのである。

文帝の仏教信仰　隋の高祖文帝は開皇元年(五八一)、即ち北周の大定元年二月、静帝の禅譲を受けて即位した。開皇九年(五八九)、南朝陳を併合して、南北朝の対立時代を終焉させ、天下を統一した。文帝が目ざしたのは新しい統一国家の完成であった。

大定元年(五八一)二月、隋の革命が成って開皇と改元されるや、翌月、文帝は勅して漢族が名山として神聖視していた五岳に仏寺各一所をおいた(『歴代三宝紀』巻十二)。開皇三年(五八三)、勅を下し「生を好み殺を悪むは、王政の本なり」という仏教精神に立脚し、京城・諸州の官立寺院において、正月、五月、九月、おのおの八日より十五日まで行道させ、その行道の日には生類を殺すことを禁じた(同上)。同年、北周廃仏によって廃絶した寺の修復を命じた(『弁正論』巻三)。翌年七月、襄陽・随州・江陵・晋陽の四ヵ所に仏寺を建て、毎年の国忌日には設斎行道することを命じた。さらに尉遅《うっち》迥《けい》を討った相州の戦場にも伽藍一ヵ所を建て菩提をとむらった(『広弘明集』巻二十八)。開皇九年、陳を滅ぼし、天下一統の覇業成就の結果、仏教治国政策はさらに推し進められた。開皇十年(五九〇)、新たに僧五十余万人を度した(『唐伝』巻十、靖嵩伝)。

開皇十一年(五九一)、詔を下し「朕の位、人王に在るも三宝を紹隆し、永く至理を言いて、大乗を弘闡せん」(『歴代三宝紀』巻十二)とのべ、これ以後公私をとわず寺院の建立を行うように薦めている。開皇十三年(五九三)十二月八日、北周廃仏の罪を三宝の前に懺悔し、仏教復興のために皇后とともに絹十二万匹を敬施し、王公以下庶民の信者は、銭百万を敬施させた(同上)。

文帝の仏教復興政策が着々と行われた結果、隋代仏教は急速に栄え、開皇より仁寿年間にわたって、度するところの僧尼二十三万人、諸寺三千七百九十二所、写経四十六蔵十三万二千八十六巻、経典の修理三千八百五十三部、石像等の造営大小十万六千五百八十軀、故像の修治百五十万八千九百四十軀ばかりといわれた(『弁正論』巻三)。

隋の文帝の仏教保護政策は一人文帝にとどまらず、隋の諸皇族、とくに文帝の長子太子勇・次子晋王広・三子秦王俊・四子漢王諒・五子蜀王秀を初めとして一族は仏教を信奉した。とくに晋王広(煬帝)は種々非難を受けた人であったが、一方において仏教信者であり、彼が揚州総管であった時は智者大師を、また洛陽に慧日道場を開いた時は慧乗・法澄・道荘・法安などの高僧を厚遇した。

文帝の仏教復興政策のねらいは、仏教をもって統一国家隋の精神的支柱とすることであった。そのため隋代仏教は国家宗教としての色彩を濃厚にした。それは大興善寺の設立、二十五衆[2]の設置、舎利塔の建立などに見られる。

大興善寺の設立　隋の大興城は開皇二年(五八二)六月、造営の詔が発せられ、新都を大興城と命名し(『隋書』巻一、高祖紀)、さらに大興殿・大興門・大興県・大興園・大興善寺が造営された(『歴代三宝紀』巻十二。『唐伝』巻二、闍那崛多伝)。大興善寺が国寺であったこと(『唐伝』巻二十一、霊蔵伝)から、この寺が隋初の国家宗教政策の根本寺院であることが分る。

大象元年、陟岵寺に設置された百二十人の菩薩僧は、翌年正度沙門とされ、さらに大興善寺が営建されるとそこに移された。大興善寺の住僧は毘尼多流支(滅喜)・達摩般若(法智)・那連提耶舎・闍那崛多などの外国僧をはじめ、慧遠・曇遷・霊裕など六十名の多きに達する。

大興善寺の住僧は僧官に就任した人が多い。僧猛は隋国大統に、曇遷は昭玄大統に、曇延は昭玄統に就任し、外国沙門の那連提耶舎は外国僧主となった。

国寺大興善寺と相対して、その役割は小さいが隋代道教の本山玄都観[3]が設立された。隋の玄都観は北周の大道観である玄都観を受け、近くは北周武帝の国立宗教研究所ともいうべき通道観の主な部分を継承して道教の総元締めの役割を果した。

大興善寺は隋朝創建以来、国寺として文帝の仏教政策を遂行する重要な役割を果したが、煬帝時代になると一般寺院と異なるものではなくなった。唐の中頃、不空三蔵の入寺とともに再び盛んになった。

五衆および二十五衆の設置　文帝の仏教復興政策の結果、多くの学問僧や教化僧が輩出し、学問研究と大衆教化が盛んとなった。開皇十二年(五九二)、五衆の制度が設けられ、長安城内に大論・講論・講律・涅槃・十地の五種の衆が成立し、衆主は勅任された。五衆とは五種の衆であり、衆主が各一人ずつ、自己の衆に対して主に自己の衆名の経または律、或いは論を日夜教授したものと思われる。大論衆主には法彦・宝襲が、講論衆主には智隠が、講律衆主には洪遵が、涅槃衆主には童真・法総・善冑が、十地衆主には慧遷がそれぞれ任命された。これらの衆主の師は慧蔵・僧休・慧遠・曇延など学徳兼備の高僧であったことは注目すべきである。文帝の末年には五衆の制度は消滅したと推定される。[4]

二十五衆は開皇十二年に初めて勅撰された二十五人の高僧の教化団体であるが、すべて官の給与によって仏教教化をはかった。二十五衆の中で第一摩訶衍匠には三国論師僧粲が、教読経法主には僧琨が就任したが、ともに大興善寺の住僧であった。『傷学論』などの著者慧影も開皇十七年頃、二十五衆主となった(『歴代三宝紀』巻十二)。この教化団体は衆主より大乗仏教の概論、読経法、出家修養論などを教授されたと思われる。

舎利塔の建立　文帝の仏教政策の最後をかざった仁寿年間における舎利塔建立事業[5]は、中国仏教史上劃期的なものであり、後世に大きな影響を及ぼした。仁寿元年(六〇一)六月十三日、舎利塔起塔の勅命が下った。同年十月十五日、舎利を入函、三十ヵ所に起塔した(『広弘明集』巻十七。『弁正論』巻三では四十州)。この第一回の起塔の際、文帝は大興宮の大興殿の庭にあって、沙門三百六十七人が旛蓋・香華をもって、大興善寺より殿堂に到着したという(『広弘明集』巻十七)。翌年四月八日、第二回の起塔を行い五十一ヵ所に塔を造った(『感通録』は五十三ヵ所)。仁寿四年(六〇四)また勅命を下し、四月八日、三十州に塔を造った(『唐伝』巻十八、曇遷伝)。この前後諸州の起塔百十一所であった(『唐伝』巻十二、童真伝)。

文帝の仁寿年間の舎利塔建立は仏教の布施の理想に基いて皇室・国民すべてがその功徳を受けるために企てられたものである。そのため建立の費用は個人の財物の布施によった。文帝が舎利塔を全国各地の寺院に建立したことは唐朝において継承され、高宗は天下の諸州に一寺一観を設け、則天武后は天下の諸州に大雲寺を、玄宗は開元・竜興の二寺を諸州に建立させたのであった。

以上のべた隋の文帝の仏教政策の基本は国家興隆のために仏教を採用したもので、「国のために行道」する仏教であった。文帝は造寺造塔の北朝仏教の伝統を継承しながら、一方においては講経の南朝仏教の遺風も受け入れ総合的な隋代仏教を形成するとともに、唐代における中国仏教の全盛時代の基礎をすえたのであった。

(1) 常盤大定「周末隋初に於ける菩薩仏教の要求」(『支那仏教の研究』二一三—二四五頁)。山崎宏『隋唐仏教史の研究』(法蔵館、昭和四十二年)三五—四八頁。

(2) 山崎、前掲書、第三章「隋の大興善寺」。

(3) 山崎、前掲書、第四章「隋の玄都観とその系譜」。
(4) 山崎宏『支那中世仏教の展開』二九八―三二六頁。
(5) 山崎、前掲書、三三一―三四五頁。

第二節 煬帝と仏教

晋王広の四道場設立　隋の煬帝(晋王広)は中国史上、悪逆な暴君とされているが、その反面、学を好み、仏道二教の信者でもあり、とくに仏教に対しては晋王広といわれた皇子時代から、天台智顗を初め多くの高僧を家僧として優遇した。隋が陳を滅ぼし、天下を統一した後、開皇十年(五九〇)、晋王広は江南鎮撫の大任を受けて揚州総管に就任した。

晋王広は江南宗教界から高徳な人物を揚州にあつめて、四道場に住せしめた。[1] 四道場とは慧日・法雲の二仏寺と、玉清・金洞の二道観である。中央において文帝が大興善寺と玄都観を設立したのにならったのであろう。この四道場について、道宣は「道場慧日・法雲、広く釈侶を陳ね、玉清・金洞、備さに李宗を引き、一芸に称あれば、三徴して館を別にし、法輪長えに転じ、慧炬恒に明なり」(『唐伝』巻十五、論)とのべている。揚州の四道場設立の年時は明確ではないが、仏教の二道場は開皇十二年十月以前、揚州において建立された(『国清百録』巻二)。

慧日・法雲両道場の内、とくに慧日道場には江南仏教界の人材たる智脱・法澄・智矩・吉蔵・慧覚・慧越・慧乗・法安・法称など多くの名僧学僧が集められた。これに対して道士として玉清玄壇に迎えられたのは、王遠知の名が伝えられているだけである。とくに三論宗の大成者、嘉祥寺吉蔵は晋王広によって慧日道場へ迎えられて優遇され、さらに長安の日厳寺が建立されると、ここに移り、武徳六年(六二三)七十五歳で没するまで長安仏教界で活躍した。建康の建初寺で三論を講じた智矩も慧日道場より長安の日厳寺に移り、三論教学を鼓吹したため、隋代の長安は三論教学の中心となり、高句麗・日本へ伝播する原動力となった。

開皇二十年(六〇〇)十一月、煬帝は皇太子となり、京師大興城(長安)内に揚州慧日道場の延長と見られる日厳寺を建立した。この日厳寺は全国の高僧碩学を集めた寺で、彦琮・智脱・法澄・法論・智矩・明舜・吉蔵・慧頵・慧常・智凱などの多くの名僧が住した。この中には揚州慧日道場より移ったものもいる。なお煬帝は揚州総管の際、経文を蒐集して経蔵に収めさせたが、これらの江南の仏教文化遺産とともに江南の名僧も日厳寺に移り住せしめたのであった。これらの高僧は煬帝が大業中に建立した東都内慧日道場にも移住した。この東都内慧日道場は宮廷内の道場である内道場の名称の初めをなすものである。(2)

煬帝と天台智顗　揚州総管となった煬帝(晋王広)は、開皇十一年(五九一)、智顗を揚州に招いた。(3)智顗は晋王広に菩薩戒と法号総持菩薩を授けたが、その時、智者大師の号を贈られた。

智顗は揚都禅衆寺において四十余僧とともに行道したが、翌年揚州を発して廬山をへて、年末故郷の荊州に帰った。開皇十五年(五九五)、再度揚州に帰った五十八歳の智顗は、晋王広に『浄名疏』の初巻を与え、天台山入りを請い、許されて天台山に入った。開皇十七年(五九七)、『浄名経』の義疏をもって揚州に向ったが途中病いにあい、「発願疏文」と「遺書与晋王」(『国清百録』巻三)とを弟子に託して六十歳の生涯を終った。

智顗の弟子灌頂は、晋王広に師の訃を告げ、遺書と遺品を奉呈した。晋王広は「答遺書文」を表し、師の遺嘱に答え、ついで天台山に大斎会を設けた。開皇二十年(六〇〇)、晋王広の立太子、仁寿四年(六〇四)の即位に際しては天台山より灌頂・智璪が賀表を奉呈した。

(1) 山崎宏「煬帝(晋王広)の四道場」(『隋唐仏教史の研究』第五章)。
(2) 高雄義堅「支那内道場考」(『竜谷史壇』第十八号、昭和十一年七月)。
(3) 煬帝と天台智顗との関係については、山崎、前掲書、第六章「煬帝と天台智顗」、塚本善隆「隋の江南征服と仏教」(『仏教文化研究』第三号、昭和二十八年十一月)などがある。

第三節　隋代仏教の展開

訳経僧の活躍　隋代の主な訳経僧には、那連提耶舎(Narendrayaśas)・闍那崛多(Jñānagupta)・達摩笈多(Dharmagupta)などがある。

那連提耶舎(四九〇—五八九)は北天竺の人、天保七年(五五六)北斉の鄴都に達し文宣帝に厚遇され、昭玄大統法上など二十余人とともに訳経に従事した。沙門法智と居士万天懿が伝語にあたった。後、昭玄都を授けられた。北周の廃仏に際しては俗服を着て難を避けた。隋の三宝興隆始まるや、開皇二年(五八二)七月、長安に入り大興善寺に住し、翻訳を再開した。勅命により昭玄統沙門曇延など三十余人も参加した。後、広済寺に移住し、外国僧主となった。開皇九年(五八九)八月二十九日、満百歳で没した。『大方等日蔵経』『大荘厳法門経』『徳護長者経』『蓮華面経』など八部二十八巻を訳出した(『歴代三宝紀』巻十二)。とくに仏法毀滅を説いた『蓮華面経』[1]が訳出されたことは、注目に価する。当時、北天竺沙門の毘尼多流支も開皇二年、大興善寺において『象頭精舎経』『大乗方広総持経』の二部を訳出、法纂が筆受し、彦琮が序を撰した。

闍那崛多(徳志。五二三—六〇〇)は北天竺の人、西魏の大統元年(五三五)鄯州に来た。北周廃仏に際して武帝が儒礼に従うことを強要したが、これを拒否した。武平六年(五七五)、北斉僧の宝暹・僧邃・僧曇など十人とともに西域に取経し、梵本二百六十部を得た。開皇元年(五八一)、隋が興り、仏法復興なるや宝暹などと梵本を持って長安に帰った。開皇五年(五八五)、大興善寺沙門曇延など三十余人が翻訳にあたったが音義通ぜず、突厥にいる崛多を招請したため大興善寺に住し、僧休・法粲・法経・慧蔵・洪遵・慧遠・法纂・僧暉・明穆・曇遷などの十大徳とともに訳業に従事した。『仏本行集経』『威徳陀羅尼経』『五千五百仏名神呪経』『不空羂索観世音心呪経』など三十七部百七十六巻を訳した。

達摩笈多（法密。？―六一九）は西域各国を経由して開皇十年（五九〇）十月、京城に来て大興善寺に住した。煬帝は洛陽の上林園に翻経館を置き、そこで訳業に従事させた。開皇の初めから大業末年まで二十八年間に『摂大乗論』『金剛般若論』(2)『菩提資糧論』『薬師如来本願経』など七部三十二巻を訳した。

経録の編纂　隋代では開皇十四年と仁寿二年の二回にわたって経録が勅撰された。前者は開皇十四年（五九四）五月十日、太常卿牛弘が勅を奉じ、大興善寺翻経衆沙門法経など二十大徳に編修を命じ、同年七月十四日に完成した（『衆経目録』巻七。『歴代三宝紀』巻十二）。後者は特定の僧に命じて作成させたのではなく、仁寿二年、大興善寺大徳と翻経沙門および学士等に命じて経録を詳定せしめたものであり、沙門彦琮が関与していた（『唐伝』巻二、彦琮伝。前者は『法経録』、後者は『仁寿録』と略称される）。北周の廃仏の際、一度還俗した費長房は開皇十七年（五九七）十二月、『歴代三宝紀』(3)十五巻を撰した。

諸学者の活躍　南北朝の末から隋代にかけてすぐれた仏教者の活躍が顕著である。その中には霊裕（五一八―六〇五）・慧遠（五二三―五九二）・曇遷（五四二―六〇七）・曇延（五一六―五八八）

などがあるが、すでに第六章「諸学派の興起と展開」において述べた以外の人々について簡単に記しておきたい。

涅槃学者曇延は北周の廃仏の際、太行山に隠れたが、文帝の復仏なるや、京師に招された。曇延の要請を受けた文帝は勅して千余人を度し、延法師衆を立てた。この延法師衆は改めて延興寺となり、京城の東西二門は延の名を取って延興・延平を名づけられた（『唐伝』巻八、曇延伝）。いかに曇延が文帝に重んぜられたかがわかる。弟子に童真・洪義・通幽・覚朗・道愻・玄琬・法常など一代の名流が輩出した。著書に『涅槃経義疏』十五巻等諸経の疏がある。

道憑の弟子、相州大慈寺沙門霊裕は、末法の自覚から宝山石窟を開鑿した人であるが、三十歳より著述をなし多くの書を著わした。維摩・般若・華厳・涅槃等の疏、勝鬘・毘尼母・往生論・遺教等の疏記、成実・毘曇・智論の抄、『大乗義章』など経典の注疏、概論を初めとし、その他『安民論』『陶神論』『因果論』『聖跡記』『塔寺記』『経法東流記』『十徳記』『僧尼制』など八部三十巻を著わした（『歴代三宝紀』巻十二）。

東都上林園翻経館沙門彦琮は、二十一歳にして通道観学士となったが、隋の開皇十二年（五九二）、勅によって京に入り翻訳を掌って大興善寺に住し、さらに日厳寺に移住した。仁寿二年（六〇二）、勅によって『衆経目録』を撰した。著書に『達摩笈多伝』『通極論』『弁教論』『通学論』『善財童子諸知識録』『新訳経序』等、六部九巻がある（『歴代三宝紀』巻十二）。

そのほか『二教論』の著者道安の神足で大興善寺に住した宝貴は、開皇十七年(五九七)、『新合金光明経』を撰した。同じく大興善寺沙門の僧粲は『十種大乗論』を撰した。僧粲は二十五衆の第一摩訶衍匠に任命されたが、この『十種大乗論』は大乗を高讃したもので、十種とは、無障礙・平等・逆・順・接・挫・迷・夢・相即・中道であり、初学者のための大乗仏教入門である。

北周代に『亡是非論』を書いた亡名の弟子で同じく大興善寺に住した僧琨は、二十五衆の教読経法主であるが、『論場』を著わした。また舎衛寺沙門慧影は、『述釈道安智度論解』『傷学論』『存廃論』『厭修論』など四部二十七巻を著わしたが、慧影の『大智度論疏』の一部は現存している(『続蔵』第八十七套)。そのほか祭酒徐同卿は『通命論』を、翻経学士涇陽の劉憑は『内外傍通比校数法』を撰した。その他、開皇十五年(五九五)には文帝の勅命によって、彦琮などの翻経の諸僧が『衆経法式』を撰した。

外国留学僧の教育　隋の煬帝時代には鴻臚寺四方館において、外国留学僧の教育が行われた。大業四年(六〇八)浄業が蕃僧を教授し(『唐伝』巻十二、浄業伝)、同九年(六一三)には、静蔵が東蕃を教授し(『唐伝』巻十三、静蔵伝)、同十年には霊潤が三韓を教授し(『唐伝』巻十五、霊潤伝)、神逈は三韓の諸方士を教育した(同巻十三、神逈伝)。そのほか無礙(五五二—六四五)や慧乗(五五五—六三〇)なども四方館において教育に当った。

日本からは早くも開皇二十年（六〇〇）、第一回の遣隋使が派遣され、ついで大業三年（六〇七）、第二回が派遣された。遣隋使小野臣妹子には、仏教僧数十人が伴われていた（『隋書』巻八十一、倭国伝）。翌大業四年、中国僧道判は鴻臚寺において蕃僧を教授した（『唐伝』巻十二、道判伝）とあるが、この蕃僧の中には日本の留学僧も含まれていたかも知れない。

（1）山田竜城「蓮華面経について」（『山口論叢』）。
（2）宇井伯寿「金剛般若経釈論研究」（『大乗仏典の研究』第二部、岩波書店、昭和三十八年）。
（3）隋代に至るまでの経録の編纂および特徴については、林屋友次郎『経録研究』前篇（岩波書店、昭和十六年）参照。

第九章　隋代の諸宗

隋朝三十余年間は仏教思想史の面からいっても重要な転回点を示している。北朝系の実践仏教である禅・浄土・戒律などの伝統は継続的に発展され、それが隋・唐仏教の主軸を形成したのであるが、これらの実践的傾向に、南朝系の学解・思弁的な仏教とが総合統一されたところに隋・唐新仏教の大きな特色がある。天台宗・華厳宗などの一見、哲学仏教に見えるものですら、その哲学の背景には、天台止観とか華厳観法が脈うっているのであり、まさに隋・唐の中国仏教諸宗は、南朝と北朝との仏教の止揚の上に成り立ったものといえる。また隋・唐新仏教(1)こそインド亜流の仏教より独立・創造した中国人の新宗教といえる。

(1)　結城令聞「隋唐時代に於ける中国的仏教成立の事情についての考察」(『日仏年報』第十九号、昭和二十九年四月)。

第一節　三　論　宗

三論宗の相承　三論宗はインドの竜樹(Nāgārjuna. 一五〇—二五〇頃)の『中論』五百偈と青目の注釈をあわせて鳩摩羅什によって漢訳された『中論』四巻と、同じ竜樹の著『十二門論』一巻と、竜樹の弟子提婆の『百論』に婆藪の注釈を付した『百論』二巻の三論を所依の論として成立した宗派である。[1]

中国に三論を伝訳したのは羅什であるから三論宗の開祖は羅什とされる。羅什の弟子の僧叡・僧肇などは三論教学の理解において卓越していた。三論宗の学系相承については、古来の伝承としては、羅什—道生—曇済—道朗—僧詮—法朗—吉蔵の七代の系譜とされる(凝然『八宗綱要』)が、この伝承に関しては、批判的研究がなされている。[2]道朗が実は僧朗のあやまりで、羅什から僧朗に至る学系は、明確にはなし得ないというのが客観的事実であろう。ただし三論宗の大成者、吉蔵自ら僧朗を重視している点を注目すべきである。吉蔵は僧朗を摂山大師・摂嶺大師・大朗法師などと称した。吉蔵の伝えるところによると、高麗僧朗はもと遼東の人で、北地において羅什教学を学び、南地に来て鐘山草堂寺に住した。隠士周顒は僧朗に師事して『三宗論』を著わし、梁の武帝は僧朗に僧正智寂など十人を遣わして受学せしめた。武帝は僧朗によって成実を捨てて大乗に改宗し、『大品般若』の疏を作ったという(『大乗玄論』巻一)。三論宗に古来より古三論と新三論があり、吉蔵までを古三論、日照三蔵と法蔵を新三論とするがこれは全くのあやまりで、僧朗以後を新三論とすべきである。

羅什以後、僧朗以前の間において三論をよくした者は、先ず羅什の弟子の僧叡および曇影をあげることができる。さらに三論・成実併習者としての僧導、『注中論』を著わした智林、『三宗論』の著者周顒などがある。

摂嶺相承の第二祖は僧詮である。僧詮は摂山止観寺に住した人で、吉蔵は山中師、山中大師と称した。僧詮の伝記や思想は不明であるが、僧詮門下の四哲、興皇寺法朗・長干寺智弁・禅衆寺慧勇・棲霞寺慧布などの伝記によって、僧詮が般若中観と坐禅三昧を主とし、門下の学徒数百あったことが知られる。なお僧詮門下の四哲はそれぞれ四句朗・領悟弁・文章勇・得意布とおのおの長ずるところを称讃されている。三論宗が学派の形態を整えたのはこの僧詮からである。

法朗（五〇七—五八一）は二十一歳で出家、宝誌より禅法を、大明寺彖律師より律を、南澗寺仙師より成実を、竹澗寺靖公より毘曇を受け、さらに僧詮より智度・三論・華厳・大品を学んだ。陳の永定二年（五五八）より二十五年間、勅により興皇寺に住した。智弁は伝不明であり、法朗の学説とも異なる点があるとされ、中仮師として排斥された。智弁の弟子に慧因（五三九—六二七）があり、唐初の十大徳の一人である。

慧勇（五一五—五八三）は初め揚都に出て、霊曜寺則法師より禅を学び、具足戒を受けた後、静衆寺峰律師より十誦を、竜光寺僧綽・建元寺法寵より成実を受け、三十歳にして法輪を転じた。

梁朝が滅亡し、遁世を望み、摂山止観寺僧詮の所に留まった。天嘉五年(五六四)、陳の文帝に請ぜられ、太極殿において講じ、大禅衆寺に住すること十八年、華厳・涅槃・三論等を講じた。

慧布(五一八?―五八七)は二十歳で出家し、建初寺宝瓊から成実を、僧詮から三論を受けた後、鄴都に出て、禅宗の慧可と遇い、胸襟を開いて参問した。また章疏を写すこと六駄、これをもって江南へ帰り、僧朗に講ぜしめたが、遺漏あるによって、再び北斉にかえり、闕ける所を写し、僧朗に送った。自らはただ衣鉢を持するだけであった。かつて天台の慧思と大義を論じ、慧思をして「万里空し、此の智者なし」(『唐伝』巻七、慧布伝)と嘆ぜしめ、また慧命の師、邈禅師と論議した。陳の至徳中(五八三―五八六)、摂山栖霞寺の禅堂を建立した。

三論宗の法系としては法朗系統が主となり、法朗の弟子に二十五哲あったというが、吉蔵・羅雲(五四二―六一六)・法安(六十五歳没、没年不詳)・慧哲(五三九―五九七)・法澄(五三八?―六〇五?)・道荘(五二五?―六〇五?)・智矩(五三五―六〇六)・慧覚(五五四―六〇六)・智鍇(五三三―六一〇)・真観(五三八―六一一)・明法師などが有名である。中でも明法師は茅山明法師といわれ、法朗の遺嘱を受けた人であるが、茅山に入り終生出なかったが、弟子に慧暠(五四七―六三三)・法敏(五七九―六四五)・慧稜(五七六―六四〇)・慧璿などがある。慧暠より大品・三論・楞伽を受けた法沖(五八七?―六六五)は『楞伽経』を研究し、自ら講ずること三十余遍という。彼の伝記の中には、慧可より師承を受けた『楞伽経』の研究者、及びその他の楞伽師の法系が記されている(『唐伝』巻二十五、法沖伝)。法朗の後継者には明法師のように禅観を重んじた人が多かったが、文筆活動に優れた吉蔵が三論宗の確立者となった。明法師の系統は興皇三論学の実践的側面を、吉蔵の系統はその理論的側面を継承したといえる。なお禅宗の一派牛頭宗の開祖牛頭法融は茅山明法師(炅法師)より三論を学んだ。

吉蔵[3](五四九—六二三)は金陵に生まれた。父は出家して道諒といい、父に伴われて真諦三蔵に遇い、吉蔵の名を貰った。常に法朗の講義を聴き、七歳で出家し、具足戒を受けた後に遊学し、隋が百越を攻めた時、嘉祥寺に住して三論を研究したため、嘉祥大師といわれた。開皇十七年(五九七)には天台智顗と文通した。その後、隋の煬帝の勅命によって慧日寺・日厳寺に住し法華を研究した。三国論師僧粲(五二九—六一三)と対論して名声を挙げた。唐代になって実際・定水・延興の諸寺に住した。吉蔵の人となりについて「衆を御するの徳は其の長ずる所に非ず」(『唐伝』巻十一、吉蔵伝)といわれた。彼は陳・隋の興廃に際して兵乱のため荒廃した諸寺に入り、文疏を蒐集、これを著書の中に博捜広引したので、現在全く知られない資料が、彼の著書中に見出される。現存する著書に『三論玄義』[4]『中観論疏』[5]『十二門論疏』『法華論疏』『百論疏』[6]『二諦章』『大乗玄論』『華厳経遊意』『浄名玄論』『維摩経遊意』『同義疏』『同略疏』『勝鬘経宝窟』『金光明経疏』『無量寿経義疏』『金剛経義疏』『法華経義疏』など二十六部がある。弟子に智抜(五七三—六四〇)・嘉祥寺智凱(?—六四六)・定水寺智凱・智実(六〇一—六三八)・弁寂・

智命(?—六一八)・慧遠・碩法師などがある。慧遠(浄影寺慧遠とは別人)は藍田の悟真寺において三論を講説し盛んであった。碩法師には『中観論疏』『三論遊意』の著述があったという。『四論玄義』の著者慧均は吉蔵の同門とも弟子ともいわれるが、実際は法朗の弟子で吉蔵と同門であろう。初唐に出て『肇論疏』を著わした元康は『中論疏』『百論疏』『十二門論疏』『玄枢』を著わしたが、碩法師の弟子ともいわれる。朝鮮学僧で三論を学んだ人には、高麗実法師・高麗印法師・慧灌などがある。慧灌は我が国に来朝し、推古朝の時、三論宗の第一伝をなした人である。初唐になると玄奘所伝の法相宗が盛んとなり、三論宗は急速に衰退したが、高句麗・日本に伝えられていった。

三論宗の教学　三論宗の教説(7)は破邪顕正、真俗二諦、八不中道の三科にもとづいて主張される。三論宗では破邪の外に別に顕正を認めず、破邪がそのまま顕正であるとする。破邪とは凡ての分別情謂を遣ることで、かくして言詮不及、意路不到の無名の道に体達せしめるのを破邪顕正という。顕正は中道を悟ることで無得の正観といわれる。

三論宗では法相宗のように理境の二諦を説かず言教の二諦とする。梁の昭明太子が開善寺智蔵・荘厳寺僧旻・光宅寺法雲など当時の名僧高徳に二諦を論じさせた時、二十数家がその説をのべた(『広弘明集』巻二十一)が、これらの二諦説はすべて理境の二諦説といわれる。三論宗としては『中論』に「諸仏は二諦に依って法を説く、一には世俗諦を以てし、二には第一義諦なり」とあるのと、『涅槃経』に「衆生に随順するが故に二諦と説く」とあることによって言教の二諦を主張するので、二諦は説法の儀式方法に過ぎないとし、二諦は言教の通詮、相待の仮称、虚寂の妙実、中道を究めるの極号であるという。

八不中道は『中論』の最初の八不(不生不滅・不常不断・不一不異・不来不出)が生滅去来一異断常の八迷を破するものとされ、一切の有所得心を洗浄するためであるという。八不中道は破邪顕正と同じである。中道は単に中といい、不二無名相、絶待ともいう。

吉蔵は仏性についても鋭い考察を加えた。(8)仏性の名の解釈については竜光寺僧綽・開善寺智蔵など三説をあげこれを批判した。また正因仏性については、十一家の説をあげ、三論宗としては非真非俗の中道義を正因仏性としている。なお草木非情の仏性の有無に関しても無礙を主張する。また教判としては二蔵三輪の教判を立てる。二蔵とは声聞蔵(小乗)と菩薩蔵(大乗)であり、三輪とは根本法輪(『華厳経』)・枝末法輪(華厳より法華までの一切の諸大小乗経)・摂末帰本法輪(『法華経』)である。

(1) 三論宗に関する研究書には、前田慧雲『三論宗綱要』(東京丙午社、大正九年)、平井俊栄『中国般若思想史研究――吉蔵と三論学派――』(春秋社、昭和五十一年)などがある。また欧文のものとしては、R. H. Robinson, *Early Madhyamika in India and China*, Wisconsin, 1967.

(2) 前田慧雲『三論宗綱要』四八―六七頁。境野黄洋『支那仏教史講話』下巻、五二頁。結城令聞「三論源流考」（『印仏研』第一巻第二号、昭和二十七年三月）。
（3）横超慧日「慧遠と吉蔵」（『結城論集』）。
（4）今津洪嶽『三論玄義会本』二冊（『仏教大系』十二・十六、大正七年・昭和五年）。高雄義堅『三論玄義解説』（東京興教書院、昭和十一年）。椎尾弁匡『国訳三論玄義』（『国訳一切経』諸宗部二）。金倉円照『三論玄義』（岩波文庫、昭和十六年）。三枝充悳『三論玄義』（大蔵出版、昭和四十六年）。
（5）泰本融『中観論疏』（『国訳一切経』論疏部六・七）。
（6）宮本正尊『百論疏会本』（『仏教大系』六十二、昭和十二年）。
（7）宇井伯寿「無得正観の法門」（『仏教汎論』上巻、第八章、岩波書店、昭和二十二年）。宮本正尊「支那仏教の中道義」第十六編（『中道思想及びその発達』法蔵館、昭和十九年）
（8）常盤大定『仏性の研究』（丙午出版社、昭和五年）。

第二節　天台宗

天台宗の相承　天台宗という呼称は、恐らく中唐の荊渓湛然が最初に用いた呼称であるが、(1)隋の天台大師によって立てられた宗である。天台宗は北斉の慧文禅師が開祖とされる。初祖慧文禅師は俗姓を高氏といい、初め主として禅観を行じたが、たまたま竜樹の『中論』および『大智度論』を読むに及んで一心三観の心要を悟った。それより徒衆数百を集め、専ら大乗を業として河淮の間に独歩し、盛んに化風をあげた。著作も没年も不明であるが、その心要を南岳慧思に伝えた。

第二祖慧思禅師（五一四または五一五―五七七）は俗姓は李氏、十五歳で出家し、爾来諸大乗経を誦したが、二十歳になって四方に行遊し、諸大徳を歴訪して専ら禅観を修した。北斉の慧文禅師に謁して一心三観の心要を受け、法華三昧の証悟を得た。承聖三年（五五四）、光州大蘇山に入り、その門に集まるもの市をなしたという。ついで陳の光大二年（五六八）、弟子四十余人とともに南岳に移り、住すること十年、太建九年（五七七）六月二十二日、六十三歳（『仏祖統紀』巻六。『唐伝』巻十七は六十四歳とする）で没した。その著作として現存するものに『法華経安楽行義』『諸法無諍三昧法門』『立誓願文』『随自意三昧』『授菩薩戒儀』などがあり、古来真偽を疑われているものに『大乗止観法門』[2]がある。弟子に僧照・慧超・慧威・慧命・霊弁、新羅の玄光など多くあるが、その心要を伝えたのは天台大師智顗である。

第三祖智顗（五三八―五九七）は、字は徳安、父は陳起祖、母は徐氏であった。梁朝末の乱世にあって両親が相次いで没したため孤児となった智顗は、十八歳の時、果願寺法緒の下で出家した。やがて慧曠律師について具足戒を受け、後、大賢山に登って『法華経』『無量義経』『普賢観経』を誦し、さらに大蘇山に行って慧思禅師のもとで修練した。慧思はその器量の凡庸ならざるを察し、「昔霊山に在って同じく法華を聴く。宿縁の追う所、今復来れり」（『唐伝』巻十七、智顗伝）といい、懇に示教した。やがて法華三昧を発得し、豁然として初旋陀羅尼を得、師の印可を受けた。これを天台大師の大蘇開悟という。陳の光大元年（五六七）、智顗は同学法喜等三十余人とともに陳都金陵に出て瓦官寺において『大智度論』『次第禅門』などを講説した。白馬寺警韶・定林寺法歳・奉誠寺法安等の一代の碩学大徳もみな心服し、尊敬された。陳の太建元年（五六九）、智顗は儀同沈君理の請に応じて、瓦官寺で『法華玄義』を開講したが、時に宣帝勅して群臣をしてこれを聴講せしめた。北周廃仏の翌年、陳の太建七年（五七五）、三十八歳にして慧弁等二十余人とともに天台山に入った。天台山の華頂において頭陀《ずだ》を行じ、仏隴《ろう》に入って苦修練行したが、その間修禅寺を造立した。天台山にいたため天台大師と称する。山にあること十一年、至徳元年（五八三）、陳の後主の請によって四十八歳の時、再び金陵に出て、太極殿において『大智度論』『仁王般若経』を講じ、時に僧正慧暅・僧都慧曠などは勅を奉じて難問を試みたが、これをことごとく消釈した。この年光宅寺に住し、禎明元年（五八七）、ここで『法華文句』を開講した。陳の滅亡に際しては難を避けて金陵を出て廬山に居たが、隋の開皇十一年（五九一）、晋王広の招きに応じて菩薩戒を授け、智者の号を贈られた。智者大師の称号はこれより始まる。後、南岳に詣で師恩に報じ、さらに故郷荊州へ帰り、玉泉寺を創建した。開皇十三年（五九三）、玉泉寺において『法華玄義』を講じ、翌年さらに『摩訶止観』を講じた。玉泉寺の説法を終えた大師はやがて揚州に帰り、『浄名疏』を晋王広に献じ、開皇十五年（五九五)、天台山に帰った。下山してより十二年を経、山内の荒廃が甚しかったため、寺を修理し、『制法十条』(3)を作った。晋王広の招請により再び山を下らんとしたが西門石城寺において病を発し、自ら起つ能わざるを知って、諸弟子をして『法華経』『無量寿経』の二経を読ましめ、「波羅提木叉は是れ汝が宗仰、四種三昧は是れ汝が明導なり」(『唐伝』巻十七)と示して没した。仁寿元年(六〇一)には、晋王の援助を得て、天台山に国清寺が建立され天台宗の聖地となった。

智顗が初め金陵で開講した『法華文句』と、晩年に玉泉寺で開講した『法華玄義』と『摩訶止観』の三部を天台三大部と称する。この三大部は弟子灌頂の筆録である。その他著書として『観音玄義』『観音義疏』『金光明玄義』『金光明文句』『観経疏』の五小部を初めとし、『天台小止観』(4)『次第禅門』『六妙法門』『金剛般若経疏』『仁王般若経疏』『維摩経疏』『菩薩戒義疏』『法界次第初門』『四教義』『観心論』など多くの書がある。ただしこの中には五小部の中の『観音玄義』を初めとし、弟子灌頂の撰述と疑う学説がある。(5)得業伝法の弟子は、智鍇(五三三—六一〇)・波若(五六二—六一三)・法彦(五四六—六一一)・智璪(五五六—六三八)など三十二人を数えるが、その中で智顗の没後は、智越(五四三—六一六)が天台山を統裁したが、三大部を初め、大師の所説を結集編纂し、永くこれを後世に伝えたのは実に章安尊者灌頂であった。

灌頂(五六一—六三二)は、字を法雲といい、七歳で出家して摂静寺慧拯に学び、二十歳で進具し、『涅槃経』を聴いたが、陳の至徳元年(五八三)天台山に上って智顗に師事した。爾来智顗の講説を筆録編纂した。著書に『涅槃経玄義』『涅槃経疏』『観心論疏』『国清百録』[6]『智者大師別伝』[7]などがある。とくに『国清百録』と『智者大師別伝』は智顗および初期天台宗史研究の根本資料として重要である。弟子に智威（？—六八〇）・弘景などがある。智威は弟子の慧威（六三四—七一三）に伝え、慧威は左渓玄朗（六七三—七五四）に伝えたが、唐代の法相・華厳・禅・密教等の勢力に圧せられて宗勢はふるわなかった。

中唐に活躍した荊渓湛然[8]（七一一—七八二）は初め儒者であったが、のち天台宗五祖左渓玄朗に師事し、止観を修し学徳優れた大学者であり、天台宗中興の祖である。著書の『法華玄義釈籤』『法華文句記』『摩訶止観輔行』は三大部研究の指南書である。また『金錍論』『止観義例』『五百問論』は対外的な立場で書かれたもので、その他『止観捜要記』『授菩薩戒儀』等多くの書がある。妙楽大師といわれ、その教学には華厳の影響がみとめられる。弟子に道邃・行満・元皓・道暹・明曠がある。わが伝教大師最澄は道邃および行満より天台宗を承けた。道邃の弟子に宗頴・良諝がある。宗頴は慈覚大師円仁、良諝は智証大師円珍の師である。

天台宗の教学　天台宗は華厳宗とともに中国仏教の精華と称せられ、その教学組織[9]は教観二門からなり、教は教判と教理を含み、とくに教判において中国仏教の多くの教判の中で最も優れたものである。

天台宗の教判は、南北朝時代の道生・慧観・慧光などのいわゆる南三北七の十家の説を研究して自家の教判を樹立した。天台宗の教判は五時八教である。五時とは華厳時・阿含時・方等時・般若時・法華涅槃時、八教とは化儀の四教(頓教・漸教・秘密教・不定教)と化法の四教(蔵教・通教・別教・円教)である。化儀とは教化の儀式で、化法とは教説の内容から分けられたものである。天台宗としては化法の四教が特に重要であり、蔵教は三蔵教、通教は通同の教の意味で、三乗に共通せるもので大乗初門、別教は不共の教で大乗経の中で隔歴次第の法を説くもので、華厳宗の大乗終教に当る。円教は事理円融の中道実相を説く天台宗の教えである。

天台宗の教義は諸法実相を説く。この実相を空・仮・中の三諦によって明らかにする。『中論』の三諦偈にもとづき、因縁所生法である一切諸法がそのまま空であり、仮であり、中であると見る。空を以て見れば三諦悉く空、仮を以て見れば三諦悉く仮、中を以て見れば三諦悉く中となる。三諦は即空・即仮・即中となり、円融の三諦となる。円融の三諦は天然の性徳といわれ、一切諸法に法爾自然に具わる妙諦であるから一境の三諦ともいわれる。

一念三千は万有すべてが互いに融即することを説いた教えで、一念が三千を具することである。三千とは『大智度論』または『華厳経』に説く地獄・餓鬼・畜生・阿修羅・人間・天上・声聞・縁覚・菩薩・仏の十界と、『法華経』にある如是相・如是性・如是体・如是力・如是作・如是因・如是縁・如是果・如是報・如是本末究竟の十如是と、『大智度論』で説く五陰・衆生・国土の三種世間から由来したもので、十界おのおのが十界を具し、一界おのおのが十如是を具し、十如是おのおのが三種世間を具し、合せて三千という。三千は一切諸法がすべて即空・即仮・即中の妙法であって、事理融即していることを示している。

天台宗では「具の字は弥〻今宗を顕わす」といわれ、一念三千の教義は性具説を主張するに至る。性具は性徳本具の意味で一識一塵、一色一香の当体に、すべて本来三千善悪の諸法を具していると説く。さらに性具説(10)から進んで性悪説も説かれる。普通仏教では性に善を具することは説くが、天台宗では性に悪を具することを説くので独特の教説といえる。

つぎに実践的方面については、一心三観がある。一心の上に三千三諦の理を観念するために、日常の妄心である个爾陰妄の一念に三千を具して、即空・即仮・即中であると観ずる。天台宗の止観は円頓止観といわれる。円頓止観とは「円頓とは初めより実相を縁ず。境に造《いた》るに即ち中、真実ならざることなし。縁を法界に繋《か》け、念を法界に一《ひと》しうす。一色一香も中道に非ざることなし。(中略)法性寂然なるを止と名づけ、寂にして常に照らすを観と名づく。初後を言うと雖も、二無く別無し。是れを円頓止観と名づく」(『摩訶止観』巻一上)といわれている。

円教においては修行の過程を六位に分けてこれを六即という。六即とは理即・名字即・観行即・相似即・分真即・究竟即である。理即は唯仏性を具するのみのもの、名字即は唯仏性を解するのみのものをいう。観行即は弟子五品位、相似即は十信位、分真即は十住・十行・十廻向・十地・等覚位、究竟即は妙覚位に相当する。なお天台宗の教判を簡単にまとめた綱要書に高麗の諦観の『天台四教儀』がある。

（1）天台宗史および教学史については、硲慈弘『天台宗史概説』（大蔵出版、昭和四十四年）、上杉文秀『日本天台史』（破塵閣書房、昭和十年。国書刊行会、昭和四十七年）、島地大等『天台教学史』（明治書院、昭和四年）、安藤俊雄『天台思想史』（法蔵館、昭和三十四年）などがある。なお法華経の中国的展開については、横超慧日編「中国における法華思想史」（『法華思想』第三章、平楽寺書店、昭和四十四年）、同『法華思想の研究』（平楽寺書店、昭和四十六年）、坂本幸男編『法華経の中国的展開』（平楽寺書店、昭和四十七年）などがある。

（2）村上専精『仏教唯心論』（創元社、昭和十八年）三五三頁以下。池田魯参「大乗止観法門研究序説」（『駒沢大学仏教学部論集』第五号、昭和四十九年十二月）。なお『大乗止観法門』の慧思撰述を否定した最初の学者は、日本の宝地房証真である（『玄義私記』巻五末）。

（3）塩入良道「初期天台山の教団的性格」（『日仏年報』第三十九号、昭和四十九年三月）。

（4）関口真大『天台小止観の研究』（山喜房仏書林、昭和二十九年）。

（5）佐藤哲英『天台大師の研究』（百華苑、昭和三十六年）。

（6）Leon Hurvitz, *Chi-I*, An Introduction to the Life and Ideas of a Chinese Buddhist Monk, Bruges, Imprimerie Sainte-Catherine, 1960.

（7）山内舜雄「天台智者大師別伝並に註釈について」（『駒沢大学学報』復刊第二号、昭和二十八年三月）。上村真肇「隋天台智者大師別伝解題」（『国訳一切経』史伝部十、大東出版社、昭和四十二年）。

（8）日比宣正『唐代天台学序説』（山喜房仏書林、昭和四十一年）。

（9）天台教学については、前田慧雲『天台宗綱要』（東洋大学出版部、明治四十四年）、二宮守人『天台ノ教義ト信仰』(天台宗大学出版部、大正十一年)、石津照璽『天台実相論の研究』(弘文堂、昭和二十二年)、佐々木憲徳『天台教学』(百華苑、昭和二十六年)、福田堯頴『天台学概論』(三省堂、昭和二十九年)、玉城康四郎『心把捉の展開』(山喜房仏書林、昭和三十六年)、安藤俊雄『天台学』(平楽寺書店、昭和四十三年)、同『天台学論集』(平楽寺書店、昭和五十年)などがある。なお天台止観については、関口真大『天台止観の研究』(岩波書店、昭和四十四年)、同編『止観の研究』(岩波書店、昭和五十年)などがある。天台浄土教については、藤浦慧厳『支那に於ける天台教学と浄土教』(浄土教報社、昭和十七年)、山口光圓『天台浄土教史』(法蔵館、昭和四十二年)がある。

(10)　安藤俊雄『天台性具思想論』(法蔵館、昭和二十八年)。

第三節　三　階　教

信行と三階教の盛衰　北斉時代、末法思想が強烈に意識されるや、末法到来に対応して新たな宗教が創唱された。一つは相州地方に起った信行の三階教(1)であり、他の一つは并州地方より起った道綽の浄土教である。前者が今は「末法の悪世なるが故に、ただ普敬普行に依るべし」と主張したのに対して、後者は「末法悪世なるが故に、弥陀一仏を専念専修せよ」と説いた。両者は帝都長安に進出し、隋・唐仏教界に大きな影響を与えた。

三階教の開祖信行(五四〇—五九四)は魏州(河北省大名県)の人で、若くして出家し、相州の法蔵寺や光厳寺において修学した。相州は東魏・北斉の都であったが、北周のために北斉が滅ぼされ、廃仏が断行されたため、法蔵寺で修学していた信行も還俗して労役に服したり、難を避けていたらしい。開皇元年（五八一）、隋の仏教復興なるや、召されて京都に入り、僕射の高熲がこれを迎えて真寂寺に三階院を置き住せしめた。信行は信者とともにここに別住して、教旨の実践宣布につとめるとともに『対根起行法』『三階集録』『衆事諸法』など四十余巻を撰した。また京師に化度・光明・慈門・慧日・弘善などの三階院が置かれた。信行の屍は終南山鵄鳴の塠に葬られ塔および碑が立てられた（『唐伝』巻十六、信行伝）。信行の弟子本済・僧邕など唐代の三階教徒も終南山の信行の墓塔の周辺に陪葬された。この塔寺は百塔寺といわれた。終南山は浄土教の大成者善導、南山律の道宣、華厳宗の杜順・智儼などとともに三階教徒の遺跡である。

信行の門下三百余人といわれるが、わずかに明らかなのは、本済・僧邕・慧如・裴玄証・僕射の高熲などの数人にすぎない。居士裴玄証は初め出家して化度寺に住したが、信行の弟子となり還俗し、信行の著述を筆録した。

本済（五六二―六一五）は開皇元年（五八一）、十八歳の時「戒定逾〻浄く、正業弥〻隆なり」（『唐伝』巻十八、本済伝）といわれたが、信行に師事し、信行は本済のために教義を口述した。後、信行没後二十二年間、三階教を弘布した。著書に『十種不敢斟量論』がある。本済の弟の善智（?―六〇七）も信行に師事、『頓教一乗』を撰した。没するや弟子たちが信行の墓の右に付葬した。なお本済の弟子に道訓・道樹がある。

僧邕(五四三—六三一)は十三歳のとき禅観に達した僧稠によって出家し、北周廃仏に際しては白鹿山の深林に難を避けて隠棲した。隋の仏教復興なるや、信行は僧邕の幽居せるを知り、人を遣わして「道を修め行を立てんには、宜しく済度を以て先と為すべし」(『唐伝』巻十九、僧邕伝)と告げたため、山を出で信行とともに業をつみ、京師の化度寺に入った。信行の没後は徒衆を総領し、住持としての任を果した。

則天武后時代に活躍した三階教徒に浄域寺法蔵(六三七—七一四)がある。十二歳のとき浄域寺の欽禅師に師事、頭陀乞食を行とし、如意元年(六九二)、武后の制を奉じて東都大福先寺に無尽蔵を検校し、さらに長安中(七〇一—七〇四)、再び化度寺に無尽蔵を検校し、ついで薦福寺大徳となり、没後、終南山楩梓谷で火葬され、舎利は信行の塔右に収められた。華厳宗の法蔵と活躍時代が同じであり、二人の法蔵がいたことは注意すべきである。なお景竜元年(七〇七)に、三階教徒師利は『示所犯者瑜伽法鏡経』(敦煌写本)を偽造した。

三階教の歴史は一面、弾圧の歴史である。開皇二十年(六〇〇)、勅によって禁断されたのを初めとして、何度か弾圧された。しかし禁圧のもとでも三階教徒は隠れて教えを守り、唐において再び盛んとなり、三階教の根本道場たる化度寺に設けられた無尽蔵院は武徳に始まり、貞観の末年に至っては実に上下の富を集めて、無尽蔵施を実行し盛況を見るに至った。開元元年

(七一三)、勅によって無尽蔵院は毀除され、開元十三年(七二五)には三階院は廃止され、『三階集録』も禁断された。開元十八年(七三〇)、智昇の『開元釈教録』成るや、当時流行の『三階教籍』三十五部四十四巻は疑惑録中に編入されたが、貞元十六年(八〇〇)、勅によって編纂された日本の古写本の『貞元釈教目録』[2]には信行の著述が収められた(刊本『貞元録』では削除)。

三階教の典籍は多く散逸し、わずかに断簡が慈恩の『西方要決』、懐感の『釈浄土群疑論』、智儼の『五十要問答』『華厳孔目章』、法蔵の『華厳五教章』などに収録されているのみであったが、近年、敦煌から『対根起行法』『七階仏名』『三階仏法密記』巻上など多くの写本が発見され、また日本の古写本の中からも『三階仏法』四巻が発見されるに至り、三階教の全貌が明らかにされるに至った。

三階教の教説　天台宗は山名、華厳宗は経名を宗名としているのに対して、三階教はその教義によって名称ができたもので、第三階宗とも普法宗ともいう。三階教では全仏教を時と所と人とによって、三種に分類し、第一階を一乗、第二階を三乗、第三階を普帰普法とした。『大方広十輪経』『大集経』などに依ってこの説を立てた。現在を末法とし、社会は濁悪、人は生盲の凡夫とする。仏滅後五百年(第一階)や、次の千年(第二階)の人々は、一乗や三乗の別法によって悟りを得たが、今は第三階の普法によらねばならぬと主張する。

三階教では普敬普仏を説く。一切の法は唯一の如来蔵から展開したものであり、すべての人は仏性を具えているから、一切の人に対して差別を認めず如来蔵仏・仏性仏・当来仏として拝すべきであるという普仏思想は、必然的に一切の人に対して愛憎軽重を設けない普敬思想となる。この普敬普仏の教えこそ、末法濁世に生きる罪悪の凡夫が救われる実践仏教であると説き、同信同行を僧俗に求めて、実践行につとめた。とくに社会的実践としての無尽蔵院の活動が三階教の特色と見られ、それがまた弾圧の理由にもなった。

（1）　矢吹慶輝『三階教之研究』（岩波書店、昭和二年）。神田喜一郎「三階教に関する隋唐の古碑」（『仏教研究』第三巻第三・四号、第四巻第二号、大正十一・十二年度刊）。兼子秀利「三階教の普施観」（『仏教史学』第七巻第四号、昭和三十四年二月）。

（2）　塚本善隆「日本に遺存する原本貞元釈教目録」（『神田論集』）。

第十章　唐の仏教

——仏教の社会的発展——

隋にかわって国家を統一した唐の高祖は都を長安に定めて、武力を充実させ、諸制度を整備し、文物をおこし、対外的にもめざましい発展をとげた。太宗の時代には貞観の治といわれる盛世を現出した。唐代は西方との交通も盛んで、祆教(ゾロアスター教、すでに南北朝時代に伝来)・摩尼教・回教(1)(イスラム教)・景教(2)(キリスト教の一派のネストリウス派)などの外来宗教が中国に伝来した。南北朝時代より発展してきた仏教は帝室・貴族の尊信を受けて栄え、さらにインドから玄奘・義浄などが新しい仏教を伝え、不空・善無畏などは密教を伝え、新鮮な生命を吹きこんだ。一方、すでに南北朝時代に基盤を確立していた中国仏教は、唐代になって、法相宗の基、律宗の道宣、華厳宗の法蔵、浄土教の善導、禅宗の慧能など勝れた仏教者が多数輩出したため、中国仏教の各宗が成立した。一方、仏教信仰や文化も庶民に深く浸透したため、俗講、変文などが盛んに行われ、外来宗教の仏教が中国人の精神生活に深くかかわるようになった。

中国仏教史上、最高点に達した唐代仏教は、唐の国威の隆盛とともに、東アジア世界に伝播し、ここに渤海・朝鮮・日本・ヴェトナムを包括する東アジア仏教圏(3)が成立するに至り、漢訳『大蔵経』にもとづく中国仏教が東アジア諸地域に伝播するに至ったのである。とくに日本の奈良時代の南都六宗や、最澄の天台宗、空海の真言宗などすべて唐代仏教の日本伝来によって開かれたものである。

一方、古代三国を統一した新羅は、唐の仏教文化を見事に摂取し、勝れた仏教芸術を創造したばかりでなく、朝鮮仏教史上、最高の仏教教学興隆時代を出現させたのである。

(1) 金吉堂、外務省調査部訳『支那回教史』(生活社、昭和十五年)。傅統光『中国回教史』(商務印書館、民国二十九年)。

(2) 佐伯好郎『景教の研究』(東方文化学院東京研究所、昭和十年)。同『支那基督教の研究』(一)(二)(三)(春秋社松柏館、昭和十八・十九年)。

(3) 拙稿「中国仏教の展開と東アジア仏教圏の成立」(岩波講座『世界歴史』6、昭和四十六年)。

第一節　唐代仏教の国家的性格

沙門不敬王者論の終焉　唐代には統一国家が建設され、国家意識が強くなり、中華思想が昂揚されるに至り、王法の下に仏法が従属すべき原則が定められ、僧尼の犯罪に関する規定が国法の中に明記され、僧団の統制に当る官職にも必ずしも僧侶を叙任せず、俗官をしてこれに当らしめるに至った。

唐代仏教が国家権力の下に従属された一証左として見るべきは、沙門不敬王者論[1]が初唐に一度勃発して後、永久に影を潜めた一事である。高宗の顕慶二年(六五七)二月の詔では、僧尼が自己の父母尊属を敬せずして、かえって父母より礼拝を受けている事実を指摘し、これは人倫に悖るものとして厳禁した(『唐会要』巻五十)。高宗の竜朔二年(六六二)四月には沙門が君親に礼拝すべきことを命じた(『広弘明集』巻十五)。不拝父母が公式に非難されたのはこの時が最初である。不拝王者と不拝父母とは不離の関係にあり、中国固有思想から見ると、礼を破るものである。この時、大荘厳寺威秀や、西明寺道宣等が反対運動を起こし、堂々と反対意見をのべた結果、詔勅がでて不拝王者の問題は取り消され、父母のみ拝を致すべしと命じた。この詔も仏教徒の反対にあい、ついに無効に帰し、爾来この問題は永久に終焉するに至った。帝王に対する沙門の称呼も唐初までは「貧道某」「沙門某」といわれたが、粛宗の上元元年(七六〇)三月八日、六祖慧能の弟子令韜の上表に初めて「臣」と記してから、これが一般の慣例となり、宋代では沙門の上表文に「臣頓首」等と書かれるに至った[2]。

僧官制度　北魏の僧官は僧尼に対する独立した裁判権が与えられ、仏教教団は僧官の支配下にたち、僧団の財政維持のためには僧祇戸(僧祇粟)の制度が設けられ、僧官は独立した権限を有していたが、唐代になると僧統・僧録等の僧官の設置があっても、それは功徳使のような俗官の隷下に立ち、僧尼に対する裁判権もなく、僧官の権限は著しく縮小されるに至った。唐初(3)、僧尼および道士を統属する中央官庁は、鴻臚寺の下におかれた崇玄署であった（『通典』巻二十五）。その後、則天武后の延載元年（六九四）には、改めて祠部に隷することになった（『唐会要』巻五十九）。ついで玄宗の開元二十五年（七三七）、道教を宗正寺に隷し、仏教を祠部に検校せしめた。さらに天宝二年（七四三）には正式に祠部に隷した。憲宗の元和二年（八〇七）、僧尼の所隷は両街功徳使(4)によって行われるに至った。この功徳使は俗官であり、これらの俗官によって仏教教団は完全に統制支配されるに至った。

また僧尼に対する法令の適用についても、北魏においては僧尼の殺人以上の罪は国家が処断するが、それ以下の罪は僧官が内律（『僧制』四十七条?）によって行うように定められ、法的に僧尼が俗人と異なる分限が確立されていたが、唐代にはこのような内律によることなく、僧尼の犯罪も一般の法律によって処断されるに至った。僧尼の微罪といえども国家の法律がこれを拘束したのである。

僧官制度については、唐初の武徳二年（六一九）に僧尼を統摂し、法務を綱維する目的で十大徳が置かれたが、これは特殊な一時的な制度であり、その後、しばらくは中央僧官は置かれなかった。僧統は地方僧統が置かれたらしく、中唐代に曇一・神邕が僧統に就任し、また河西地方ないし沙州には河西都僧統洪弁[5]・大蕃国都統三蔵法師法成などの名が知られ、敦煌地方に僧官[6]が設置されたことが分る。各州の都僧統の官は、その州の首席寺たる竜興寺か開元寺かに置かれたようである[7]。地方僧官の最上位に各州僧統が置かれたが、中央においても僧統を置いた例がある。七帝の門師と仰がれた華厳宗第四祖澄観も僧統に就任したが、これも一種の尊号であり、元和元年(八〇六)、長安竜興寺惟英も僧統に就任したが、僧尼統制の実権はなかったという[8]。唐朝は原則として中央に僧統制を置かなかった。

僧録は、元和・長慶の間に正式に設置され(『大宋僧史略』巻中)、仏道二教を管掌する俗人の功徳使の下に僧録が、中央の僧尼関係事務を主管した。左右街僧録は左右街功徳使の下に置かれた副員で、次官または事務官たる性格を有する。元和元年(八〇六)端甫は左街僧録に、霊邃は右街僧録に就任した。

元和二年以来、中央僧官としては僧録が置かれたが、地方僧官に僧正が置かれた。もともと僧正は東晋に始まり、南朝系統の僧官であり、地方僧官として主要地方に設けられたものであったが、唐においても「僧正は唯だ一都督管内に在り」(『入唐求法巡礼行記』巻一)といわれるように都督・節度使・刺史などの管内の僧務管掌のために置かれたもので、地方僧統と事実上区別がなかった。僧正の実例については江淮地方や敦煌地方にその名を見出すことができる。

国分寺の設立　国分寺的性格を有する官寺[9]の設立は、隋代にその萌芽を見ることができる。

隋の開皇三年（五八三）、文帝は京城および諸州に官寺を建てしめ、行道を行い、行道の日には慈悲の精神を強調し、生類を殺すことを禁じた（『歴代三宝紀』巻十二）。文帝は州県に僧尼二寺の設置を詔した。

唐の高祖は沙汰仏道の詔を下して、仏教寺院を整理し、帝都の三寺、諸州の一寺をもって、官給寺院として、全仏教を統制しようとしたが果さなかった。高宗は麟徳三年（六六六）、兗州に道観・仏寺各三所を置き、また天下の諸州に一観一寺をおいた（『旧唐書』巻五。『唐会要』巻四十八）。天下に置かれた寺観は国家の安泰を祈願し、皇帝の威徳を宣揚した。則天武后が政治的実権をにぎると、怪僧薛懐義一派が武后におもねり、法明等の九僧とともに『大雲経』に付会した讖文を製し、武后は弥勒仏の下生であるから、まさに唐に代って帝位に即くべしと称え、武周革命の端を開いた。武后は載初元年（六九〇）七月、『大雲経』を天下に頒ち、同年九月には唐の国号を周と革め、天授と改元し、聖神皇帝と称し、十月には両京並びに諸州に大雲寺各一所を置いた。『大雲経』という経典を寺号とした同一名称の官寺が一斉に設置されたのは大雲寺をもって初めとする。日本の国分寺の建立は大雲寺の模倣といわれている。

ついで中宗の神竜元年（七〇五）、中宗が即位し、唐の国号が復活されるや、武后時代、仏先道後のため除かれた老子の尊号「玄元皇帝」も復活され、また天下の諸州に「大唐中興」を名とする仏寺と道観とが一所ずつ置かれた。神竜三年（七〇七）中興寺観の名称は竜興寺観と改められた。この竜興寺は、唐の国号を復帰した中宗即位の神竜元年に天下諸州に同名の寺観を設置して、唐祚中興を慶祝し、その長久を神仏に祈願する目的で設置された。この竜興寺も大雲寺と同じく、その地方の代表的な大寺の名を改称したものである。

玄宗の開元二十六年（七三八）、玄宗朝の新国分寺ともいうべき開元寺観が全国諸州一斉に設置された（『唐会要』巻五十五）。玄宗は仏道二教を国家統制の下に置き、その中心となったのが、諸州の開元・竜興の二官寺であった。天子生誕などの祝寿の儀式は開元寺で、国忌法要は竜興寺で行われ、開元寺は国家祝典の執行される道場に指定された。

仏教の宮廷進出　唐初に新しく伝来した仏教を国政に利用しようとして、太宗は玄奘を重用した。玄奘は文徳皇后のために造営された大慈恩寺に住し、翻経院において訳業に従事した。玄奘が『瑜伽論』を訳出した時、帝自らこの論を手にとって讃嘆した。玄奘が没するや、高宗は「朕国宝を失えり」（『大慈恩寺三蔵法師伝』巻十）と嘆じ、その葬儀にあたっては、長安の僧尼に幡蓋を造らせて、墓所に送らしめたという。玄奘の弟子の慈恩大師基も高宗の信任を得た。また浄土教の道綽も太宗と交渉を有し、善導は皇后武氏の命により、洛陽の竜門に盧舎那仏像造立の検校となった。

武周革命の前後、仏教徒の宮廷接近は著しかった。『大雲経』(10)に付会して讖文を製した妖僧薛懐義は仏教を利用して武后に取り入り、権力をほしいままにした。武周期の仏教は怪僧妖僧が活躍する偽濫仏教の一面を呈した。[11] 一方、禅・華厳の高僧たちも、武后に接近した。北宗禅の神秀[12]は武后に迎えられて安陽山に度門寺を建て、三朝にわたって国師の礼を受けた。その弟子普寂は中宗に重んぜられた。禅の一派、浄衆宗の智詵・処寂も宮廷に招かれた。華厳宗の法蔵が武后に召されて、華厳の教理を説いたことは有名であり、彼が入寂するや、玄宗は鴻臚卿を贈った。

唐朝を通じて、いな全中国仏教史上、もっとも宮廷に勢威を得たのは不空三蔵[13]であった。彼は玄宗・粛宗・代宗の三朝に仕え、玄宗のために入内して灌頂法を行い、代宗の命によって講経する時、帝臨御して行香礼拝し、彼を特進鴻臚卿に任じ、出入に乗馬を許した。さらに開府儀同三司を加え、蕭国公に封じ、その入寂にあたっては廃朝三日に及んだ。不空三蔵の権勢の大なることが分る。

内道場の設置　内道場とは宮廷内の仏事を行う場所であり、この内道場の名称は、隋に始まるといわれるが(『大宋僧史略』巻中)、精舎を殿内に建てたのは、すでに古く東晋の孝武帝の太元六年(三八一)に始まる(『晋書』巻九、孝武帝紀)。南北朝時代は内道場はあまりふるわなかったが、隋の煬帝は内道場において道仏の経典を集め、目録を別撰せしめた(『隋書』巻三十五、経籍志)。内道場の制度が大規模に発展したのは唐代である。唐代の内道場の起源は明らかでないが、文献上では則天武后以後に属する。その全盛時代は粛宗・代宗の頃と、穆宗・敬宗の頃とであり、前者は不空三蔵、後者は端甫が内道場を中心として権勢を振った。唐代に栄えた内道場の制も宋代になるとほとんど影をひそめた。

会昌の廃仏　中国仏教史上、前後四回にわたって行われた廃仏事件を「三武一宗の法難」というが、三武とは北魏の太武帝、北周の武帝、唐の武宗であり、一宗とは後周の世宗である。この中で武宗による会昌の廃仏がもっとも徹底したもので、しかも大規模なものであった。(14)廃仏の動機は道教の仏教排撃であり、帝の信任を受けた道士趙帰真が道教信仰の厚い武宗に取り入り、廃仏を使嗾した。廃仏の原因はただ単に道教側の策謀のみでなく、最大の理由は寺院所有の荘園の増加による国家の経済的問題と、教団における僧尼の腐敗堕落、私度僧・偽濫僧の横行であり、そのため歴帝の寺院僧尼の制限禁止令の大規模な断行を行ったのが会昌の廃仏である。

会昌の廃仏は会昌五年(八四五)に断行されたが、すでに会昌二年(八四二)に僧尼中の犯罪者と戒行を修しない者が還俗され、その財産は没収された。その後弾圧は続き、ついに会昌五年八月に「毀仏寺勒僧尼還俗制」(『全唐文』巻七十六)が出され、それによれば拆寺四千六百余所、還俗僧尼二十六万五百人、拆招提蘭若四万余所、没収した上田数千万頃、奴婢を改めて両税戸となすもの十五万人といわれた。しかし仏教寺院全部を破却したのではなく、長安・洛陽には四寺を残し、僧は三十人となし、各州には各一寺を残して三等に分けて僧二十人、十人、五人を留めしめた。会昌の廃仏は仏教教団の絶滅を期したものではなく、仏教教団の整理改革をめざしたものであった。

(1) 道端良秀「唐代の僧尼不拝君親論——唐代仏教の倫理性——」(『印仏研』第二巻第二号、昭和二十九年三月)および『唐代仏教史の研究』(法蔵館、昭和三十二年)三三五—三五七頁。

(2) 高雄義堅「中国仏教の国家意識」(『中国仏教史論』四六—四八頁)。

(3) 山崎宏「唐代に於ける僧尼所隷の問題」(『支那中世仏教の展開』第四章)。滋野井恬「唐代前半期の僧道所隷について」(『東方宗教』第十九号、昭和三十七年八月)。同『唐代仏教史論』(平楽寺書店、昭和四十八年)。

(4) 塚本善隆「唐中期以来の長安の功徳使」(『東方学報』京都、第四冊、昭和八年十二月)。

(5) 石浜純太郎「法成について」(『支那学』第三巻第五号、大正十二年十二月)。

(6) 竺沙雅章「敦煌の僧官制度」(『東方学報』京都、第三十一冊、昭和三十六年三月)。

(7) 那波利貞「唐代の社邑に就きて」上・中・下(『史林』第二十三巻第二・三・四号、昭和十三年四・七・十月)。

(8) 中富敏治「唐代の僧統——特に澄観と惟英に関する見解」(『大谷学報』第四十巻第三号、昭和三十五年十二月)。

(9) 塚本善隆「国分寺と隋唐の仏教政策並びに官寺」(『日支仏教交渉史研究』弘文堂書房、昭和十九年、一—四七頁)。

(10) 矢吹慶輝「大雲経と武周革命」(『三階教之研究』岩波書店、昭和二年、六八五—七六二頁)。青麻弘基「支那仏教史上に於ける則天武后」(『鴨台史報』第五輯、昭和十二年三月)。陳寅恪「武曌与仏教」(『国立中央研究院歴史語言研究所集刊』第五本、一三七—一四八頁)。

(11) 野上俊静「敦煌本「阿毗曇経」巻廿六の跋について——則天武后時代偽濫仏教に関する一資料の紹介——」(『大谷学報』第三十三巻第二号、昭和二十八年九月)。

(12) 山崎宏「荆州玉泉寺神秀禅師」(『隋唐仏教史の研究』第十章)。

(13) 右同書、第十三章「不空三蔵」。

(14) 岡田正之「慈覚大師の入唐紀行に就いて」(『東洋学報』第十二巻、大正十一年十二月)。亀川正信「会昌の廃仏について」(『支仏史学』第六巻第一号、昭和十七年七月)。

第二節　仏教と儒道二教

唐室と道教　唐の高祖は道教の教祖とされる老子の李姓を唐室の李姓に結びつけ、老子を唐室の祖とする説を採用したため、道教は特殊な崇奉を受けるに至った。唐の太宗は貞観十一年(六三七)、道教を仏教の上におく詔を下し、法琳・道宣などの必死の抗弁も採用されず、「道先仏後」の席次が定められた。武周朝の天授二年(六九一)、この席次が覆えされ、仏教が道教の上に位したことはあるが、「道先仏後」は唐室の一貫した方針であった。

玄宗はとくに道教を尊崇した。玄宗は政治を改革し、開元の治世を現出させたが、仏教に対する粛正を行い、開元二年(七一四)には姚崇の上言をいれて、仏教僧を還俗せしめた(『資治通鑑』

巻二百十一)。開元十年(七二二)正月には、両京および諸州に玄元皇帝廟各一所、ならびに崇玄学を置き、『道徳経』および『荘子』『列子』『文子』などを学習させ、開元二十年には士遮の家に『老子道徳経』一本を蔵さしめ、同二十三年(七三五)には帝自ら『老子』を注し、ならびに『老子疏義』八巻を修せしめた。開元二十五年には唐室の祖先の祭祀を司る宗正寺に道士・女冠を属させた。さらに開元二十六年(七三八)には開元観が設置され、天宝三年(七四四)には無始天尊の金銅像をつくり、これを全国の開元観に安置した。玄宗は道教を尊崇したが、仏教を禁圧しようとはせず、開元二十二年(七三四)、『金剛経』に注し、天下に流布し、密教の不空三蔵や一行を信任した。

仏道二教の抗争　高祖の武徳四年(六二一)、道士傅奕は富国利民の策として、寺塔僧尼を減省すべき十一条の意見を上書した(『広弘明集』巻七)。これに対して済法寺法琳は『破邪論』を撰し、道士の破国破家の例を引証し、道教の虚妄なる点を指摘した。また振響寺明槩は『決対論』を作り、傅奕の十一条中、最初の八条を破した。さらに儒者であった李師政も『内徳論』を造って、傅奕の説を反駁した。これに対して道教側も反駁し、傅奕を助けて道士李仲卿は『十異九迷論』を、劉進喜は『顕正論』を著わし仏教を攻撃した。これに対して法琳は『弁正論』を造ってこれに反撃した。この論は李仲卿の『十異九迷論』に対する十喩九箴から成っている。

道仏二教の先後問題についても、二教の間で峻烈な対論が行われた。高祖の武徳八年(六二五)に帝が釈奠の礼を行った時、道・儒・釈の順位を定めたため、釈慧乗と道士李仲卿との間に論難がかわされた(『唐伝』巻二十四、慧乗伝)。その後、太宗の貞観十一年(六三七)には、道先仏後の詔に反対したため智実は流罪に処せられた(『唐伝』巻二十四)。貞観十二年(六三八)には紀国寺慧浄と道士蔡晃とが『法華経』序品第一について論議した(『集古今仏道論衡』巻丙)。翌年には道士秦世英が法琳の『弁正論』は皇帝を訕謗するものであると上奏したため、法琳は益州に配されて病没した(『唐伝』巻二十四、智実伝)。これらの対論は高宗代になっていよいよ甚だしく、顕慶三年(六五八)四月、僧道七人を内殿に召し、仏教側から会隠・神泰が、道士黄賾・李栄・黄寿等と論議をした。この仏道論争は同年六月にも行われた(『集古今仏道論衡』巻丁)。同年十一月には道士李栄と大慈恩寺義褒との間で本際義について論争があった(『唐伝』巻十五、義褒伝)。また顕慶五年(六六〇)には『老子化胡経』について僧静泰と道士李栄が論争し、李栄を究せしめた。さらに竜朔三年(六六三)には蓬莱宮で道士姚義玄等五人と西明寺の僧子立等四人とが論争した(『集古今仏道論衡』巻丁)。このような論争が多かったのは、高宗が道教を庇護すること極めて厚かったことに起因する。

武周朝では仏先道後となったが、玄宗朝になって道先仏後となった。しかし二教の対論はほとんどなく、わずかに開元十八年(七三〇)、青竜寺道氤と道士尹謙とが二教の優劣について論難したにすぎない（『宋伝』巻五、道氤伝）。代宗の大暦三年（七六八）には章信寺崇恵と道士史華とが対論し（『宋伝』巻十七、崇恵伝）、徳宗の貞元十二年（七九六）には沙門覃延と道士葛参成とが、さらに敬宗の宝暦二年（八二六）、沙門道士四百余人が談論し、太和元年（八二七）には沙門義林と道士楊弘元とが対論したことが伝えられている。これらの論難の主要問題は道についての内容の詮明と、『化胡経』の真偽問題などを含めて二教の先後問題が論ぜられたにすぎない。唐代の仏道二教の論争(1)に関する文献として、道宣の『広弘明集』『集古今仏道論衡』、智昇の『続集古今仏道論衡』、復礼の『十門弁惑論』、玄嶷《げんぎ》の『甄正《けんしょう》論』、神清の『北山録』などがある。

道教経典に及ぼした仏教の影響　仏道二教徒の間で頻繁に行われた論争の結果、道教側は仏教経典の教理を摂取し、仏教に対抗した。隋の道士劉進喜が造り、李仲卿が十巻としたという『太玄真一本際経』(2)には仏教の般若空観の影響が強い。この『本際経』は初唐代に流行したらしく景雲二年（七一一）に書写された『本際経疏』が敦煌文献にある。仏教の仏性説は道教においては道性説に改換されたが『大乗妙林経』『海空智蔵経』『道教義枢』(3)などに見られる。とくに『道教義枢』には三論宗の吉蔵の五種仏性説（『中論疏』）による五種道性と草木道性説がみられる。なおこの『道教義枢』には三界・三宝・三学・四大・五濁・五陰・六根・六度などの法相名目が見られるが、これは『道門教法相承次序』や『一切道経音義妙門由起』などと同じ系統を示している。また真諦訳『摂大乗論』の阿黎耶識説や三性説を改換したものに『海空智蔵経』[4]がある。そのほか『法華経』と『洞玄霊宝太上真人問疾経』、『法華経』と『太上霊宝元陽妙経』との関係、『涅槃経』を全面的に改換した『太上霊宝元陽妙経』など、仏教経典の影響下に成立した道教経典は多い。

韓愈の排仏　韓愈[5]（韓退之。七六八―八二四）は憲宗の元和十四年（八一九）、仏骨を迎えることを諫めて潮州の刺史に貶せられたが、『原道』『論仏骨表』『与孟簡書』を著わして、仏教を排撃した。『原道』において仏道二教は国民に無為徒食を教え、倫常を蔑にし、天下国家を顧みず、夷狄の教えは儒教の精神に悖ると批難した。仏道二教を排斥すべき方策として、僧尼を還俗させ、二教の典籍を焚毀し、寺観を民舎に改むべきだと主張した。この排仏論は荻仁傑などと同趣旨である。宋代以後になると韓愈の排仏論に対して、契嵩の『非韓』『輔教篇』、張商英の『護法論』、劉謐の『三教平心論』、李屏山の『鳴道集説』などが反駁を加えた。

三教談論　中唐以後、天子の生誕日に三教関係の行事である三教談論が行われた。初唐に行われた三教談論、たとえば太宗の貞観十三年（六三九）に、祭酒の孔穎達、沙門慧浄、道士蔡晃が弘文殿で行った談論は実質的な談論であったが、中唐以後のものは儀礼的なものであった。貞元十二年（七九六）四月誕節に麟徳殿において、徐岱等、沙門覃延、道士葛参成が三教を講論した（『新唐書』巻百六十一。『仏祖統紀』巻四十一。『大宋僧史略』巻下）。翌年には左街僧事端甫が内殿に入り儒道と論議し、紫方袍を賜わった（『宋伝』巻六、端甫伝）。その他、宝暦二年（八二六）、太和元年（八二七）にも麟徳殿において三教談論が行われた（『仏祖統紀』巻四十二。『白氏文集』巻五十九）。

仏教徒の儒道批判　三論宗の吉蔵は儒道二教に批判を加え、老荘に対して六ヵ条にわたって論難した。初唐に活躍した法琳も道教批判を行った。しかし中唐になると三教一致の考えも生じ、天台宗の六祖湛然の弟子元皓は儒仏一致を主張し、『北山録』の著者神清も三教一致を基本とした。宗密は『原人論』の中で儒道二教を批判したが、彼は仏教思想の体系の中に儒道二教を組み入れようとした。(6)

（1）常盤大定『支那における仏教と儒教道教』（東洋文庫、昭和五年）六三一―六五二頁。久保田量遠「唐代に於ける道仏二教の抗争」（『支那儒道仏三教史論』第十五章）。同「唐代における仏道二教の関係」（『支那儒道仏交渉史』第十三章）。松本文三郎「支那に於ける仏道二教の暗闘」（『仏教史論』弘文堂書房、昭和四年）。

（2）Wu Chi-yu, *Pen-Tsi-King* (太玄真一本際経), Ouvrage taoïste inédit du VIIIe siècle, Manuscrits retrouvés á Touen-houang reproduits en fac-similé, Paris, Centre National de la Recherche Scientifique, 1960.

（3）福井康順『道教の基礎的研究』（書籍文物流通会、昭和二十七年）一六四―一七〇頁。吉岡義豊『道教と仏教』第一（日本学術振興会、昭和三十四年）三〇九―三六八頁。

（4）拙稿「仏道両思想の交流」（『中国仏教思想史研究』第一部、春秋社、昭和四十三年）。

（5）久保田量遠「唐代に於ける儒士の排仏論とこれに対する釈氏の反駁論」（『支那儒道仏三教史論』

第十六章)。太田悌蔵「韓愈の排仏の宋学への影響」(『印仏研』第十五巻第一号、昭和四十一年十二月)。陳寅恪「論韓愈」(『歴史研究』一九五四年第二期、一九五四年五月)。

(6) 拙稿「宗密における儒仏道三教」(『宗密教学の思想史的研究』第三章、東京大学出版会、昭和五十一年)。

第三節　仏教の社会的発展

仏教儀礼——法会の流行　唐代の仏教儀礼(1)の特色は、(1)国家的色彩が強く、(2)宗派的な相違がほとんどなく、(3)教団の発展とともに甚だ複雑化し、(4)本来の目的が失われ、祈禱を主とした。唐代の仏教儀礼は仏教儀礼発達史上の頂点に位すると同時に、すでに堕落への第一歩を踏みだしたともいえる。

法会には恒例の法会としからざる法会とがあり、恒例の法会としては仏生日・成道会・涅槃会・盂蘭盆会(2)・誕節・国忌などが、恒例ならざる法会としては仏牙供養の法会・斎会・八関斎会・講経の法会などがあった。天子の誕節に宮中および寺院で法会を営むことはインドや西域の仏教には全くないことで、中国の仏教が国家的色彩の強いことを示している。唐代における誕節の法会は玄宗の時に始まったといわれる。仏教徒の守るべき八戒は八斎戒または八関斎ともいわれるが、在家の信者が一日一夜を限って守る八つの戒を受ける法会が八関斎会である。代宗の大暦七年(七七二)、河南の宋州開元寺で行われた八関斎会は非常に盛んで僧千人、俗六千人の多数に斎が供養されたという(『金石萃編』巻九十八)。

法会で行われる仏教儀礼に行香、読経、梵唄がある。行香はすでに道安が行ったというが、その内容は不明である。行香が香器を持ち香を配ることを主とした儀礼であることが、『入唐求法巡礼行記』巻一の文宗の開成三年(八三八)十二月五日の条に揚州開天寺における国忌の時の行香の模様が記されていることによってわかる。ただし法会に参加する俗人が行う行香はむしろ焼香の如きものであったろう。

読経は経典を読誦することであるが、仏徳を讃嘆供養し善根功徳を修するのと、仏の冥助によって福を求める祈禱のために行われた。読経は誦経または念経ともいわれた。読まれた経典は『法華経』が最も多く、『金剛経』『般若心経』『薬師経』なども用いられた。登州赤山の新羅寺院では誦経を中心として前後に梵唄・三帰・礼仏・廻向などが加えられ、形式が整った儀礼が行われた(『入唐求法巡礼行記』巻二)。祈禱の目的のためには転経行道が行われた。

行道は本尊、或いは堂塔の周囲を旋行して恭敬尊重の意を表わす儀礼で、その中心となるものによって繞仏・繞堂・繞塔といわれた。梵唄は経典の頌偈に節をつけて詠唱し、仏徳を讃嘆するもので、仏教音楽の一種である。梵唄は法会において重要な役割を担った。

仏教儀礼を構成するのに重要な役割を果したのに懺法がある。すでに南北朝時代に梁皇懺なる懺法があったといわれるが、懺法の成立に大きな役割を果したのが、天台智顗であり、智顗は『方等三昧行法』『法華三昧懺儀』を撰している。唐代には善導が『転経行道願往生浄土法事讃』などや、宗密が『円覚経道場修証儀』を著わし、礼懺部の経典は唐代に多く成立した。[3]

斎会　斎会とは僧侶に対して食事を供養する儀式またはその儀式を中心とした法会をいい、このような儀式を行うことを設斎という。僧侶のみならず一般俗人に対しても食事を供養する場合は無遮斎という。

斎会は南北朝時代に頗る盛んとなり、唐代にはますます隆盛となった。斎会は僧侶のみに食事を供養するのが原則であるから、これを一般に僧斎と名づけ、その供養を受ける僧侶の数によって千僧斎あるいは五百僧斎と呼んだ。唐代では大暦七年(七七二)に万僧斎も行われた(『冊府元亀』巻五十二)。五台山では貞元中に十の寺院をはじめ、普通院・蘭若まで一緒になって誕節の万僧斎を設けている(『広清涼伝』巻中)。また宮中においても咸通十二年(八七一)、懿宗が宮中に万僧斎を設けた(『仏祖統紀』巻四十二)。

僧に食事を供養することを目的とした斎会も、後には祝賀追善の意味を持つもの、報謝の意味を持つもの、或いは祈禱の意味を持つものなどが生じた。祝賀追善の意味を持つ斎会には仏生日・涅槃日・誕節・国忌などに行われるものや、仏像などの落成記念としての斎会や、高僧・高官などの冥福を祈る追善供養の場合の斎会が行われた。たとえば貞観四年(六三〇)勝光寺の釈迦仏丈六像を繡した時の千僧斎(『仏祖統紀』巻三十九)、開元二十六年(七三八)石壁寺の鉄の弥勒像を鋳造した時の大斎(『金石萃編』巻八十四)などがそれである。報謝の意味で行われたものとしては虞世南が病気全快の御礼として行った千僧斎会(『全唐文』巻百三十八、設斎疏)などがある。祈禱のために行われたものとしては、貞観六年(六三二)旱魃のため雨乞の斎会が行われた(『法苑珠林』巻十三)。仏教を現実の幸福を得る手段としたためこのような斎会が行われたのである。

義邑と法社　北魏時代に発達した義邑は、在家中心の仏教団体であるが、隋代になると北周武帝の廃仏後、仏教再興の機運に乗って造像が盛んとなり、義邑もまた存在した。唐代の義邑の実状については、「益州福寿寺釈宝瓊伝」(『唐伝』巻二十八)によると、宝瓊の指導した義邑(4)では、必ず三十人から構成され、人別に『大品』一巻を持し、平常はその読誦を行い、毎月斎会を設け、各邑人が順次に誦経をなしたという。このような義邑が千に盈ち、多くの人が集った。この義邑は宗教的な経文の読誦や斎会を主としたものである。隋代のように造像を主とする義邑とはその内容が若干変化したとみられる。なお邑人の信仰対象としては弥勒・釈迦・弥陀・観音などが主であったが、祈願するのは現世利益を目的とした。

慧遠の白蓮社に始まるといわれる法社(5)は、南北朝・隋・唐にかけて多く存在し、とくに唐末から宋代にかけて盛んであった。隋代から初唐にかけては、法社に関する記録はほとんどない。則天武后から玄宗代にかけては、金石文のなかにいくつかの法社についての記事が見られる。唐代において法社が次第に文献に現れてくるのは、天宝の乱後である。貞元の頃、呉郡包山の神皓が西方法社を置き(『宋伝』巻十五、神皓伝)、江州興果寺の神湊は菩提香火社を結んだ(『白氏文集』巻二十四)。白居易は長慶二年(八二二)、杭州竜興寺の僧南操が創めた華厳社の一社人として入社した。この華厳社は南操の偉大な発願によって結成された法社で、人ごとに『華厳経』一巻を諷誦し、毎歳四季に大聚会を催し設斎した。社人の財物布施による斎用の良田が十頃あり、十万人がまた千万人に勧めるという熱烈な在家出家合同の信仰団体であった。なお白居易の撰する『社誡文』がある(『白氏文集』巻五十九。『全唐文』巻六百七十六)。白居易はまた会昌中、洛南香山の僧如満とともに香火社と称する法社を結んだ(『旧唐書』巻百六十六)。また開成の頃、浙江省紹興付近に、元英を指導者とする九品往生社が結ばれ、千二百五十人の社人が往生を願った(『八瓊室金石補正』巻七十三)。

中晩唐・五代においても、南北朝時代の義邑・邑会と同じような組織が見られることが、敦煌文書の社斎文・社願文・社邑文・立社条文・社司転帖文書の研究[6]によって明らかとなった。それは社邑とか社と呼称され、従来の邑師は社僧、邑主・邑長・邑維那は社長・社官・社老・虞候、邑義・法義・邑人・邑子は社子・社人・社戸などと名称が変化した。初唐以前の義邑・

邑会が比較的、造像・修窟事業を中心としたのに対して、中唐以後の社邑は斎会・誦経・写経などを中心とした。また俗講がこれに加わることもあった。一社邑の組合員は二十五人ないし三十人―四十人程度で、これらが十社邑ないし十五社邑集まって一寺院に隷属していたらしい。

民衆教化――俗講と変文　民衆に仏教を伝える役割を果した僧に経師がある。経師は梵唄・転読を好くする人であった。さらに経典を講述する人は講師といわれ、また講経の際に講師と問答し、講経を助ける役割を果した人に都講があった。これらの講経は南北朝時代に盛んに行われたが、未だそれは僧侶や貴族などの知識人の専有物であった。唐代になると講経に際して、講師の後をついで、更に複演する者が現われ、それを覆講師と呼んだ。唐の開成四年(八三九)に行われた赤山院講経儀式に講経の順序次第がのべられているが、講経の後で、覆講師が出て講師の講義を再び繰り返して講演したという(『入唐求法巡礼行記』巻二)。この制度は我が国の講師・複師の制度と類似している(『三国仏法伝通縁起』巻中「華厳宗」)。

講経よりさらに進んで仏教を一般大衆に理解せしめたのが、唱導師である。唱導師とは「法理を宣唱し、衆心を開導する」(『梁伝』巻十三、唱導篇、論)もので、民衆に対して巧みな音声で教化した専門の布教者である。『高僧伝』につづいて、『続高僧伝』も『宋高僧伝』も「雑科声徳篇」を設けて唱導師の活躍を伝えている。さらに民衆教化の第一線で活躍したのに化俗法師なるものがあった(『入唐求法巡礼行記』巻二)。これは諸所を巡回して教化していた者である。こ

れに続いて遊化僧・遊行僧など諸国を遊歴し教化する僧も現われた。(7)

唐代中期以後、俗人に対しての講経は俗講といわれる。(8)文宗の開成中、または文宗の太和九年(八三五)以前に、長安城中の諸寺において勅命によって俗講が開かれ、『華厳経』『法華経』『涅槃経』『金剛経』などの大乗経典が、正月十五日より二月十五日に至るあいだ講ぜられ、とくに『法華経』を講じた文漵法師が俗講の第一とされた(『入唐求法巡礼行記』巻三)。俗講の形式は従来の出家専門家に対する講経と同様であるが、それが在俗者に対して行われたのが異なる点である。俗講は長安のみでなく地方の寺院に於いても、たとえば敦煌地方の諸寺院では、春秋の二座および夏、或いは冬の三回開かれた。俗講は中晩唐以後に行われたとされているが、常州義興(江蘇省宜興県)の善伏が、貞観三年(六二九)に俗講を聴いたという記事(『唐伝』巻二十、善伏伝)があるため、唐代全般にわたって行われていたのかも知れない。勅による俗講は形式的な講経であったが、一般民衆に対する俗講は平易な因縁説話を主とした。経論に仮託して、淫穢鄙褻の事を説いた文漵(武宗時の俗講僧文漵と別人とみる説と、同一人とみる説とがある)なる俗講僧があったことが伝えられている(趙璘『因話録』巻四)。

俗講と唱導とは後には混同されたかも知れないが、基本的には相違している。唱導は唱導文を美声によって誦した布教法で、唱導師は説法師・化俗法師・遊化僧となったのに対して、俗講は講経の系統に属し、経典を在俗者に対して平易に講義したものである。俗講は覆講が講経より分離独立したものとみてもよい。

俗講と密接な関係にあるものに変文がある。(9) 変文の変を変怪、変更などと理解する面もあるが、変とは仏教の変相図の変であり、変文とは変相図の絵解き通俗説法の台本である。変文には有名な『目連救母変文』をはじめ『父母恩重経変文』『阿弥陀経変文』『降魔変文』『八相成道変文』など仏典によるものと、『舜子至孝変文』『張議潮変文』など一般故事によるものとがある。俗語で書かれた現存最古の話本であり、口語講唱文学の始祖といわれる。これらの変文がすべて俗講の際の一種の種本であったかどうかは問題であるが、民衆の教化資料として俗講のみならず、多くの教化僧によって利用されたのであろう。なお変文と類似したものに押座文があり、『八相押座文』『維摩経押座文』などと呼ばれるが、押座文とは変相押座文・変押座文、すなわち変文であるという解釈と、押座とは座下の聴衆を鎮圧鎮静させるために開講の前に梵讃して、聴者の心を専一にさせるものであり、押座文とは俗講の際、開講に先立って吟唱する文であるともいわれる。

なお変文と深い関係にあり、俗講その他において教化資料として使用されたものに、五更転・十二時・百歳篇・悉曇頌・散花楽・帰去来などの仏教の俗曲があった。(10)

悲田養病坊と宿坊——社会事業　唐代寺院に設けられた悲田養病坊とは、悲田・療病・施薬の三院を兼ねるものである。悲田養病坊は則天武后の長安中(七〇一—七〇四)に初めて設けられた(『唐会要』巻四十九)。この悲田養病坊は仏教のもので、僧尼が職掌すべきものであり、俗官が国家事業としてする必要はなかった。玄宗は開元二十二年(七三四)に詔して、京城内の貧児を諸寺に分置された病坊に悉く収容した(『全唐文』巻七百四「論両京及諸道悲田坊状」)。会昌の廃仏により悲田養病坊を管掌していた僧尼が悉く還俗したため、悲田養病坊は閉じられ、多くの貧病者が困却したため、各地の録事の中から選んで悲田養病坊の仕事をさせた。悲田養病坊の名を改めて養病坊とし、経費として両京には田十頃、大州には七頃、以下の諸州には五頃から二頃まで給与したという。

宿坊としての唐代寺院でもっとも有名なのは五台山の普通院である[11]。普通院についての記事は円仁の『入唐求法巡礼行記』[12](巻二)に見られる。普通院は五台山巡礼者のために設けられたもので、五台山の東南両道にあった。普通院は無料宿泊所的な性格が強く、在俗を問わず宿泊させ、平常は粥飯の用意がなされ、宿泊者に供せられたらしい。五台山の普通院は宋代にも存在していた(『大宋僧史略』巻上「創造伽藍」)。

仏教と社会経済　中国仏教において社会経済[13]との関係で一番問題となるのは、僧尼の免税の特権と、兵役・徭役の免除の問題である。これらの問題をめぐって社会問題や経済問題が派生してくるので、中国仏教を論ずる場合、社会経済との関係を無視することはできない。まず寺院の維持・修理・建造などの支出についてみてみよう。

寺院には僧尼以外、童子、沙弥、奴婢などが居住し経済生活を営んだが、僧尼の数だけでも小は二、三人から大は三百人にも及んだ。寺院生活者の一ヵ年に用する費用は、およそ米が六碩、衣服費が四千文といわれた(『釈門自鏡録』序)。

伽藍の修理に多額の費用がかかり、とくに一寺を建立する場合、巨額の出費があり、たとえば五台山金閣寺の建立には銭巨億万といわれ(『旧唐書』巻百十八、王縉伝)、長安大興善寺の文殊閣には二万二千四百八十七貫九百五十文を要した(『表制集』巻五)。さらに天下の誕節・忌日・講経・盂蘭盆会などの行事や法会にも莫大な費用がかかったため、寺院は貴族富豪と同じく碾磑を経営し、邸店(倉庫)・店舗(商店)・車坊(貸馬車屋)[14]などの事業を経営し、さらに無尽蔵によって金融事業を興した。

まず碾磑[15]については、長安・洛陽の大寺院のみならず、敦煌地方の寺院においても水力でする水碾磑を経営し、寺院収入の有力な財源とした。敦煌の寺院会計文書中には、碾磑を実際に運営する磑戸の存在が確認され、寺院と磑戸が相互扶助的関係にあった。油の製造者である梁戸[16]も磑戸と同じく寺院の営利事業の一つであった。邸店・店舗・車坊も高い賃金で商人に貸し、有利な利益を得たが、官人富豪と並んで寺院もこれに従事していた。

つぎに寺領についてのべると、寺領とは寺院が所有せる領地であり、寺田・寺荘と呼ばれた。寺領は原則として布施によって成立したが、教団の発達や寺院の隆盛にともなって、寺院僧侶による積極的な寺領の拡大が行われた。武宗の廃仏事件において官に没収された田地と奴婢が「膏腴上田数千万頃を収め、奴婢を収め両税戸となすもの十五万人」(『旧唐書』巻十八上、武宗本紀)といわれ、寺院が如何に広大な寺領を領有していたかを知ることができる。これらの寺田は僧尼、奴婢と荘戸(小作人)によって耕作されたが、その大部分は荘戸であった。

金融事業としての無尽蔵は、三階教の化度寺に設けられた無尽蔵院が有名である。三階教の無尽蔵は貸与方法も簡略で証文もなく、期限がくれば返却するというふうに、債務者の便を計った慈善事業であった。福田思想にもとづく初期の無尽蔵も後には蓄財営利に走り、高利貸的性格をもつに至った。そのため無尽は寺田とともに寺院経済の有力な収入面を占めた。

唐代の寺院は広大な荘田を有し、多くの奴婢・荘戸を使役し、貴族と結託して富の集積をはかり、やがて国家財政にも大きな影響を与え、社会問題ともなった。そこで唐朝は寺院の廃毀、僧尼の沙汰、私度僧の禁止をはかり、遂には武宗や後周世宗の廃仏事件を生ずるに至ったのである。

(1) 大谷光照『唐代の仏教儀礼』(有光社、昭和十二年)。
(2) 岩本裕『目連伝説と盂蘭盆』(法蔵館、昭和四十三年)。
(3) 塩入良道「中国仏教に於ける礼懺と仏名経典」(『結城論集』)。
(4) 山崎宏『支那中世仏教の展開』七六一―八三一頁。

（5）那波利貞「唐代の社邑に就きて」上・中・下（『史林』第二十三巻第二・三・四号、昭和十三年四・七・十月）。山崎、前掲書、七九七頁以下。
（6）那波利貞「仏教信仰に基きて組織せられたる中晩唐五代時代の社邑に就きて」（『史林』第二十四巻第三・四号、昭和十四年七・十月）。
（7）道端良秀「仏教徒の精神生活と民衆教化」（『唐代仏教史の研究』第二章、法蔵館、昭和三十二年）。
（8）那波利貞「中唐時代俗講僧文漵法師釈疑」（『東洋史研究』第四巻第六号、昭和十四年八月）。金岡照光「再論文漵法師——俗講の諸様相——」（『東洋学研究』第三号、昭和四十四年三月）。福井文雅「唐代俗講儀式の成立をめぐる諸問題」（『大正大学研究紀要』第五十四輯、昭和四十三年十一月）。向達「唐代俗講考」（『燕京学報』第十六期、民国二十三年十二月）。都講については、福井文雅「都講」の職能と起源——中国・インド交渉の一接点——」（『櫛田研究』）。
（9）変文については、那波利貞「俗講と変文」（『仏教史学』第二・三・四号、昭和二十五年一・六・十月）。梅津次郎「変と変文」（『国華』第七百六十号、昭和三十年七月）。入谷義高編訳「変文」（『仏教文学集』平凡社、昭和五十年）。加地哲定『中国仏教文学研究』（高野山大学、昭和四十年）。沢田瑞穂『地獄変』（法蔵館、昭和四十三年）。同『仏教と中国文学』（国書刊行会、昭和五十年）。金岡照光『敦煌の文学』（大蔵出版、昭和四十六年）。王重民他『敦煌変文集』上・下（人民文学出版社、一九五七年）。蔣礼鴻『敦煌変文字義通釈』（上海中華書局、一九五九年）。鄭振鐸『中国俗文学史』上（商務印書館、民国二十七年）。任二北『燉煌曲校録』（上海図書発行公司、一九五五年）。
（10）道端良秀「仏教と社会事業」（『唐代仏教史の研究』第四章）。同『中国仏教と社会福祉事業』（法蔵館、昭和四十二年）。那波利貞「簡易宿泊処としての唐代寺院の対俗開放」（『竜谷史壇』第三十三号、昭和二十五年六月)。

(11) 小野勝年・日比野丈夫『五臺山』(座右宝刊行会、昭和十七年)。

(12) E・O・ライシャワー著、田村完誓訳『世界史上の円仁——唐代中国の旅——』(実業之日本社、昭和三十八年)。小野勝年『入唐求法巡礼行記の研究』第一・二・三・四巻(鈴木学術財団、昭和三十九年・四十一年・四十二年・四十四年)。

(13) 玉井是博「唐時代の社会史的考察」(『支那社会経済史研究』岩波書店、昭和十七年)。三島一「唐宋時代に於ける貴族対寺院の経済的交渉に関する一考察」(『市村論叢』)。同「唐宋寺院の特権化への一瞥」(『歴史学研究』第一巻第四号、昭和九年二月)。陶希聖「唐代寺院経済概説」(『食貨』第五巻第四期、民国二十六年二月)。Jacques Gernet, *Les Aspects Economiques du Bouddhisme*, Dans la Société Chinoise du Ve au Xe Siècle, L'Ecole Française d'Extrême-Orient, Saigon, 1956, Introduction.

(14) 加藤繁「車坊について」(『支那経済史考証』上巻、東洋文庫、昭和二十七年)。

(15) 那波利貞「中晩唐時代に於ける燉煌地方仏教寺院の碾磑経営に就きて」(『東亜経済論叢』第一巻第三・四号、第二巻第二号、昭和十六年九・十二月、十七年五月)。

(16) 那波利貞「梁戸攷」(『支仏史学』第二巻第一・二・四号、昭和十三年三・五・十二月)。

第十一章　唐代の諸宗

第一節　仏教典籍の翻訳と撰述

翻訳僧の活躍　唐代には法相宗・華厳宗・密教・禅宗・浄土教などの諸宗が成立し発展したが、翻訳の方面においても初唐に玄奘が活躍し、羅什の旧訳に対して、新訳時代を開いた。唐代には玄奘のみならず四大翻訳家の一人である不空も、善無畏・金剛智などとともに多くの密教経典を伝えた。その他、唐代には波羅頗迦羅蜜多羅・地婆訶羅・提雲般若・実叉難陀・義浄・菩提流志・般若などの訳経僧が活躍した。

玄奘(1)(六〇二―六六四)は洛陽近くの緱氏県に生まれた。陳氏の第四子で、褘と称した。十歳にして父を喪った玄奘は兄の寺で生活した。その頃、景法師から『涅槃経』を、厳法師より無着の『摂大乗論』を学んだ。二十歳で具足戒を受け、仏教研究に従事した。仏教教学を研究中、原典にもとづいて研究せんと志し、渡天の志をたてた。玄奘の入竺の第一の目的は『瑜伽論』研究であり、第二の目的はインドの仏跡を巡拝し、諸経論を研究するためであった。貞観三年

(六二九。一説貞観元年)、長安を発し、艱難辛苦して中インドの那爛陀寺に至り、戒賢(Śīlabhadra)に師事して、唯識説を学び、さらに勝軍に師事し、その他各地において仏教を学び、全インドを旅行し、梵本六百五十七部を携え、貞観十九年(六四五)に長安に帰った(『大慈恩寺三蔵法師伝』。『唐伝』巻四、玄奘伝)。前後十七年の大旅行であった。

貞観十九年二月六日、勅命によって翻経院において訳経が開始された。訳出するところ『大般若経』『解深密経』『瑜伽論』『顕揚論』『阿毘達磨雑集論』『摂大乗論』『大毘婆沙論』『異部宗輪論』『成唯識論』『倶舎論』『順正理論』など七十五部の多きに達した。

玄奘は中国の訳経史に一時代を劃し、玄奘以前の翻訳を旧訳《くやく》といい、玄奘の翻訳を新訳という。彼の翻訳は一字一句もゆるがせにしない正確な訳であった。中国仏教における代表的な翻訳者である竺法護・鳩摩羅什・真諦・義浄・不空などの訳経三蔵が翻訳した経典の総量が四百六十九部一千二百二十二巻であるのに対して、玄奘は一人で七十六部一千三百四十七巻の経典を訳した。

また玄奘の旅行記『大唐西域記』(2)は、七世紀前半の中央アジアやインドの地理・風俗・文化・宗教などを知る上に貴重な文献である。ちなみに玄奘の旅行は元・明代に戯曲化され、『西遊記』が作られたのである。

この偉大な翻訳事業は唐の太宗治下の貞観の盛時を背景として成り立った。太宗は玄奘の翻訳事業を助けるため国立翻訳機関としての翻経院を設立して援助した。梁代に流浪の旅をつづけながら唯識論書を翻訳した真諦三蔵とはこの点において対照的であった。

義浄(六三五―七一三)は幼くして出家、法顕や玄奘のインド求法を敬慕し、三十七歳(六七一)のとき広東から海路インドに行き、二十余年にわたって三十余国を訪れ、多くの梵本とともに洛陽に帰った(六九五)。仏授記寺に於て翻訳にあたり、実叉難陀とともに八十巻『華厳経』を訳した。その他『金光明最勝王経』『孔雀王経』など五十六部二百三十巻を訳した。なかでも『根本説一切有部毘奈耶』などの戒律の訳出に力をつくした。著書は五部九巻を数えるが、なかでも『大唐西域求法高僧伝』(3)『南海寄帰内法伝』は当時のインド仏教や社会の実状を知るのに貴重な文献である。

実叉難陀(Śikṣānanda. 学喜。六五二―七一〇)は于闐の人、『華厳経』の梵本を将来し、証聖元年(六九五)より菩提流志・義浄とともにこれを訳出し、聖暦二年(六九九)に完成した。この訳場には武后が臨御し、序文を賜わった。また十巻『入楞伽経』を訳した。

地婆訶羅(Divākara. 日照)は中インドの人、呪術に通じ、武后の垂拱中(六八五―六八八)、両京の東西太原寺および西京の広福寺において『華厳経』入法界品、『仏頂最勝陀羅尼経』『大乗顕識経』『大乗広五蘊論』など十八部を訳した。

提雲般若(Devaprajñā. 天智)は于闐の人、学は大小に通じた。永昌元年(六八九)来朝し、魏国東寺において『華厳経』の分品、『法界無差別論』などを訳した。

菩提流志(Bodhiruci. 五七二?—七二七)は南インドの人、高宗は永淳二年(六八三)使を遣わして迎接し、天后もこれを尊重した。神竜二年(七〇六)より、『大宝積経』百二十巻を訳した。

仏陀波利(Buddhapāli. 覚護)は北インドの人、『仏頂尊勝陀羅尼経』を訳した。

般若(Prajñā)は北インドの人、貞元十四年(七九八)、『華厳経』入法界品を訳出したが、これは四十巻『華厳経』といわれた。『宋高僧伝』の「訳経篇」を見ると、インド・西域僧のみならず、玄覚・道因・覚救・智通・智厳・懐迪・戒法・飛錫・子隣などの中国僧の活躍が目立っている。

疑経の流行　南北朝につづいて唐代においても疑経の撰述が多く行われ、智昇の『開元録』巻十八の「偽妄乱真録」中には三百九十二部一千五十五巻の疑経があげられている。『開元録』全体の総入蔵録は千七十六部五千四十八巻であるから、部数において三分の一、巻数において五分の一を占めている。とくに『仏名経』[4]『要行捨身経』[5]『瑜伽法鏡経』[6]『浄土盂蘭盆経』[7]『父母恩重経』[8]『禅門経』[9]『嫉妬新婦経』などの三十七部五十四巻の疑経は従来の諸経録類には記載されておらず、開元十八年(七三〇)に編纂された『開元録』に初めて著録されたものである。『大周録』から『開元録』に至る八世紀の初頭に多くの疑経が撰述されたことが分る。
そのほか唐代にはそれ以後の仏教教学に大きな影響を与えた疑経[10]、すなわち『大仏頂首楞厳経』『円覚経』『千臂千鉢曼殊室利経』『大宗地玄文本論』『釈摩訶衍論』などの有名な経論が撰述された。

『大仏頂首楞厳経』には二本あったとされ、一本は懐迪が訳出し(『開元録』巻九)、一本は般刺蜜帝訳・房融筆受とされた(『続古今訳経図紀』)。撰述年代は義浄の帰朝後の久視元年(七〇〇)から開元十八年(七三〇)の間に編纂されたとみられる。この経は文章雄渾で、如来蔵の幽義を宣揚しているため、延寿・智円・子璿・仁岳・袾宏など多く学者が注釈書を書いている。唐代仏教教学に最も大きな影響を与えたのが、『円覚経』であるのに対して、宋・元・明代に影響を及ぼしたのがこの『首楞厳経』である。

『円覚経』は仏陀多羅が東都白馬寺に於いて訳出したとされているが、『開元録』以前あまり遠からざる時代に世に出現した疑経で、武周の長寿二年(六九三)訳出ともいわれる(『円覚経大疏』巻上之二)。この経は『大乗起信論』の教説に基いている。惟慤は『首楞厳経』『円覚経』の両者に疏を造った。『円覚経』が『首楞厳経』と関係のあることは明らかである。

『大乗起信論』の注釈書である『釈摩訶衍論』(11)は竜樹菩薩造、姚秦三蔵筏提摩多奉詔訳とされているが、明らかに偽作の論である。中国においては宗密が最初に引用し(『円覚経略疏鈔』巻十)て以来、唐の法敏・聖法、遼の法悟・志福などが注釈書を書いているばかりでなく、晩唐以後に盛んに用いられた。

経典目録の編纂　唐代には訳出経典の整理のため多くの経典目録が編纂された。玄奘の訳場に列した靖邁は『訳経図紀』を、道宣は『大唐内典録』を撰した。則天武后は仏授記寺明佺に命じて、天冊万歳元年(六九五)、『大周刊定衆経目録』を編纂した。この『大周録』は古来信用し難いものとされている。開元十八年(七三〇)、智昇は『開元釈教録』『開元釈教録略出』『続古今訳経図紀』を撰した。中でも『開元釈教録』は従来の経録を集大成したもので、もっとも多く利用される。さらに徳宗の貞元十六年(八〇〇)には、長安西明寺の円照が『貞元新定釈教目録』『続開元釈教目録』を撰した。

経典翻訳にともなって梵語や悉曇に関する書も現われ、智広の『悉曇字記』、義浄の『梵語千字文』、全真の『唐梵文字』、礼言の『梵語雑名』、慧琳の『大蔵音義』などがある。

そのほか仏教信仰が民衆に浸透したため、「霊験伝」「感応伝」などが多く著わされた。道宣の『集神州三宝感通録』[12]、道世の『法苑珠林』、唐臨の『冥報記』、懐仁の『釈門自鏡録』、慧詳の『弘賛法華伝』、僧詳の『法華経伝記』、法蔵の『華厳経伝記』、慧英の『華厳経感応伝』、孟献忠の『金剛般若集験記』、段成式の『金剛経鳩異』、少康の『往生浄土瑞応刪伝』などが有名である。とくに「霊験伝」は『高僧伝』の「感通篇」「亡身篇」などとともに中国仏教の性格を理解するのにもっとも重要である。

(1) 松本文三郎「玄奘三蔵」(『東洋文化の研究』岩波書店、大正十五年)。結城令聞「玄奘とその学派の成立」(『東研紀要』第十一冊、昭和三十一年十一月)。前嶋信次『玄奘三蔵』(岩波新書、昭和二十七年)。
(2) 堀謙徳『解説西域記』(前川文栄閣、大正元年)。足立喜六『大唐西域記の研究』上・下(法蔵館、昭和十七・十八年)。
(3) 足立喜六『大唐西域求法高僧伝』(岩波書店、昭和十七年)。
(4) 塩入良道「中国仏教における仏名経の性格とその源流」(『東研紀要』第四十二冊、昭和四十一年)。
(5) 牧田諦亮「敦煌本要行捨身経について」(『疑経研究』第十章)。
(6) 矢吹慶輝「瑜伽法鏡経について」(『三階教之研究』附録)。
(7) 岡部和雄「浄土盂蘭盆経成立の背景」(『鈴木学術財団研究年報』第二号、昭和四十年)。
(8) 牧田諦亮、前掲書、五〇頁以下。
(9) 柳田聖山「禅門経について」(『塚本論集』)。
(10) 望月信亨「異経及び疑偽経論の研究」(『仏教経典成立史論』後編、法蔵館、昭和二十一年)。
(11) 森田龍僊『釈摩訶衍論之研究』(山城屋・文政堂、昭和十年)。
(12) 山崎宏「唐の西明寺道宣と感通」(『隋唐仏教史の研究』第九章)。

第二節　法相宗

法相宗の成立と伝承　玄奘三蔵がインドから中国へ伝え、慈恩大師基によって一宗として成立したのが法相宗である。(1) 世親の没後、瑜伽行派の中の陳那・無性・護法の系統を受けた戒(2)

賢に就学した玄奘は、世親の『唯識三十頌』に注釈した護法の『成唯識論』を訳出し、基に授けたが、この護法の学説を正義として法相宗は成立している。玄奘の弟子には神昉・嘉尚・普光・基の四人の上足がいた。神昉は新羅の人で証義をつとめ、『十輪経疏』『成唯識論要集』『種性差別章』などを著わした。嘉尚は出生・年齢ともに不明であるが、玄奘の『大般若経』の訳出に際して、証義・綴文となり、武周朝の日照三蔵の訳場においても、薄塵・霊弁等とともに証義となった。とくに『成唯識論』の深義を得たという。普光は大乗光といわれ、二十年間にわたる玄奘のすべての翻訳経論の大部分は普光が筆受した。玄奘は新訳の『倶舎論』を密に普光に授け、普光はこれによって『倶舎論記』を著わした。これは玄奘の弟子法宝の『倶舎論疏』および神泰の『倶舎論疏』とともに『倶舎論』研究の指南となった。法宝は義浄および実叉難陀の訳場で証義に当った玄奘門下の逸材で、普光と法宝は羅什門下の道融と僧叡とに比せられた。『一乗仏性究竟論』『会空有論』の著がある。神昉とともに玄奘の筆受をした靖邁は、普光寺棲玄・広福寺明濬・会昌寺弁機・豊徳寺道宣とともに執筆・綴文に従事し、『訳経図紀』を著わした。玄奘門下の彦悰は、慧立の『大慈恩寺三蔵法師伝』を箋述した。なお孝徳天皇白雉四年(六五三)に入唐した道昭は玄奘に師事し、法相宗第一伝となった。第二伝の智通・智達も、斉明天皇四年(六五八)に入唐して玄奘および基に師事した。

基(六三二—六八二)は字は洪道、姓は尉遅氏で先祖は中央アジア出身である。(3) 通常、慈恩大師といわれる。窺基というのは誤りである。十七歳で出家し玄奘に師事し、二十五歳より訳業に従事した。顕慶四年(六五九)、二十八歳で『成唯識論』の訳に従った。初め玄奘は神昉・嘉尚・普光・基とともに、世親の『唯識三十頌』に対する十大論師の注釈を別訳しようとしたが、基が玄奘に請うて、基一人のみとともに、護法の釈を訳し、他の九釈を合糅してできたのが『成唯識論』十巻である。この訳出について基は、「請いて群言を錯綜し、以て一本となす。真謬を楷定し、盛則を権衡せん」(『唯識枢要』巻上本)とのべ護法の釈を正義として他の釈を付加して翻訳した。基はこの論の注釈として『成唯識論述記』を、さらに『成唯識論掌中枢要』を著わした。その他著書に『弥勒上生経疏』『無垢称経疏』『金剛経讃述』『般若心経幽賛』『法華玄賛』『阿弥陀経疏』『唯識二十論述記』『瑜伽論略纂』『大乗阿毘達磨雑集論述記』『弁中辺論述記』『大乗法苑義林章』『因明大疏』『異部宗輪論述記』など多くがある。基は百本の疏主といわれた。『成唯識論述記』と『大乗法苑義林章』によって法相宗の教学が成立した。弟子に法相宗第二祖慧沼がある。

慧沼(六五〇—七一四)は初め玄奘に仕えたが、のち基に師事、学を究めた。菩提流志が崇福寺において『大宝積経』を訳するに際して証義にあたった。淄州大雲寺にいたので淄州沼といわれた。著書に『成唯識論了義燈』『金光明最勝王経疏』『大乗法苑義林章補闕』『能顕中辺慧日論』『勧発菩提心集』『因明論義纂要』などがある。『成唯識論了義燈』の中で円測《えんじき》・道証等の学説を批判している。弟子に智周・義忠・道邑・道献などがある。義忠は『成唯識論纂要』『百法論疏』を、道邑は『唯識述記義蘊』を著わした。

智周(六六八―七二三)の伝は『宋高僧伝』にはないが、『法相法門録』によると、通常撲揚大師という。著書に『成唯識論演秘』『成唯識論了義燈記』『梵網経義記疏』『大乗入道次第章』『因明論疏前記』および『後記』などがある。基の『成唯識論述記』、慧沼の『了義燈』、智周の『演秘』を唯識三箇の疏という。弟子と見られる如理に『成唯識論演秘釈』『成唯識論疏義演』がある。日本の文武天皇大宝三年(七〇三)入唐した智鳳・智鸞・智雄も、元正天皇霊亀二年(七一六)入唐した玄昉も智周に学んだ。法相宗は智周の没後急速に衰えたが、日本に伝来して、南都六宗の一つとして栄えた。

法相宗の異端者に円測(六一三―六九六)がある。円測は新羅の王族出身で三歳で出家し、十五歳で得度して入唐、摂論宗の法常(五六七―六四五)・僧弁(五六八―六四二)に受学し、さらに玄奘が帰国すると師事した。地婆訶羅の翻訳に際しては証義の任につき、のち西明寺に住した。著書に『成唯識論疏』『解深密経疏』(4)『仁王経疏』『金剛般若経疏』などがある。弟子に道証・勝荘・慈善等がある(『金石萃編』巻百四十六「円測法師仏舎利塔銘並序」)。円測の学説は真諦の影響が強く、基の学説とは若干異なる。

道証には『成唯識論要集』『中辺論疏』等の著書があり、勝荘は新羅人で、『成唯識論決』『瑜伽論疏』『雑集論疏』『梵網戒本迹記』等がある。新羅の順憬は因明に通じた。新羅の遁倫[5]は『瑜伽論記』を著わした。この『瑜伽論記』は中国法相宗の異説を知るのに重要な資料である。法相宗には新羅僧が多く、神昉・智信などが有名である。道証の弟子の大賢は『成唯識論学記』の外、著書約四十部あり、「古迹記」の名がつけられているのが多い。

西明寺円測の系統を継承した人に曇曠[6]がある。曇曠は智周以後の人で西明寺に住し、『大乗起信論広釈』『大乗起信論略述』『大乗百法明門論開宗義記』(『金陵刻経処』)、『大乗入道次第開決』などを著わした。なお円測の唯識学はチベットにも影響を与えた[7]。

玄奘門下は唯識研究とともに『倶舎論』[8]研究が盛んであった。普光・法宝・神泰はそれぞれ新訳『倶舎論』の疏を造った。この三人を倶舎の三大家という。この外、基の『倶舎論鈔』、懐素の『倶舎論疏』は伝わっていない。円暉の『倶舎論頌疏』は後世に影響するところ大きく、遁麟は『倶舎論記』を、慧暉は『義鈔』を、崇廙は『金華抄』を撰した。

法相宗の教説　法相宗の教説[9]は護法の『成唯識論』にもとづいて万法唯識の道理を明らかにした。法相宗では一切法を五位百法に分類する。五位とは心法・心所法・色法・不相応行法・無為法である。心を最初として色を三位に置く。心法は前六識と第七末那識(mano-nāma-vijñāna)と第八阿頼耶識(ālaya-vijñāna)の八識をたてる。心所法は五十一種、色法は五根・五境・法処所摂色の十一種、不相応行法は二十四種、無為法は六種に分けられる。この五位百法で個人と環境のすべてを含める。この五位の法はすべて識を離れたものでなく唯識であると説く(総門の唯識)。さらに心王は識の自相、心所は識の作用、色は識の所変、不相応は識の分位、無為は識の実性であると、五位一つについて悉くこれ唯識であると説く(別門の唯識)。これによって万法不離識が成り立つ。八識の中、第七末那識は我執の根本となるもので、我痴・我見・我愛・我慢の四煩悩と相応している。第八阿頼耶識は蔵識・種子識と訳され、輪廻の主体とされる。

法相宗では阿頼耶識のみならず、八識心王・心所のすべてについて認識に関して四分説を説く。四分とは相分・見分・自証分・証自証分である。安慧は一分説を、難陀は二分説を、陳那は三分説を主張したのに対して、護法は四分説をたてた。四分説と密接に関係するのに三類境の説がある。性境・独影境・帯質境をいう。この三類境は、玄奘の口伝として伝えられたものである。四分説は心について、三類境は境について唯識たることを明らかにした。

唯識三性とは遍計所執性・依他起性・円成実性をいう。善悪無記の三性と区別して、遍依円の三性という。遍計所執性とは妄分別によって執せられたもの、依他起性は他によって生起した法、円成実性は円満成就真実の性で、二空所顕の真如である。この三性について順次に、相・生・勝義の三無性を説く。

法相宗の実践修道について、まず行者に五性各別を認め、一切皆成仏を許さない。五性とは声聞種性・独覚種性・菩薩種性・不定種性・無性有情種性である。一切衆生悉有仏性を認めない法相宗の学説は、一乗仏教の天台宗などと争論するに至る。修行の階位としては、資糧位・加行位・通達位・修習位・究竟位の五位が説かれる。なお華厳・天台宗などの性宗と、法相宗の相宗との相違点について澄観が十異をあげている(『華厳綱要』)。

(1) 中国の法相宗の歴史については、玉置韜晃『唯識学概論』(竜谷大学出版部、大正十三年)四一―五一頁。深浦正文『唯識学研究』(永田文昌堂、昭和二十九年)。結城令聞『唯識の思想と歴史』(大法輪閣、昭和十五年)一一―一三頁。典籍については、結城令聞『唯識学典籍志』(大蔵出版、昭和三十七年)がある。

(2) 袴谷憲昭「〈清浄法界〉考」(『南都仏教』第三十七号、一六頁、昭和五十一年十一月)。

(3) 向達「唐代長安与西域文明」(『燕京学報』専号之二、哈仏燕京社出版、民国二十二年十月)。

(4) 稲葉正就『円測解深密経疏の散逸部分の研究』(法蔵館、昭和二十四年)。

(5) 結城令聞「瑜伽論記の著者名に対する疑義」(『宗教研究』新第八巻五号、昭和六年九月)。

(6) 結城令聞「曇曠の唯識思想と唐代の唯識諸派との関係――敦煌出土「大乗百法明門論開宗義記に現はれたる――」(『宗教研究』新第八巻一号、昭和六年一月)。上山大峻「曇曠と敦煌の仏教学」(『東方学報』京都、第三十五冊、昭和三十九年三月)。

(7) 長尾雅人「西蔵に残れる唯識学」(『印仏研』第二巻第一号、昭和二十八年九月)。

(8) 深浦正文『倶舎学概論』(百華苑、昭和二十六年)。

(9) 深浦正文『唯識学研究』下巻、教義論。富貴原章信『護法宗唯識考』(法蔵館、昭和三十年)。太虚

『法相唯識学』上・下（商務印書館、民国二十七年）。なお『成唯識論』の英訳については、Wei Tat（韋達）, *Ch'eng Wei-Shih Lun, The Doctrine of Mere-Consciousness*, copyright, 1973, Printed in Hong Kong.

第三節　華厳宗

華厳宗の相承　北地に発達した地論宗や摂論宗の学説を取り入れ、さらに初唐の玄奘所伝の唯識仏教の刺戟を受けて成立したのが華厳宗[1]である。華厳宗の学系は、慧光・道憑・霊裕・彭淵・智正・智儼・法蔵と相承するが、華厳宗相承としては、杜順・智儼・法蔵となる。

『華厳経』の翻訳は東晋の仏駄跋陀羅（三五九―四二九）によるが、その際、筆受の任を果した法業が『華厳旨帰』二巻を著わしたが、これが『華厳経』研究の最初である。その後南北朝時代には、慧観・玄暢・劉虬・霊弁・曇無最・智炬・法上・僧範・道憑・霊裕などの多くの『華厳経』研究者を輩出させた。菩提流支が東土の菩薩と称した神僧曇無最は、勅により洛陽融覚寺に住し、「妙に涅槃・華厳に達し、僧徒千人、常業怠るなし」（『唐伝』巻二十三、曇無最伝）といわれた人である。その弟子智炬は『華厳経』を講説すること五十余遍、疏十巻を著わした（『華厳経伝記』巻二）。また北魏太和初年（四七七）、第三王子が清涼山に於て文殊菩薩を求めて焼身供養し、閹官の劉謙之が入山修道し、『華厳論』六百巻を著わしたという(『古清涼伝』巻上)。清涼山は五台山ともいわれ、文殊菩薩の霊場として信仰された。華厳宗第四祖澄観も五台山華厳寺に住した。この五台山清涼寺において霊弁(四七七—五二二)は、正光元年(五二〇)に『華厳論』(2)百巻を完成した(『古清涼伝』巻上。『華厳経伝記』巻一)。

杜順(五五七—六四〇)は法順ともいわれ、十八歳で出家し、因聖寺僧珍に仕えた。後、終南山の東、驪山に隠栖して専ら定業を修した。八十四歳をもって義善寺に没し、樊川の北原に葬られたという。弟子に達法師・樊玄智・智儼がある。智儼が杜順に師事したのは十二歳の時で、杜順はその高弟達法師をして養育せしめた。樊玄智は十六歳で出家、京師の城南において杜順に入門したが、杜順は彼に『華厳経』を読誦するを業とし、この経によって普賢行を修することを勧めた。著書としては『五教止観』『法界観門』『五悔文』『十門実相観』『会諸宗別見頌』などがあるが、『五教止観』(3)は杜順の著作でなく法蔵の著である。『法界観門』(4)についても異説がある。なお華厳宗の初祖を杜順とするか否かについても異説がある。(5)

智儼(六〇二—六六八)は十二歳で神僧杜順に従い、杜順は達法師に託した。至相寺において二人の梵僧より梵文を授けられ、これに熟達し、十四歳で出家し、法常について『摂大乗論』を聴く。弁法師は智儼に試問し、その学識に感嘆した。二十歳にして諸経論を研鑽した。後、琳法師の所で学び、さらに智正について『華厳経』の講義を聞く。慧光の『華厳経疏』を見て、別教一乗無尽縁起を理解し、さらに一異僧より六相義を教えられ、ついに悟り立教開宗し『華厳経疏』を製した。この時二十七歳であり、この『華厳経疏』が『華厳経捜玄記』である。著書に『華厳孔目章』『華厳五十要問答』『金剛般若経疏』『入道禅門秘要』『入法界品鈔』等がある。智儼は至相寺に住したので至相大師ともいわれ、雲華寺にもいたから雲華尊者とも称せられた。弟子に法蔵・義湘・懐斉・薄塵・慧暁などがあるが、法蔵は華厳宗第三祖として華厳宗の大成者となり、義湘は海東華厳の開祖となった。

義湘(6)(六二五—七〇二)は二十歳で出家し、永徽元年(六五〇)、元暁とともに入唐求法の志をもって渡航を企てたが、元暁は留まり、義湘は中途幽閉されたが、ついに竜朔元年(六六一)に入唐し、智儼に師事すること七年、師の没後、咸亨二年(六七一)、新羅に帰った(『三国遺事』巻三)。儀鳳元年(六七六)、勅命によって浮石寺を開創し、海印・玉泉・梵魚・華厳等の十刹で教えを伝えた。弟子に悟真・智通・表訓・真定・真蔵・道融・良円・相源(元)・能仁・義寂の十大徳があり、その他梵体・道身が知られる。著書に『一乗法界図』がある。なお法蔵が義湘にあてた書簡(「賢首寄海東書」)が現存する。

元暁(六一七—六八六)は義湘とともに入唐を志したが中止し、時に山水に坐禅し、時に華厳を講じた。その多数の著作の中で、華厳に関係するものとしては、『華厳綱目』『起信論疏』『華厳経疏』『華厳関脈義』などがある。『起信論疏』は別記とともに現存し、法蔵の『起信論義記』は多くこれによっている。

法蔵(六四三―七一二)は字は賢首、姓は康氏、先祖は康居の出身である。十七歳のとき法を求めて太白山に入り、後、智儼が雲華寺において『華厳経』を講ずるを聞いて門下に投じ、智儼の没年まで就学した。智儼の遺言に従って二十八歳で沙弥戒を受けた。中インドより来た地婆訶羅が『華厳経』入法界品の梵本を将来していることを知り、請うて旧訳六十巻『華厳経』の入法界品の欠文を補った。則天武后の時代に于闐の実叉難陀(Śikṣānanda)が渡来して、聖暦二年(六九九)に、新訳八十巻『華厳経』を訳した時には、その筆受となり、また義浄・提雲般若の訳場にも列した。新訳『華厳経』が成ると勅によってこれを講じ、長安四年(七〇四)、武后のために長生殿で十玄六相の教義を金獅子に喩えて説いたという。これが後に『華厳金師子章』となる。前後、『華厳経』を講ずること三十余回といわれる。法蔵の伝記資料としては、閻朝隠の『康蔵法師之碑』、崔致遠の『法蔵和尚伝』、賛寧等の『宋高僧伝』巻五などがあるが、やや記述が異なっている。著書に『華厳経探玄記』『華厳教分記』(7)(『華厳五教章』)『妄尽還源観』『遊心法界記』『華厳旨帰』『文義綱目』『華厳三昧観』『華厳経伝記』などの華厳関係のもの、『般若心経』『梵網経』『密厳経』の疏、『起信論義記』『法界無差別論疏』『十二門論宗致義記』『入楞伽経心玄義』など多数がある。弟子に宏観・文超・華厳寺智光・荷恩寺宗一・静法寺慧苑・経行寺慧英などがある。聖武天皇天平十二年(七四〇)にわが国で初めて『華厳経』を講じた新羅の審祥も弟子であるといわれる。また勝詮は法蔵の著述を新羅に持ち帰った人である（『三国遺事』巻四）。

慧苑[8]は法蔵の上足であったが、華厳一宗に精通した。師説を伝承せず、自ら堅慧の『宝性論』によって迷真異執教・真一分半教・真一分満教・真具分満教の四教判をたて、十玄門を徳相と業用の両種の十玄として論じた。そのため澄観によって異端者として排斥された。著書に法蔵が未完に了った新訳『華厳経』の疏を完成させた『続華厳略疏刊定記』や、『華厳経音義』などがある。弟子に法詵（七一八―七七八）があり、法詵の弟子に太初・正覚・神秀・澄観がある。なお法蔵門下の文超は『華厳経義鈔』『華厳関鍵』を著わした。

華厳宗の伝統に属さず独自な華厳教学を樹立したのは李通玄（六三五―七三〇）である。新訳『華厳経』を研究し、『新華厳経論』を著わした。その他著書として『決疑論』『釈解迷顕智成悲十明論』などがある。李通玄の教学は仏光三昧観の実践を重視したために、高麗の知訥（一一五八―一二一〇）や、日本の鎌倉時代の高弁[9]（一一七三―一二三二）の教学に大きな影響を与えた。知訥には『華厳論節要』（『金沢文庫資料全書』仏典第二巻華厳篇）がある。

清涼国師澄観（七三八―八三九）は法銑より華厳を、曇一より律を、径山法欽・無名より禅を受けた。『華厳経疏』『随疏演義鈔』『三聖円融観』『法界玄鏡』など多くの著書がある。澄観の説には僧肇・道生の思想や、天台性悪説の影響が見られる。

宗密(10)(七八〇―八四一)は初め儒学を学び、のち道円によって出家した。『円覚経』を得てその研究に没頭した。著書には『円覚経』の諸注釈、『原人論』『禅源諸詮集都序』『禅門師資承襲図』等がある。宗密は教禅一致説を唱えた。

華厳宗の教説(11)　天台宗が諸法実相の法門といわれるのに対して、華厳宗は唯心縁起の法門であり、天台宗が性具を説くのに対して、華厳宗は性起を説く。華厳宗は重重無尽の法界縁起を明らかにするため十玄縁起と六相円融とを説く。十玄門は智儼が杜順から受け(『一乗十玄門』)、さらに法蔵が改良を加えたもので、同時具足相応門・広狭自在無礙門・一多相容不同門・諸法相即自在門・隠密顕了倶成門・微細相容安立門・因陀羅網法界門・託事顕法生解門・十世隔法異成門・主伴円明具徳門である。これによって万有一切がそのまま相即相入一体不離で、一即多、多即一であることを明らかにする。六相とは総相・別相・同相・異相・成相・壊相で、六相は即一相となり、一法を挙げればすべてこの六相を具していると説く。また華厳宗では事と事との無礙円融を明らかにするために四法界を説く。四法界とは事法界・理法界・事理無礙法界・事事無礙法界である。

華厳宗の教判は五教十宗である。五教とは小乗教・大乗始教・大乗終教・大乗頓教・大乗円教である。小乗教は愚法小乗、大乗始教は相始教と空始教とに分れ、相始教は法相宗、空始教は三論宗の説にあたる。大乗終教は大乗終極の法義をあらわすもので熟教とも、実教ともいう。

『起信論』『楞伽経』や天台宗の説がこれに入る。大乗頓教は『維摩経』の説で速疾頓悟の教えである。大乗円教とは主伴具足、重重無尽を説く華厳宗の説である。十宗とは我法倶有宗（犢子部）・法有我無宗（有部）・法無去来宗（大衆部）・現通仮実宗（説仮部）・俗妄真実宗（説出世部）・諸法但名宗（一説部）・一切皆空宗（空始教）・真徳不空宗（終教）・相想倶絶宗（頓教）・円明具徳宗（円教）である。最初の六宗は小乗であり、後の四宗は大乗である。この十宗は慈恩大師の八宗を受けて、さらに二宗を加えたものである。観法としては五教の組織によって立てられた『遊心法界記』『五教止観』や、円教の立場において観法を体系化した『妄尽還源観』がある。

（1） 高峯了州『華厳思想史』（興教書院、昭和十七年）。石井教道『華厳教学成立史』（石井教道博士遺稿刊行会、昭和三十九年）。拙著『中国華厳思想史の研究』（東京大学出版会、昭和四十年）。

（2） 佐藤泰舜「霊弁の華厳経論に就いて――新発見六巻分の解説――」（宮本正尊・花山信勝・辻直四郎・中村元編『印度哲学と仏教の諸問題』（岩波書店、昭和二十六年）二四九―二七六頁。

（3） 結城令聞「華厳五教止観撰述者論攷」（『宗教研究』新第七巻第二号、昭和五年五月）。

（4） 鈴木宗忠『原始華厳哲学の研究』（大東出版社、昭和九年）。

（5） 境野黄洋『支那仏教史講話』下巻、四九〇―四九五頁。鈴木宗忠、前掲書、八一頁。常盤大定「支那華厳宗伝統論」および「続華厳宗伝統論」（『支那仏教の研究』春秋社、昭和十三年）。

（6） 古田紹欽「義湘の行業と教学」（『宗教研究』新第十四巻二号、昭和十二年六月）。八百谷孝保「新羅僧義湘伝考」（『支仏史学』第三巻第一号、昭和十四年四月）。

(7)　吉津宜英「華厳五教章の研究」(『駒沢大学仏教学部研究紀要』第三十六号、昭和五十三年三月)。
(8)　坂本幸男『華厳教学の研究』(平楽寺書店、昭和三十一年)五—二九七頁。
(9)　拙稿「華厳教学における正統と異端」(『思想』第五百九十三号、昭和四十八年十一月)。
(10)　拙著『宗密教学の思想史的研究』(東京大学出版会、昭和五十一年)。
(11)　湯次了栄『華厳大系』(法林館、大正四年)。佐々木月樵『華厳教学』(丁字屋、大正八年)。斎藤唯信『華厳学綱要』(丙午出版社、大正九年)。亀谷聖馨『華厳哲学研究』(名教学会、大正十一年)。亀川教信『華厳学』(百華苑、昭和二十四年)。鈴木大拙『華厳の研究』(法蔵館、昭和三十年)。坂本幸男、前掲書。末綱恕一『華厳経の世界』(春秋社、昭和三十二年)。川田熊太郎監修・中村元編『華厳思想』(法蔵館、昭和三十五年)。玉城康四郎『心把捉の展開』(山喜房仏書林、昭和三十六年)。鍵主良敬『華厳教学序説——真如と真理の研究——』(文栄堂書店、昭和四十三年)。高崎直道『如来蔵思想の形成』(春秋社、昭和四十九年)。木村清孝『初期中国華厳思想の研究』(春秋社、昭和五十二年)。

第四節　律　宗

律宗の相承　東晋代に『十誦律』『四分律』『摩訶僧祇律』などの律典が、中国に伝訳されると、律に関する研究が盛んとなり、北魏代には法聡が『四分律』を研究して四分律宗を開いた。ついで地論宗の慧光(四六八—五三七)が律宗を盛んにし、その系統を受けた道宣は南山律宗を開いた。また一方法礪(五六九—六三五)は『四分律』を研究して相部宗を開き、法礪の弟子懐素（六二四—六九七）は法礪の『四分律疏』を批判して、『四分律新疏』を著わし、東塔宗を開いた。南山宗・相部宗・東塔宗の三宗のうち、相部宗・東塔宗はまもなく衰え、ひとり南山宗のみが栄え、宋代まで連綿として伝わった。

四分律宗では曇無徳・曇柯迦羅・法聡・道覆・慧光・道雲・道洪・智首・道宣の九祖を立てるが、慧光門下の道雲は第六祖、道雲の弟子道洪は第七祖である。道洪の弟子が智首（五六七—六三五）で、道洪門下でもっとも勝れていた。諸部を分判して『五部区分鈔』を著わした。唐室の帰依を受け、没すると国葬をもって遇された。道宣はこの智首に十年受学した。

道宣（五九六—六六七）は十五歳で智頵律師に受業し、十六歳で出家した。隋の大業中（六〇五—六一六。恐らく六一六、満二十歳の時）、智首の門に入って律を学び、ついで禅観も修した。武徳七年（六二四）、終南山に入って講説と著述に従事した。のち律の異伝を求め、相部宗の祖法礪を尋ねたが、貞観十六年（六四二）再び終南山に帰り、招かれて玄奘の訳場に列した。永徽三年（六五二）勅により西明寺の上座となった。弟子に大慈・文綱（六三六—七二七）・名恪・周秀・霊蕚・融済・智仁など、および受戒の弟子に恒景・懐素・道岸がある。著書多く南山律宗の基本となる『四分律行事鈔』『羯磨疏』『戒本疏』の三大律部、および『拾毘尼義鈔』『比丘尼義鈔』を加えた五大部、および『釈門帰敬儀』『浄心誡観法』などの律関係の著作を初め、仏道交渉資料を収録した『広弘明集』『集古今仏道論衡』、『高僧伝』につづく『続高僧伝』、経録の『大唐内典録』や『釈迦方志』など三十五部百八十八巻がある。

道宣の同門の道世(?—六六八後没)は『四分律討要』『四分律尼鈔』を著わしたが、道宣の『四分律行事鈔』とともに研究され、『四分律行事鈔』による人を鈔家、『四分律討要』による人を要家と称した。なお道世は『法苑珠林』や『諸経要集』を撰した学者である。

洪遵の弟子に洪淵があり、その弟子法礪が相部宗を開いた。法礪は『四分律疏』『羯磨疏』を著わした。慧光の『略疏』と智首の『広疏』と法礪の『中疏』とを三要疏と称する。

法礪の弟子に満意と懐素とがあり、相部宗は満意が継承した(一説では法礪の弟子に道成があり、その弟子に満意・懐素があるともいう)。満意の弟子に大亮があり、その弟子に曇一(六九二—七七一)がある。曇一は天台宗の荊渓湛然や、華厳宗の清涼澄観に律を授け、法礪の『四分律疏』と道宣の『四分律行事鈔』との同異を考究し、『発正義記』を著わした。満意の弟子定賓は法礪の『四分律疏』を解釈して『四分律疏飾宗義記』を著わした。日本の栄叡・普照は定賓より戒を受けた。

懐素は『四分律開宗記』を著わしたが、法礪の『四分律疏』を旧疏、懐素の『四分律開宗記』を新疏という。著書に『新疏拾遺鈔』『僧尼羯磨文』『僧尼戒本』『倶舎論疏』がある。この懐素の系統を東塔宗という。法礪の旧疏と懐素の新疏とは互いに争い、代宗の大暦十三年(七七八)には、三宗の大徳十四人を安国寺に集めて、その是非を定め、新旧両疏の調和が企てられ、『勅僉定四分律鈔』を造らせたというが、旧疏を破り、新疏を行う意図があったため成功しなかった。それ以後、相部・東塔の二宗は衰微し、南山宗のみ盛んであった。

南山宗の第二祖周秀は『行事鈔記』を造り、道宣門下の霊蕚は文綱・大慈にも聞き『行事鈔記』を著わした。融済の弟子玄儼(六七五―七四二)は『輔篇記』『羯磨述章』を作った。恒景(弘景。六三四―七一二)は文綱より律を受け、実叉難陀・提雲般若の証義ともなったが、弟子に一行・鑑真がある。

鑑真[1](六八七―七六三)は相部宗も学んだが、恒景に受戒した人であるから南山宗の系統に属し、孝謙天皇天平勝宝六年、日本に渡来した。文綱の弟子道岸(六五四―七一七)は南山宗を江淮の間に盛んならしめた。周秀の弟子に道恒があり、その弟子志鴻は『行事鈔』について『捜玄録』を著わした。そのほか義浄(六三五―七一三)は『根本説一切有部律』を将来した。彼は根本有部律こそもっとも純正な律であると信じ翻訳したが、中国にはすでに律宗が成立していたため、影響を与えなかった。

南山律宗の教理　四分律宗の教理[2]は道宣によって確立された。彼は『四分律行事鈔』において、一代仏教を化教と制教に分けて全仏教を包括しようとした。化教は経論の所詮、制教は律教の所詮であり、化教の三教とは性空教・相空教・唯識教であり、制教の三宗とは実法宗・仮名宗・円教宗の三宗である。実法宗は『倶舎論』を指し、戒体である色法を説くもの、仮名宗は『成実論』を指し、戒体である非心非色を説くもの、円教宗は『法華経』『涅槃経』『楞伽経』『摂論』等を指し、戒体である心法種子を説くものとする。

南山宗では戒を止持戒と作持戒とに分け、その教理を戒法・戒体・戒行・戒相の四科に分ける。戒法とは仏の判定した戒律、戒体とは受戒者が心府に領納するもの、戒行とは戒律の実践、戒相とは五戒・十戒・二百五十戒等の条文の相をいう。四分律宗は『成実論』に依るので、原則として戒体は非色非心の不相応行法であるとなす。相部宗も『成実論』によって戒体を非色非心とし、東塔宗では『倶舎論』によって戒体を色法(無表色)とする。道宣の南山宗では一応は『成実論』によるが、『四分律』を分通大乗とみなし、義は大乗に当るとして、『羯磨疏』においては、戒体を阿頼耶識中に生ずる種子とした。道宣は唯識説によって戒体を基礎づけたため、大乗優位の中国仏教の中にその地位を獲得することができた。

(1)　石田瑞麿『鑑真―その戒律思想―』(大蔵出版、昭和四十九年)。

(2)　徳田明本『律宗概論』(百華苑、昭和四十四年)。

第五節　密　教

真言密呪の渡来(1)　東晋時代、帛尸梨蜜多羅(Śrīmitra)が『大灌頂神呪経』を訳し、呪術をよくしたので首都建康では呪術が流行した。また曇無蘭(Dharmarakṣa)も太元六年(三八一)より十五年間にわたり、東晋揚都において、『呪時気病経』『呪歯経』『呪目経』『請雨呪経』『止雨呪経』などの神呪を訳した。

北魏の文成帝の時、曇曜は雲岡石窟の一たる通楽寺において、『大吉義神呪経』四巻を訳した(『貞元録』巻九)。この『吉義経』の中に初めて呪場を設けるための結界法や、祈雨などの成就法が説かれた。さらに梁代に訳された『牟梨曼陀羅呪経』は初めて印契、護摩法を伝えた。唐代になると貞観中、智通が『千眼千臂観世音菩薩陀羅尼神呪経』『観自在菩薩随心呪経』を訳出し(『開元録』巻八)、阿地瞿多(Atikūṭa)は永徽五年(六五四)四月十五日、『陀羅尼集経』を訳了した。また広く民間に普及された真言陀羅尼には劉宋の求那跋陀羅訳の『抜一切業障根本得生浄土神呪』や、唐の高宗代に仏陀波利がインドより将来した『仏頂尊勝陀羅尼経』などがあった。これらはすべて雑密であり、体系的な純密の渡来は善無畏・金剛智・不空による。(2)

密教の成立　善無畏(六三七—七三五)は中インド、烏荼(Orissa. オリッサ)の国王であったが位を捨てて出家し、那爛陀寺において達摩掬多(Dharmagupta)に師事し、密教の奥義を究め、灌頂を受けて人天の師となった。師の命により中国開教に出発し、迦湿弥羅より西域へ入り、天山北路を通って、開元四年(七一六)、八十歳にして長安に達し、玄宗に迎えられた。勅によって興福寺南院に住し、のち西明寺さらに菩提院に移って『虚空蔵求聞持法』を訳出した。開元十二年(七二四)、沙門一行とともに無行請来の梵本により『大毘盧遮那成仏神変加持経』(『大日経』)を訳し、さらに翌年には『蘇婆呼童子経』『蘇悉地羯羅経』を訳した。開元二十年(七三二)、西域に帰らんことを請うたが、帝これを許さず、三年後に没した(『宋伝』巻二、善無畏伝)。弟子に一行・宝畏・明畏・智厳・義林・玄超などがある。義林の弟子の順暁は日本の伝教大師最澄の密教の師である。これが日本の台密の初伝である。

金剛智(Vajrabodhi. 六六九—七四一)は南インドの人、十歳のとき那爛陀寺で出家し、寂静智について声明論を学び、十五歳のとき西インドに至り、四年間法称の因明を学び、二十歳のとき那爛陀寺で受戒し、これより大小乗律、『般若燈論』『百論』『十二門論』を、さらに二十八歳のとき迦毘羅城で勝賢より『瑜伽論』『唯識論』『弁中辺論』を学んだ。三十一歳のとき南インドへ行き、竜智に学ぶこと七年、『金剛頂瑜伽経』『大日総持陀羅尼経』を研鑽した。のち中インドに帰り、さらに南インドの摩頼耶国に至り、補陀落山に登り観音の霊告を受けて、中国開教の決意をなし、師子国(セイロン)に渡り、仏逝国を経、南海を経由して、ついに開元八年(七二〇)洛陽に達した。開元十一年より一行・不空とともに『金剛頂瑜伽中略出念誦経』『金剛峰楼閣一切瑜伽瑜祇経』などを訳し、また勅により祈雨を修し、公主の病気を加持した。開元二十年(七三二)、帰国を奏請したが、のち疾を得て洛陽の広福寺で没した。弟子に不空・一行などがある。

純密を中国に移植してその基礎を開拓したのは善無畏・金剛智の功績であるが、それを継承し、三代の帝師として洛陽・長安に密教を宣揚したのみでなく、広州・武威・太原・五台山に至るまでこれを弘布し、密教の黄金時代を現出させたのは不空の功績である。

不空三蔵[3](Amoghavajra. 七〇五—七七四)は北インドの出身、開元七年(七一九)十五歳にして金剛智の弟子となり出家し、梵本悉曇章・声明論を学んだ。二十歳にして具足戒を受け、のち金剛智の訳経を補け、密教の奥旨を得た。開元二十九年(七四一)、金剛智没するや、その遺命を奉じ、秘密経典の梵本を将来しようとして入竺の志をたて、師子国に渡り、国賓の待遇を受けた。竜智阿闍梨(飛錫の「大興善寺大広智三蔵和上之碑」(『表制集』巻四)による。趙遷の『大唐故大徳贈司空大弁正広智不空三蔵行状』ではこれを普賢とする)に遇い、『十八会金剛頂経』などを受け、さらに秘密経典の梵本千二百巻を携えて、天宝五年(七四六)長安に帰った。玄宗は勅して鴻臚寺に住さしめ、宮中には内道場を設けて自ら灌頂を受けた。つぎの粛宗代には乾元中(七五八—七六〇)に入内し、道場護摩の法をたて、帝のため転輪王位七宝灌頂を授けた。代宗また不空を師とし、永泰元年(七六五)には特進試鴻臚卿を授け、大広智三蔵と加号す。大暦九年(七七四)疾にかかるや、開府儀同三司を加え、粛国公に封じ、食邑三千戸を賜い、之を辞するも許されなかった。没するや大弁正広智不空三蔵和上と諡した。訳経として『金剛頂一切如来真実摂大乗現証大教王経』(『金剛頂経』)、『金剛頂五秘密修行念誦儀軌』『発菩提心論』等百十部百四十三巻

（『貞元録』巻十五）があるが、すべて不空訳とすることには問題がある。弟子極めて多い中、含光・慧超・恵果・慧朗・元皎・覚超が六哲と称される。なお弟子慧琳（七三七—八二〇）は玄応の『一切経音義』二十五巻をも取り入れて『大蔵音義』百巻を著わした。

一行[4]（六七三—七二七。『釈門正統』巻八による）は北宗禅の嵩山の普寂より禅法を受け、律を当陽山の悟真より学び、荊州玉泉寺弘景より天台を学んだ。また暦象・陰陽・五行の学に精通した。善無畏について密教を学び、『大日経疏』を撰した。また金剛智より陀羅尼秘印を学んだ。著書に上記の外、『摂調伏蔵』『釈氏系録』『開元大衍暦』などがある。『大日経疏』は天台教学の解釈が入った草本であり、のちに智厳・温古等が整理して『大日経義釈』が成った。日本の東密は『大日経疏』により、台密は『大日経義釈』による。不空の弟子慧朗は大興善寺に住し、翻経院を検校したが事跡は不明であり、不空の密教を弘伝し、唐朝密教を統率したのは恵果《けいか》である。

恵果[5]（？—八〇五）は二十歳にして曇貞を戒師として出家し、具足戒を受け、不空に従って金剛界を、善無畏の弟子の玄超について胎蔵界を学んだ。代宗に信任され祈禱法要を修し、さらに内道場の護持僧となり、長安青竜寺東塔院に住し、青竜寺和尚と称せられた。ついで徳宗・順宗の帰依を受け、三朝の国師として尊敬された。弟子に弁弘・恵日・惟上・義円・義明・空海・義満・慧則・義操などがある。とくに弁弘は南洋ジャワの僧であり、空海は日本僧である。空海は恵果の晩年に東密を受けた。また義操の弟子の義真と慧則の弟子の元政とは慈覚大師円仁の師である。これが台密の第二伝である。

密教の教説　中国の密教はインドの密教と同じく、独立した一宗としての体系・形態を整えていない。弘法大師空海によって初めて真言宗として独立した。顕密二教について善無畏・金剛智・不空は、顕教は三乗教、密教は一乗教、顕教は漸教、密教は頓教、顕教は権教、密教は実教という教相判釈をたてた。

善無畏・一行は主として胎蔵界、金剛智・不空は主として金剛界を伝えた。胎蔵界は理、金剛界は智に属すとされ、前者は中観派系統に、後者は瑜伽行派系統に関係が深い。

曼荼羅(6)は壇とも輪円具足とも訳され、壇は修法の際、壇場を築いて仏菩薩を配置し、その中で修法をなすものを指す。その壇の中で、仏菩薩すべてが完全に具わり、一即一切・一切即一となるから輪円具足という。曼荼羅には胎蔵界曼荼羅と金剛界曼荼羅とがある。儀軌は如来の秘密頓証の儀式を衆生を度するために示した軌範である。故に儀軌で如来菩薩の尊形を説き、これに対する礼拝・供養・念誦の方法をのべている。従って経には儀軌がなければならず、経は理論、儀軌は実践となる。この儀軌によって行じて、行者の身口意が印相と陀羅尼と観念とあいまって、如来菩薩と入我我入の心境に達し、即身成仏するのが密教の目的である。

(1)　中国の密教については、栂尾祥雲「支那の密教」(『秘密仏教史』第二、高野山大学出版部、昭和八年)参照。

(2) 塚本俊孝「中国に於ける密教受容について」(『仏教文化研究』第二号、昭和二十七年九月)。
(3) 大村西崖『密教発達志』(仏書刊行会図像部、大正七年)巻四、五五九—七二九頁。山崎宏「不空三蔵」(『隋唐仏教史の研究』第十三章)。長部和雄『唐代密教史雑考』(神戸商科大学学術研究会、昭和四十六年)。常盤大定「密教の発源地たる唐の青竜寺について」(『支那仏教の研究』四七五—四八九頁)。
(4) 長部和雄『一行禅師の研究』(神戸商科大学経済研究所、昭和三十八年)。春日礼智「一行伝の研究」(『東洋史研究』第七巻第一号、昭和十七年五月)。
(5) 勝又俊教「恵果和尚伝の研究」(『櫛田研究』)。
(6) 石田尚豊『曼荼羅の研究』研究篇(東京美術、昭和五十年)。

第六節　禅　宗

禅宗の相承　達摩を開祖とする中国の禅宗(1)は第二祖慧可の後、僧璨(?—六〇六)が第三祖となった。僧璨の伝は『続高僧伝』にはないが、ただ「可禅師の後に粲禅師」(『唐伝』巻二十五、法沖伝)とある。慧可の後継者として『楞伽経』を奉持した一人とみなされた。僧璨は姓位も出身地も不明で「司空山に隠れて、蕭然として浄坐し、文記を出さず、秘して伝法せず」(『楞伽師資記』)といわれ、ただ道信が十二年の間僧璨に奉事し法を受けたという。著書に『信心銘』があると伝えられる。唐の代宗大暦七年(七七二)鑑智禅師(鏡智禅師)と諡された。

第四祖道信(五八〇—六五一)は七歳にして一師に従うこと五年、その後舒州の峴公山に入り、僧璨について禅業を修し、嗣法した。師が羅浮山に行くに随わんとするが許されず、後出家して吉州・江州に行き、廬山の大林寺に留まること十年、ついで黄梅山に移った。住山すること三十余年、弟子弘忍に付嘱して没した(『唐伝』巻二十、道信伝)。著書に『菩薩戒法』一本、『入道安心要方便法門』がある(『楞伽師資記』)。代宗の大暦中、大医禅師と諡せられた。

第五祖弘忍(六〇二—六七五)は道信と会って法を得、双峰山東山寺に住した。弘忍は「蕭然として浄坐し、文記を出さず」(『楞伽師資記』)といわれ、顕慶四年(六五九)高宗のために召されても遂に山を出なかった。著書に『最上乗論』があるが疑わしい。弘忍の法門を東山法門と呼ぶ。弟子に神秀・慧能・慧安・玄賾・智詵・義方等十数人がいる。大満禅師と諡せられた。弘忍の弟子の慧能と神秀とが最も重要で南頓北漸の二派に分れる。慧能の南宗、神秀の北宗以外、初唐から中唐の禅宗には牛頭宗・浄衆宗・荷沢宗・洪州宗などがあった(『禅門師資承襲図』)。

南　宗　慧能(六三八—七一三)は俗姓は盧氏、先祖は范陽の人で、父の左遷により嶺南新州の平民となり、父が早く没したため南海に移住し、薪を売って母を養った。二十二歳のころ蘄州黄梅県の馮茂山に行き五祖弘忍に師事し、嗣法を許された。その後、印宗により剃髪し、具足戒を受けた。のち韶州曹渓宝林寺において大いに禅法を挙揚した。その説法を弟子の法海が記録したのが『六祖壇経』(2)である。別に『金剛経解義』があったという。大鑑禅師と諡された。弟子に行思・懐譲・神会・玄覚・慧忠などがある。

六祖の弟子南岳懐譲(六七七―七四四)の弟子に馬祖道一(七〇九―七八八)があり、その嗣法の弟子に百丈懐海(七二〇―八一四)・南泉普願(七四八―八三四)などがある。懐海は禅宗の清規を制定した。また六祖の弟子青原行思(?―七四〇)を嗣法したのは石頭希遷(七〇〇―七九〇)であり、希遷の弟子に薬山惟儼(七五一―八三四)・天皇道悟(七四八―八〇七)などがある。石頭希遷に『参同契』がある。

北宗　北宗の神秀(?―七〇六)は五祖に嗣法し、のち荊州度門寺に入り、さらに則天武后に招かれて長安に至り、武后に信任された。大通禅師と諡せられた。神秀の著に『華厳経疏』『妙理円成観』(均如『華厳五教章円通記』)などがある。弟子に普寂・義福・敬賢・慧福・巨方・香育・蔵師などがある。大慧禅師普寂(六五一―七三九)の弟子中に道璿があり、聖武天皇天平八年(七三六)、我国へ来朝し、大安寺行表に北宗禅を伝え、行表はさらに伝教大師最澄に伝えた。普寂と大智禅師義福(六五八―七三六)とによって北宗禅は盛んとなった。しかし慧能の南宗系が中国禅の主流となったのに対して北宗は次第に衰滅するに至った。北宗の禅史に浄覚の『楞伽師資記』(3)、杜朏の『伝法宝紀』がある。

牛頭宗　四祖道信の弟子とされる法融(五九四―六五七)の系統は牛頭山に住したため牛

頭宗と呼ばれた。法融は茅山に入り三論宗の炅法師によって出家し、貞観十七年（六四三）牛頭山幽棲寺に住した。達摩禅と直接の嗣法はないようである。著書に『心銘』がある。『絶観論』を法融の書とみる学者[4]もある。牛頭宗は第一祖法融・第二祖智巌（五七七—六五四）・第三祖慧方（六二九—六九五）・第四祖法持（六三五—七〇二）・第五祖智威（六四六—七二二）・第六祖慧忠（六八三—七六九）と継承された。八世紀になっても鶴林玄素（六六八—七五二）・径山《きんざん》法欽（七一四—七九二）・鳥窠道林（七四一—八二四）などが活躍している。牛頭禅は般若空観にもとづいた禅の一派で、北宗とも南宗ともその教説が異なっている（『禅門師資承襲図』）。道林と白楽天との問答は有名である。

浄衆宗　五祖弘忍門下よりでた念仏禅の系統は慧安（五八二—七〇九）・智詵（六〇九—七〇二）・処寂（六六五—七三二）・無相（六八四—七六二）・無住（七一四—七七四）と継承された。無住の系統は保唐宗ともいわれた。無相の弟子に浄衆寺神会（七二〇—七九四）があり、その弟子聖寿寺南印より法を受けたのが宗密であるともいわれる[5]。なお三教関係の書『北山録』の著者神清も浄衆系に属する。浄衆宗の史書に『歴代法宝記』[6]があり、同書の成立はチベット仏教に影響を与えた[7]。無相すなわち益州金和尚は八世紀の中葉にチベットの使者と出会った[8]。また八世紀末にはチベットにおいて頓漸の論争[9]が行われた。唐代の禅宗とチベット頓門派との交渉関係については、近年急速に研究が進められている。

荷沢宗　荷沢神会(六六八―七六〇)は儒教や老荘に達し、六祖に従うこと数年、のち竜興寺に住し、南宗の禅風を高め、さらに荷沢寺に移り神秀の北宗を攻撃した。著書に『顕宗記』および敦煌本の『神会語録』などがある。弟子に法如(七二三―八一一)・無名(七二二―七九三)・惟忠(七〇五―七八二)など十八人ありという。この系統を荷沢宗という。華厳宗の宗密は荷沢宗を宣揚したが、まもなく衰亡した。なお六祖の弟子の永嘉玄覚(六六五―七一三)は一宿覚ともいわれ『証道歌』『永嘉集』の書があり有名である。

洪州宗　六祖の弟子南岳懐譲に嗣法した馬祖道一の系統の禅を洪州宗と呼ぶ。馬祖道一の弟子の百丈懐海は大智禅師と諡せられ、百丈清規を制定し、禅院の諸法式を定めた。従来律院にあった禅宗は、この清規の制定によって独立した生活規則を確立し、天下の禅院はこれにならった。百丈の弟子中、潙山霊祐(七七一―八五三)と黄檗希運(?―大中年間没)が有名で、黄檗希運の語録には『伝心法要』および『宛陵録』がある。弟子十二人のうち臨済義玄(?―八六七)がでて臨済宗の祖となった。彼の語録に『臨済録』(10)がある。

禅の思想(11)　禅はインドの俗語 jhāna(Skt. dhyāna)の最後の母音が落ちて jhān と発音されていたのを音写したもので、思惟修、定、功徳聚林、静慮などと訳された。禅には外道禅と凡夫禅と小乗禅と大乗禅と最上乗禅とがあるとされる(『禅源諸詮集都序』)。外道禅はインド一般に行われた禅で生天を目的としたもの、凡夫禅は五戒十善を行じ凡夫の行ずる禅、小乗禅は小乗法数を思惟修するもので安世高系統の禅、大乗禅は菩薩禅ともいわれ、安般・不浄・慈心・観縁・念仏の五門禅を内容とし、特に念仏門から観像念仏と観想念仏が発達したもので、鳩摩羅什・仏駄跋陀羅によって行われ、東晋・宋・斉・梁の間に流行した禅観であり、天台宗・三論宗の祖師や、宝誌・傅大士などもこの系統に含まれる。最上乗禅は如来清浄禅とも一行三昧とも真如三昧ともいわれ、達摩所伝の禅をいう。この最上乗禅はのちに祖師禅と呼ばれた。

この祖師禅では、禅とは衆生本具の本覚真性を悟り顕わすを慧といい、これを修に露わすのを定といい、この定慧を称して禅という。禅で悟るとは直に心性そのものに契当し、心性そのものに成りきり、心性の全体を露顕せしめることである。禅者はまず自己の本性を徹悟し、そこから任運無作の行を発揮する。自己徹見を頓悟といい、即心是仏ともいう。

達摩禅はまた不立文字、教外別伝を標榜する。文字(経文)は指月の指に過ぎなく、禅は文字の外の消息であるから教外別伝という。さらに文字によらず、直に真心に契当するから直指人心、見性成仏といわれる。教外別伝は禅宗が一代仏教に対する自己の地位を示したもので、禅宗の教判でもある。達摩禅は漸悟を主張した北宗といえども、すべて頓悟妙修に立脚するが、伝統の家風や、その修行の手段・方法において相違があるため、後代においては五家七宗を生ずるに至った。

(1) 忽滑谷快天『禅学思想史』上・下巻(名著刊行会、昭和四十四年復刊)。孤峯智璨『印度支那日本禅宗史』(大本山総持寺、昭和四十九年)。宇井伯寿『禅宗史研究』『第二禅宗史研究』(岩波書店、昭和十・十・十八年)。関口真大『禅宗思想史』(山喜房仏書林、昭和三十九年)。白石虎月『禅宗編年史』正・続(東方界、昭和五十一年復刊)。

(2) 松本文三郎『金剛経と六祖壇経の研究』(貝葉書院、大正二年)。中川孝『六祖壇経』(「禅の語録」4、筑摩書房、昭和五十一年)。柳田聖山訳注『六祖壇経』(中央公論社、昭和四十九年)。駒沢大学禅宗史研究会『慧能研究』(大修館書店、昭和五十三年)。Wing-tsit Chan, *The Platform Scripture*, St. John's Univ. Press, 1963. Philip B. Yampolsky, *The Platform Sutra of the Sixth Patriarch*, New York and London, Columbia Univ. Press, 1967. なお神会語録の仏訳は、Jacques Gernet, *Entretiens du Maitre de Dhyāna Chen-Houei du Ho-tsö*, 1949.

(3) 柳田聖山『初期の禅史I』(「禅の語録」2、筑摩書房、昭和四十六年)。上山大峻「チベット訳「楞伽師資記」について」(竜谷大学仏教学会『仏教文献の研究』(百華苑、昭和四十三年)。

(4) 関口真大「牛頭禅の歴史と達磨禅」(『禅宗思想史』)。

(5) 胡適「跋裴休的唐故圭峯定慧禅師伝法碑」(『歴史語言研究所集刊』第三十四本、故院長胡適先生紀念論文集上冊、民国五十一年十二月)。

(6) 柳田聖山『初期の禅史II』(「禅の語録」3、筑摩書房、昭和五十一年)。

(7) 小畠宏允「チベットの禅宗と「歴代法宝記」」(『禅文化研究所紀要』六、昭和四十九年五月)。上山大峻「敦煌出土チベット文禅資料の研究—P. tib. 116 とその問題点」(『仏教文化研究所紀要』第十三集、昭和四十九年六月)。木村隆徳「敦煌出土チベット文写本 Pelliot. 116 研究(その一)」(『印仏研』第二十三巻第二号、昭和五十年三月)。

(8) 山口瑞鳳「チベット仏教と新羅の金和尚」(金知見編『新羅仏教研究』山喜房仏書林、昭和四十八年)。
(9) P. Demiéville, *Le Concile de Lhasa*, une controverse sur le quiétisme entre Bouddhistes de l'Inde et de la Chine au VIIIe siècle de l'ère chrétienne, I, Paris, Imprimerie Nationale de France, 1952. 佐藤長『古代チベット史研究』(東洋史研究会、昭和三十三年)七九七―八〇八頁。沖本克己「摩訶衍の思想」(『花園大学文学部研究紀要』第八号、昭和五十二年三月)。
(10) P. Demiéville, *Entretiens de Lin-tsi*, Traduits du chinois et commentés, Fayard, 1972.
(11) 宇井伯寿『禅宗史研究』緒言、二―八頁。衛藤即応「禅の思想」(岩波講座『東洋思想』昭和十年十二月)。鈴木大拙「禅の思想」(『鈴木大拙全集』第十三巻、岩波書店、昭和四十四年)。

第七節　浄土教

浄土教の相承　北魏の曇鸞が中国浄土教[1]の開祖とされるが、この曇鸞の教えを継承したのが道綽である。
道綽[2](五六二―六四五)は曇鸞没後二十年目に生まれた人で、十四歳で出家して経論を習い、のちに太原の開化寺慧瓚(五三二―六〇三)に事えて空理を研究し、もっとも涅槃に精しく、これを講ずること二十四遍に及んだ。曇鸞の住した石壁玄中寺において、曇鸞の碑を見て、ついに隋の大業五年(六〇九)、四十八歳にして浄土教に帰し、専ら阿弥陀仏を念じ、日々七万遍を以て限りとなし、つねに礼拝供養した。唐の貞観以来『観無量寿経』を講ずること二百余遍に上り、広く念仏を勧め、小豆を以てその数を記せしめ、のちには木槵子を穿って数珠を作り、これを数えさせた。晋陽・太原・汶水三県の道俗皆その教化に浴した。唐の太宗は玄中寺に道綽を尋ね供養啓願した(『金石萃編』巻八十四「大唐太原府交城県石壁寺鉄弥勒像頌并序」)。平生霊験多く曇選・智満などと交わり、弟子に善導・道撫・道穂・道生などがある。著書に『安楽集』がある。

善導[3](六一三—六八一)は幼くして出家し、つとに浄土の往生を期した。具戒後、妙開律師とともに『観経』を読み、唐の貞観中に并州において道綽に謁し、念仏往生の法を受け、ついで長安に入って民衆を教化し、『阿弥陀経』を写すこと数万巻、極楽浄土の変相を画くこと三百鋪に及んだ。善導は終南山悟真寺(『新修往生伝』)、長安光明寺に住した。唐の高宗が洛陽竜門の奉先寺に大盧舎那像龕を造らしめた時、検校僧として活躍した(『金石萃編』巻七十三「河洛上都竜門之陽大盧舎那像龕記」)。人々は善導の感化により浄土に往生せんとした。ある人が光明寺に行って善導に謁し、その教えを受けて決定往生の信念を固くし、遂に寺前の柳樹に上り、身を投じて往生したという(『唐伝』巻二十七、会通伝付)。『新修往生伝』『仏祖統紀』は二人の善導を記伝しているが、同一人とみて差支えないであろう。現存する著書に『観経疏』『往生礼讃偈』『法事讃』『般舟讃』『観念法門』などがある。この中で『観経疏』は『四帖疏』と称し、玄義・序分・定善・散善の四巻より成り、浄土の教相教義を述べたものであるから、これを解義分と称し、『往生礼讃偈』以下は行事の儀則を明らかにしたものであるから行儀分という。弟子に懐感がある。

懐感は長安千福寺の沙門で、初め性相学者であったが、善導に謁して念仏三昧を証得した。その著書に『釈浄土群疑論』がある。すべて十二編に分ち、「総標身土章」以下百十六章を立て、弥陀の身土を初め、往生の行因等に関して広く疑難を挙げ、いちいちこれを解決している。

その他、少康(?―八〇五)は幼少にして出家し、越州嘉祥寺において受戒し、律を学ぶ。のち竜興寺に往き、『華厳経』『瑜伽論』を聴いた。貞元の初め(七八五)ごろ奇瑞を感じて長安の善導影堂に行き、善導の遺像が空中に昇るのを見た。のち烏竜山に浄土道場を建て人を集めて念仏を行じた。『二十四讃』『往生浄土瑞応刪伝』を著わし、後善導と称した。また善導とほぼ同時代に迦才がいるが、没年その他不明であるが、著書に『浄土論』(4)がある。その自序に「近代綽禅師あり、安楽集一巻を撰し、広く衆経を引き、ほぼ道理を申ぶると雖も、その文義参雑、章品混淆し、後の之を読むもの亦躊躇して未だ決せず。今乃ち群籍を捜検して備さに道理を引き、勒して九章と為し、文義の区分、品目の殊位、之を覧るものをして宛ら掌中の如くならしむのみ」(『浄土論』序)と『浄土論』撰述の理由を明らかにしている。

また南岳承遠(七一二―八〇二)は、初め成都の唐公(処寂)に師事してその学を受け、開元二十三年(七三五)、二十四歳にして荊州玉泉寺に至り、蘭若恵真について剃髪し、その命により南岳衡山に入り、通相より具足戒を受け、経律を学んだ。広州の慈愍三蔵慧日より教えを受け、専ら念仏を修した。天宝元年(七四二)再び衡山に帰り、精舎弥陀台を建て経像を安置し、念仏三昧を修した。呂温は「南岳大師遠公塔銘記并序」(『呂衡州文集』巻六)、柳子厚は「南岳弥陀和尚碑」(『柳河東集』巻六)を撰して徳行を讃えた。弟子に恵詮・智明・日悟・法照がある。

法照(5)の生没年は詳かでない。初め慧遠を慕って盧山に来て、禅観を修したが、一日入定して極楽世界に往き、承遠が仏の側に侍するのを見て大いに驚き、永泰中(七六五―七六六)南岳衡山に登り、承遠に師事し、五会念仏の法を修した。大暦五年(七七〇)山西五台山に登り、文殊・普賢の二菩薩より念仏往生の法門を授かった。のち各地において五会念仏の法を宣布し、国師の号を賜わった。著書に『浄土五会念仏誦経観行儀』『略法事儀讃』がある。『観行儀』は敦煌より中下二巻が発見され、『大正新修大蔵経』(八十五巻)に収録されている。弟子に純一・惟秀・帰政・智遠・沙弥惟英・悟性などがある。

そのほか慈愍流の開祖、慈愍三蔵慧日(6)(六八〇―七四八)は出家して具足戒を受けたのち、義浄三蔵に遇い、自ら西遊の志をたて、南海を経由してインドに行き、十三年間インドを遍歴し、さらに四年間雪嶺胡郷を跋渉し、学者に苦しみのない場所を質問し、極楽に往生することを勧められた。北インドの犍駄羅で観音の示現により浄土の教えを受けたが、開元七年(七一九)、前後十八年を費し、七十余国をへて長安に帰った。玄宗に仏の真容・梵筴等を献じ、慈愍三蔵の号を賜わった。著書に『浄土慈悲集』『般舟三昧讃』『西方讃』がある。法照は『五会法事讃』の中に『般舟三昧讃』の全文を引用している。『浄土慈悲集』は朝鮮の桐華寺より上巻が発見された。慈愍流の念仏は禅浄一致の念仏禅の基礎を開いた。

浄土教の教説　中国の浄土教は唐の善導によって大成されたのであるが、蓮宗九祖とは慧遠・善導・承遠・法照・少康・延寿・省常・袾宏・実賢である(『蓮宗九祖伝略』)。日本の法然は中国の浄土教には廬山の白蓮社の慧遠流と、曇鸞・道綽・善導の善導流と、慈愍三蔵の慈愍流とがあるという(『選択集』)が、これは教義内容の相違から分けたもので、中国浄土教に流派はない。

中国浄土教を大成させたのは善導であり、日本の浄土教にも大きな影響を与えた。善導流の特色は、口称念仏を成立せしめたこと、阿弥陀仏を報身とし、極楽浄土を報土としたこと、凡夫身の往生を本意となすこと、往生を称名の数によって判せずに、むしろ信心によってしたことである。念仏には観像・観想・実相・口称の四種があるが、前三種はその中に自力的要素があるので、他力教としての念仏は口称念仏でなければならない。

曇鸞は難行道と易行道、道綽は聖道門と浄土門、善導は正行と雑行とに分けた。正行には礼拝・讃嘆・観察・読誦・称名の五種があり、この五種の中、称名を正業、他の四種を助業とした。五種の正行の説は世親の『浄土論』(『往生論』)の五念門中の三門に読誦・称名の二行を加えたものである。浄土教は所依の経としては康僧鎧訳(?)の『無量寿経』、畺良耶舎訳の『観無量寿経』、羅什訳の『阿弥陀経』の三経と、『往生論』の三経一論に依っている。

(1) 佐々木月樵『印度支那日本浄土教史』(『佐々木月樵全集』第二巻、国書刊行会、昭和四十八年)一五九―七〇八頁。岩崎敲玄『浄土教史』(白光書院、昭和五年)。望月信亨『支那浄土教理史』(法蔵館、昭和十七年)。同「唐代の浄土教概観」(『支仏史学』第三巻第三・四号、特輯「支那浄土教の研究」昭和十四年十二月)。小笠原宣秀『中国浄土教家の研究』(平楽寺書店、昭和二十六年)。服部英淳『浄土教思想論』(山喜房仏書林、昭和四十九年)。

(2) 山本仏骨『道綽教学の研究』(永田文昌堂、昭和三十四年)。

(3) 浄宗会編『善導大師の研究』(浄宗会、昭和二年)。椎尾弁匡『善導大師――全研究の提唱――』(浄土宗務所、昭和三年)。上杉文秀『善導大師及び往生礼讃の研究』(法蔵館、昭和六年)。常盤大定「唐の善導大師に関する問題」(『支那仏教の研究』春秋社、昭和十三年)。藤永清徹編『宗学院論輯』第三十二輯「善導大師研究特輯号」(宗学院、昭和十五年)。岩井大慧「善導伝の一考察」(『日支仏教史論攷』東洋文庫、昭和三十二年、一三七―三一八頁)。小沢教授頌寿記念『善導大師の思想とその影響』(大東出版社、昭和五十二年)。

(4) 名畑応順『迦才浄土論研究』(法蔵館、昭和三十年)。

(5) 塚本善隆『唐中期の浄土教』(法蔵館、昭和五十年)。

(6) 小野玄妙「慈愍三蔵の浄土教」(『仏教の美術と歴史』第十篇、大蔵出版、昭和十二年)。柴田泰「慈

愍三蔵慧日に関する二、三の問題」(『印仏研』第十七巻第二号、昭和四十四年三月)。

第四部　実践と浸透——宋・元以後の仏教

第十二章　転換期の仏教
——宋の仏教——

第一節　五代の仏教

転換期の仏教　晩唐につづく五代は中国史上における一大転換期であった。過去六朝を集大成した唐代に対して宋代は将来に向って新たな方向を辿る近世初頭の時代であった。貴族の崩壊によって文化や宗教の担い手も新たに勃興した読書人階級、即ち士大夫にかわった。

中国仏教においても一大転換期を迎えるに至った。(1)インド・西域からの経典の伝訳流入による刺戟がなくなり、(2)法難破仏や五代の戦乱によって、諸宗の章疏典籍が散逸したことや、(3)禅宗—中国人の仏教—の発達などの諸条件が仏教の一大転換を促進せしめずにはおかなかった。

北方諸国の仏教　後梁の太祖朱全忠が唐を滅ぼして以来、北地においては、後梁・後唐・後晋・後漢・後周の五代が激しい興亡をくりかえし、南地においては、呉・楚・閩《びん》・呉越・南唐・南漢などの十国が興亡した。五代とは後梁の建国から後周の滅亡までの五十余年をいう。

五代の各王朝は仏教に対して取り締りの詔勅をしばしば出した。[1] 後梁の末帝は竜徳元年（九二一）、礼部員外郎の李枢が、⑴天下僧尼の私度を禁じ、濫りに大師号・紫衣の下賜を求めないこと、⑵出家受戒せんとする者は、必ず宮闕に赴いて試験を受けるべきこと、⑶還俗を欲する者はその意に随って妨げないことを上表したのに対して、帝は、⑴両都（開封・洛陽）左右街の紫衣・師号を賜わった僧は功徳使によって名簿を整え、欠員あらば高徳な僧を択んで補う。⑵毎年天子の聖節日に左右街各七人を官壇において度することを許す。諸道において僧を度す場合も、京の官壇において度し礼部より度牒を給する。⑶両街に僧録のみを置き、道録・僧正の職は廃止することが実施された（『旧五代史』巻十、梁書、末帝紀下）。後唐の荘宗の同光二年（九二四）には天下の名額なき小院舎を併合せしめた（『義楚六帖』巻二十一）。後唐の明宗の天成元年（九二六）十一月、寺院の新建を許さず、私度を禁じた（『五代会要』巻十二）。同じく天成三年には、出家者は官において試験をしたのち剃髪を許し、僧尼の風紀の乱れを戒め、法会の宣伝に仮託して邪宗門を行うことを禁じた。同じく廃帝の清泰二年（九三五）には毎年天子の誕節に諸道州府より僧尼に紫衣・師号を賜わることについて表薦してくるが、以後、講論・講経・表白・文章応制・持念・禅・声讃等の諸科に分けて試験し、合否を定めることにした（『旧五代史』巻四十七、唐書、末帝紀中）。後晋の高祖の天福二年（九三七）にも、聖節日に州府において試学のうえ行い、私度僧を許さず、これに関係した者は重罰に処した。後漢の隠帝の乾祐二年(九四九)には、司勲員外郎の李欽明が、僧侶の免税と、伽藍の豪盛なるのは不都合であるとし、僧徒の沙汰を請うた(『冊府元亀』巻五百四十七)。このように寺院・僧尼の淘汰についての禁令が出されていた反面、国忌行香などは行われ、百僧斎が設けられたり、永寿節ごとに設斎することが許されていた。

五代においては仏教学の進展は見るべきものはないが、著述としては音義と史書があり、帰嶼の『経論会要』、可洪の『新集蔵経音義随函録』、行瑫の『大蔵経音疏』、義楚の『釈氏六帖』、静・筠二師の『祖堂集』などが見られるにすぎない。

後周世宗の廃仏　三武一宗の法難の最後である後周世宗の廃仏[2]は前三回の廃仏とは異なり、仏道二教の宗教的抗争によるのでなく、国家の財政的窮迫と、僧団の堕落による仏教教団の粛清であった。顕徳二年(九五五)五月、世宗は詔を下して廃仏を断行したが、所廃の寺院三千三百三十六(『新五代史』巻十二。『仏祖統紀』巻四十二)、廃絶を免れた寺院二千六百九十四、登録された僧尼六万一千二百人といわれる。勅額なき寺院はすべて廃絶された。僧尼の私度は禁ぜられ、父母・祖父母の許可なくして出家はできず、男子は十五歳以上で経文百紙を諳誦し、或いは経文五百紙を読誦し得る者、女子は十三歳以上で経文七十紙を暗誦し、或いは経文三百紙以上を読誦できる者とした。私に受戒することも禁ぜられ、祠部より度牒を給することを許されて、初めて剃頭受戒することができた。また奴婢・姦人・間諜・悪逆の徒党・賊徒などは出家することができないとした。世宗の廃仏は五代王朝の仏教政策の帰結であり、つぎの宋代において国家権力が完全に仏教教団を支配した時代の基盤を確立したものである。

南方では呉は揚州(江蘇省)に、南唐は金陵(南京)に、閩は福州(福建省)に、楚は潭州(湖南省)に、南漢は広州(広東省)に、呉越は杭州(浙江省)に都を定めたが、中央の文化が地方に波及し、仏教も隆盛であった。この中でも杭州に都した呉越の仏教[3]と、福州に首都をおいた閩の仏教[4]が有名である。

呉越の仏教　後梁の太祖の開平元年(九〇七)に銭鏐が呉越王に封ぜられてから五世七十二年、宋の太宗の太平興国三年(九七八)に銭弘俶が宋に帰順するまで、戦禍を受けることなく、杭州を中心に仏教文化が興隆した。従来の長安・洛陽の仏教が杭州・揚州・福州・広州を中心とする南地に展開し、近世の宋・元仏教へと一大転換をとげる基礎をすえたのである。中でも忠懿《い》王銭弘俶(九二九―九八八)は第一の仏教信奉者であり、顕徳二年に後周世宗の廃仏が断行された時、八万四千の銅製宝篋印塔を造り、その中に『宝篋印陀羅尼経』を封蔵してこれを頒《わか》った。杭州を中心に大小数百の寺院が建立され、浄土・天台・律・禅・華厳などの各宗が中興され、中国仏教の中心となった。

呉越王銭弘俶の知遇を得た天台宗の螺渓の義寂(九一九―九八七)は戦乱破仏のため中国本土

に失われた天台宗の論疏を求めんことを請い、呉越王は使を高麗および日本に遣してこれを求めさせた。そのため高麗は『天台四教儀』の著者諦観に諸部の論疏を持たせて螺渓に行かせた。また禅宗の清涼文益の弟子、天台徳韶（八九一―九七二）は呉越の忠懿王に迎えられ国師となった。永明延寿（九〇四―九七五）は智覚禅師といい、忠懿王に迎えられ、禅浄一致を主唱した。著書に『宗鏡《すぎょう》録』百巻、『万善同帰集』『唯心訣』など六十余部がある。『宗鏡録』は仏教唯心論の集大成で、唐代禅宗資料の宝庫でもある。高麗仏教に及ぼした影響は大きい。

南唐の仏教　閩（九〇九―九四六）の太祖王審知は呉越の忠懿王と並んで仏教を保護した天子で、天祐二年（九〇五）四月に五千四十八巻の『大蔵経』を青山に納めたという。[5] 禅宗の雪峰義存（八二二―九〇八）に太祖王審知は帰依し、教えを受けた。太宗王延鈞も仏教を敬い、天成三年（九二八）僧を度すること二万人という。当時、禅宗が最も盛んで、羅漢桂琛《けいしん》（八六七―九二八）の弟子清涼文益（八八五―九五八）は南唐の王に請ぜられ、金陵の清涼寺に住して法眼宗を開き、五家の一派を確立した。また雪峰義存の弟子雲門文偃（八六四―九四九）は匡真大師といわれたが、南漢の雲門山（広東省）にあって雲門宗を開いた。その他蜀の王建の信任を得て、鎮国大師・講唱大師などの賜号を受けた禅月[6]（貫休）は『禅月集』を著わし「十六羅漢図」を画いた僧として有名である。

（1）　牧田諦亮「後周世宗の仏教政策」（『中国近世仏教史研究』平楽寺書店、昭和三十二年）。牧田諦亮編著『五代宗教史研究』(平楽寺書店、昭和四十六年)。竺沙雅章「唐五代における福建仏教の展開」(『仏教史学』第七巻第一号、昭和三十三年二月)。

(2)　畑中浄円「後周世宗の廃仏考」(『大谷学報』第二十三巻第四号、昭和十七年七月)。

(3)　小川貫弌「銭氏呉越国の仏教に就て」(『竜谷史壇』第十八号、昭和十一年七月)。畑中浄円「呉越の仏教――特に天台徳韶とその嗣永明延寿について――」(『大谷大学研究年報』第七集、昭和二十九年十月)。

(4)　曾我部静雄「宋代福州の仏教」(『塚本論集』)。塚本俊孝「五代南唐の王室と仏教」(『仏教文化研究』第三号、昭和二十八年十一月)。

(5)　鈴木哲雄「唐・五代時代の福建における禅宗」(『愛知学院大学文学部紀要』第三号、昭和四十九年十二月)。

(6)　小林太市郎『禅月大師の生涯と芸術』(創元社、昭和二十二年)。

第二節　宋代の仏教教団

度牒制度　唐代では出家と得度との法制的区別はなく、ただ度を問題として私度僧や偽濫僧の防止につとめたのに対して、宋代[1]では出家(童行)と得度(沙弥)との間に判然たる区別を設け、二重に規定した。唐では奴婢の出家を許さなかったが、宋ではこの禁令を撤廃した。仏門に入る者は先ず許されて入寺し、童行となることを必要とした。童行は出家者の関門であるからこれを出家と称した。出家の志望に父母の承諾を必要とした(『慶元条法事類』巻五十、道釈門)。童行は寺内の童行堂(または行堂)に住し、沙弥として必要な経典の読誦や、諸法式やその他の訓練を受けるとともに、寺内の雑役に従事した。方丈行者・客頭行者・堂司行者・監作行者などと呼ばれた(『勅修百丈清規』)。童行には賦課免税の特典はなかった。

宋代には度僧について試経度僧・特恩度僧・進納度僧の三種の方法があった(『仏祖統紀』巻五十二)。試経度僧は官が童行の経業を試験し、合格者に祠部牒を給し、僧尼たることを許した。特恩度僧は天子の誕生節、帝后皇族の忌辰等に際し、試験を経ずして度牒を給することで、進納度僧とは売度・売牒のことである。試験の制度は唐に始まったが、その方法は一定していなかった。宋代では北宋では『法華経』を読誦させて試験をした(『仏祖統紀』巻四十七)が、南宋では『大般若経』の念経百紙、または読経五百紙、尼童は念経七十紙、または読経三百紙であった。これは後周の制度の踏襲である。試験に合格した者は、官から度牒の交付を受け、然る後、師主に就て剃髪得度式を受ける規定である。度牒とは僧尼の得度する場合に、官が一定の文憑を給してその僧尼たるを証する允許書で、僧尼の真偽を判ずる重要な証券である。給牒の初めは唐玄宗の天宝六年といわれる(『仏祖統紀』巻四十。『唐会要』巻四十九)。『禅林象器箋』(第二十三類、簿券門)には明代のものが、成尋の『参天台五台山記』巻八には通事陳詠の恩度度牒が掲げられているが、度牒の形式は得度者の本籍・俗姓名・年齢・到院の年月日・所属寺院・師主名を列記し、礼部長官等関係官の連名捺印せる官文書である。

宋代において売牒、すなわち度牒の売買が行われた。売牒は神宗の頃に始まるといわれるが、(2)売牒の事実は神宗以前にもあったらしい。国庫の財源として法名などを記して交付すべき度牒を未記入のまま発行する、いわゆる空名度牒(3)を発行したのは神宗以後である。この空名度牒を買得して形式だけの出家者となり、免徭役の特権をもったため資質のない僧尼が出現し、財産隠匿のために利用されるに至った。

売牒のみでなく宋の国家は財政難を救うため紫衣・師号までも売り出した。南宋になるとますます増加し、教団は内部的に崩壊へと向った。

僧官制度　宋代の僧尼の所隷(4)は、宋初から神宗の元豊官制以前は功徳使の所属であり、北宋末までに鴻臚寺の管下に移り、南宋時代は祠部に隷属した。唐代と異なり宋の功徳使は宦官でなく地位・実力ともに低いものであった。鴻臚寺も主として開封府管内、または河南府を含めた特定区域の僧道を司った。南宋になって鴻臚寺が礼部に併合されるや、僧尼の簿籍作製、度牒発給、僧官の補任、紫衣・師号の授与等一切の教門事務は祠部に統轄された。

北宋の中央僧官としては首都開封に左右街僧録司があって寺院僧尼を統理し、西京河南府にも僧録司が設置された。左右街僧録司には僧録・副僧録・講経首座・講論首座などが置かれ、さらに僧録の下には庶務を司った鑑義が置かれた。南宋では講経・講論首座は廃止されたらしく、僧録・副僧録・鑑義および額外鑑義(定員外僧官)があった。額外鑑義が置かれたのは空名度牒の発行や紫衣・師号の濫授のため事務の増加した結果と思われる。

太祖・太宗頃の僧官としては僧録として道深(『宋伝』巻七、傳章伝)・神曜・可朝・省才(『仏祖統紀』巻四十三)があり、賛寧は一時左街講経首座に任ぜられた。真宗代には僧録に賛寧(『仏祖統紀』巻四十四)・澄遠(『宋史』巻四百六十六、周懐政伝)、講経首座に秘演(『続資治通鑑長編』巻九十五)・修静、鑑義に重珣・啓沖(『景祐新修法宝録』巻十六)などが任ぜられた。

地方僧官は唐代の制を受けて、各州に管内僧正一名を置き、その下に副僧正・僧判を配置した。その後、温州・杭州・台州・湖州・処州・明州等の地区では、僧正の上にさらに都僧正を設置した。治平中(一〇六四―一〇六七)、天竺寺の霊山慧弁は杭州都僧正に補任された。以上のほか五台山と天台山とには特殊な僧官が置かれた。五台山には唐代すでに十寺僧長が設置されたが、宋代においても、太平興国五年(九八〇)、真容院に十寺僧正司が置かれ、沙門芳潤が十寺僧正に任ぜられた。宋代に天台山僧官が設けられていたことは成尋の『参天台五台山記』巻一に山門都僧正履歌・山門副僧正清緒、同巻二に天台山門僧司の名があることによって知られる。

寺院制度　唐代では特殊寺院に勅額を下賜し、寺格の向上をはかったが、宋代になると多くの寺院に勅額を濫授したため、有額寺の格式は自然に低下した。

一方、勅額の有無に関係なく、宋初の頃、住持相続法の立場から甲乙徒弟院(度弟院)と十方住持院との区別が生まれた。(5) 甲乙徒弟院とは住持の死亡または引退の時、その度する所の弟子をして甲乙順次に継承せしめる師弟相伝のための寺院であり、十方住持院とは諸方の名宿を請じて後住たらしめたもので十方刹は格式が上であった。これ以外にも朝廷と関係の深い寺院に宣勅を下して住持を任命した勅差住持院があり、最も高い格式と殊遇とを賦与された。勅差住持制の寺院には禅宗寺院が最も多く、教律二宗の寺院は少なかった。

功徳墳寺(6)は貴族の墳墓に建てられた私寺のことで、帝后の陵寺に次ぐ高い地位をもっており、すでに唐代にも存していたが、宋代になると、功徳墳寺にも名額が許可され、一般寺院とは異なって寺領の免税、度僧の許可、紫衣・師号の下賜などの特権を与えられた。住持の任命や、寺領の管理事務の執行も墳寺の本家が自由に行うことができ、一種の治外法権におかれた。そのため功徳墳寺の所有権は既成寺院を兼併して経済上の特権を享有しようとし、また課賦の免除をもたない教団側も、墳寺の特権を受けようとして貴族にとりいり、既成寺院の墳寺指定が激増した。

(1)　高雄義堅「宋代の度及び度牒制」(『宋代仏教史の研究』第一章、百華苑、昭和五十年)。小川貫弌「宋元明清に於ける教団の構造——宋元仏教の僧尼制度——」(芳村修基編『仏教教団の研究』百華苑、昭和四十三年)。

（2） 曾我部静雄「宋代の度牒雑考」（『史学雑誌』第四十一編第六号、昭和五年）。
（3） 塚本善隆「宋の財政難と仏教」（桑原隲蔵還暦記念『東洋史論叢』弘文堂、昭和六年）。同「道君皇帝と空名度牒政策」（『支仏史学』第四巻第四号、昭和十六年一月）。
（4） 高雄義堅、前掲書、第二章「宋代の僧官制度」。
（5） 高雄義堅、前掲書、第三章「宋代寺院の住持制」。
（6） 小川貫弌「宋代の功徳墳寺に就いて」（『竜谷史壇』第二十一号、昭和十三年二月）。

第三節　『大蔵経』の出版と翻訳

『大蔵経』の出版　宋代仏教で特筆さるべきことは、『大蔵経』の雕版印刷[1]が大規模に行われたことである。中国の印刷術はすでに唐代に始まり、経典印刷が一部行われたが、印刷『大蔵経』が刊行されたのは宋の太祖の時代であり、世界印刷文化史上、稀有の大事業といえる。太祖は開宝四年（九七一）、張従信を蜀の益州（成都）へ派遣して『大蔵経』の雕造を命じた。『開元録』に基づいて千七十六部五千四十八巻の『大蔵経』が十二年間かかって完成し、太平興国寺内の印経院で印刷にふされた。これが蜀版『大蔵経』（北宋勅版『大蔵経』）である。日本の奝然《ちょうねん》が太平興国八年（九八三）、汴京に入り下賜された『大蔵経』がこれである。この蜀版を受けて高麗成宗の十年（九九一）から顕宗の二年（一〇一一）に雕印されたのが高麗版『大蔵経』であり、高宗代に再雕されたのが現存する海印寺版『大蔵経』である。そのほか北宋神宗の元豊三年（一〇八〇）から政和二年（一一一二）にかけて完成された福州東禅寺等覚院版『大蔵経』（『崇寧万寿大蔵』）、政和二年（一一一二）から南宋高宗の紹興二十一年（一一五一）にかけて完成した福州開元寺版『大蔵経』（毘盧蔵・福州版・閩本・越本）、湖州思渓（浙江省呉興県）の円覚禅院で南宋高宗の紹興三年（一一三三）頃に開版された湖州円覚寺版『大蔵経』（思渓蔵・宋版）、江蘇省平江府磧沙《せきさ》延聖禅院において開版されたが散逸し、その全貌は不明であったが、近年発見され影印刊行を見た磧沙版『大蔵経』、南宋度宗の咸淳五年（一二六九）、浙江省杭州普寧寺で開版され、元代に完成した普寧寺版『大蔵経』（『元版白雲宗門蔵経』）などが宋代に開版されたが、その他宋版を模した元版『大蔵経』を初めとして、契丹版『大蔵経』、西夏文『大蔵経』、南京大報恩寺版『大蔵経』（南蔵）、北京勅版『大蔵経』（北蔵）、万暦版『大蔵経』などが、元・明代に完成した。このように多くの『大蔵経』の官版・私版の刊行によって『大蔵経』は整備され仏教流伝に大きな貢献をした。

訳経事業　宋太祖の乾徳三年（九六五）、滄州の道円が十八年間のインド旅行より汴京に帰り、仏舎利・貝葉梵経をもたらした。また翌年には沙門行勤等百五十七人は勅命によって西域求法に出発した（『仏祖統紀』巻四十三）。また乾徳二年（九六四）、継業は沙門三百人等と天竺に入り、仏舎利・経典などを奉呈した（范成大『呉船録』巻上）。このように入竺求法僧の増大や、天竺僧の渡来の機縁が熟して、太宗は太平興国七年(九八二)、太平興国寺に訳経院を創設し、天息災(法賢)・法天・施護・法護などを訳業に従事させた。(2) そのほか梵語に通達した訳経三蔵惟浄も訳出に参加し、証義・証文・筆受・綴文・刊定などの役割を中国僧が担当して訳業を助けた。(3) 訳経院とその西に創建された印経院をあわせて伝法院と総称した。訳出経典では施護等訳の『仏説一切如来真実摂大乗現証三昧大教王経』三十巻は、『金剛頂経』十八会中の初会の全訳であり、不空訳の闕を補うべき重要な文献である。太宗から真宗の二朝の間に二百三十四部四百八十九巻が訳出されたが、それらの経典の中で研究注解されたのは、知則の『聖無量寿経疏』、省才の『大方広総持宝光明経疏』、楚南の『宝月童子問注経疏』などにすぎず、また新訳経典の大部分が密教経典であったために宋代仏教に及ぼした影響はほとんどなかったといってよい。訳経のレヴェルも低く、誤訳のみならず、偽訳ともいうべきものもあった。(4)

(1) 大蔵会編『大蔵経――成立と変遷――』(百華苑、昭和三十九年)。
(2) 松本文三郎「趙宋の訳経事業」(『仏教史雑考』昭和十九年)。岩井諦亮編「宋代新訳経典索引目録」(『日華年報』第一年、昭和十一年八月)。
(3) 深浦正文「訳経の制規」(『日華年報』第三年、昭和十三年九月)。
(4) J. Brough, "The Chinese Pseudo-translation of Ārya-śūra's Jātaka-mālā", *Asia Major*, vol. XI, part I, 1964.

第四節　仏教史学の発展

仏教史書の出現　宋初の賛寧(1)が初唐以後の高僧の伝記を集大成させた『宋高僧伝』三十巻を撰述し、さらに全仏教史を事項別に整理し概観した『大宋僧史略』を撰述したことが宋代における仏教史学発展の出発点となった。さらに司馬光の『資治通鑑』に刺戟を受けて仏教史編纂の風潮が高まった。一方禅宗は法燈確立の必要上、多くの伝燈書を作成し、禅宗に対抗意識をもやした天台宗の側でも自派を中心とする仏教通史を完成させるに至った(2)。

仁宗の嘉祐年間に達観曇頴は『五家宗派図』を作り、石門慧洪はこれを承けて『禅林僧宝伝』を書き、この誤りを是正して『僧宝正続伝』を撰した祖琇は、隆興二年(一一六四)に『隆興仏教編年通論』を著わした。その後、本覚は『釈氏通鑑』を作り、この編年体仏教史の系統を承けて、元代には煕仲が『歴朝釈氏資鑑』を、念常は『仏祖歴代通載』を著わすに至った。

禅宗系が編年体仏教史を述作したのに対して、天台宗側では紀伝体を主とする仏教史を著わした。とくに有名なのが宗鑑の『釈門正統(3)』と志磐の『仏祖統紀』である。『釈門正統』は現存する紀伝体仏教史の最古のもので、南宋の慶元中(一一九五―一二〇〇)に造られた鎧菴の『釈門正統』を祖述したもので、本紀・世家・列伝・諸志・載記の五科に分けている。志磐の『仏祖統紀』は宝祐六年(一二五八)に稿を起し、前後十二年間に完成したもので、本紀・世家・列伝・表・志の五篇、十九科より成っている。これは他宗に対して天台一宗を高揚する目的で書かれたが、「浄土立教志」「諸宗立教志」などは他宗の歴史を、「法運通塞志」などでは仏教全体の展開発達をのべている。

禅宗の燈史　唐代から五代にかけて『伝法宝紀』『楞伽師資記』『歴代法宝記』『宝林伝』[4]『聖冑集』『続宝林伝』『祖堂集』などの禅宗燈史が出現したが、宋代になると禅宗の隆盛とあいまって、禅宗の伝燈の系譜を明らかにするため多くの燈史が出現した。道原の『景徳伝燈録』は、真宗の大中祥符四年(一〇一一)勅命によって入蔵が許可された。さらに仁宗の嘉祐六年(一〇六一)には、銭塘の契嵩が自著の『伝法正宗記』『定祖図』『伝法正宗論』『輔教篇』など四部十六巻を進表して入蔵が許可された。「伝燈録」が入蔵されたことは、禅宗の伝燈を国家帝王が公認したことになる。この『景徳伝燈録』三十巻を删したのが王随の『伝燈玉英集』[5](『宋蔵遺珍』)であり、翌年入蔵された。これらにつづいて李遵勗の『天聖広燈録』、惟白の『建中靖国続燈録』、悟明の『聯燈会要』、正受の『嘉泰普燈録』のいわゆる「五燈録」が出現し、さらに普済の『五燈会元』が編纂された。明・清代には、円極居頂の『続伝燈録』、文琇の『増集続伝燈録』、通容の『五燈厳統』、超永の『五燈全書』などがある。

(1)　牧田諦亮「賛寧とその時代」(『中国近世仏教史研究』)。同「宋代における仏教史学の発展」(『印仏研』第三巻第二号、昭和三十年三月)。

(2) 高雄義堅「仏教史書の出現」(『宋代仏教史の研究』第八章)。

(3) 小川貫弌「宗鑑「釈門正統」の成立」(『竜谷史壇』第四十三号、昭和三十三年六月)。

(4) 常盤大定『宝林伝の研究』(東方文化学院東京研究所、昭和九年三月)。

(5) 篠原寿雄「王随の玉英集删定について——北宋士大夫の禅受容——」(『駒沢大学仏教学部研究紀要』第十九号、昭和三十六年三月)。椎名宏雄「「伝燈玉英集」の基礎的考察」(『曹洞宗研究員研究生研究紀要』九、昭和五十二年九月)。

第五節　仏教諸宗の展開

禅宗の発展　中晩唐に大きな発展を示した禅宗は、五代にかけて五家を分立させた。[1] まず百丈の弟子潙山霊祐(七七一—八五三)とその弟子仰山慧寂(八〇七—八八三)によって潙仰宗が成立した。つぎに黄檗希運(?—大中年間没)の弟子臨済義玄(?—八六七)は臨済宗を始め、青原系統より出た雲巌曇晟(七八二—八四一または七八〇—八四一)の弟子洞山良价(八〇七—八六九)とその弟子曹山本寂(八四〇—九〇一)とによって曹洞宗が起った。また雪峰義存(八二二—九〇八)の弟子雲門文偃(八六四—九四九)によって雲門宗が開かれ、同じく五代に法眼禅師清涼文益(八八五—九五八)によって法眼宗が興り、ここに潙仰・臨済・曹洞・雲門・法眼の五家が成立した。

五家の中で潙仰宗は比較的早く衰亡した。曹洞宗は曹山本寂の系統よりも雲居道膺（？―九〇二）の系統が栄え、八代後に宏智《わんし》正覚（一〇九一―一一五七）がでて黙照禅を唱え『頌古百則』を著わし、同じ曹洞系の万松行秀（一一六六―一二四六）はこれに示衆・著語・評唱を加えて『従容録』を著わした。法眼宗は天台徳韶（八九一―九七二）が活躍し、さらにその弟子永明延寿（九〇四―九七五）は大いに宗風を高めた。最も盛んなのは臨済宗で、臨済義玄より興化存奨（八三〇―八八八）・南院慧顒（？―九五二）・風穴延沼（八九六―九七三）・首山省念（九二六―九九三）・汾陽善昭（九四七―一〇二四）・慈明楚円（九八六―一〇三九）と嗣法し、慈明楚円の二人の弟子黄竜慧南（一〇〇二―一〇六九）は黄竜宗を、楊岐方会（九九二―一〇四九）は楊岐宗を開いた。この二宗と五家をあわせて禅宗の五家七宗という。楊岐方会から三代目にでた仏果克勤（一〇六三―一一三五）は『碧巌録』を作り、弟子に大慧宗杲[2]（一〇八九―一一六三）があり看話禅を唱えた。禅宗五派の中「雲門・臨済の二宗遂に独り天下に盛んなり」（『建中靖国続燈録』序）といわれたように雲門宗も臨済宗に劣らず盛んであり、雲門から三代目の雪竇重顕（九八〇―一〇五二）は『頌古百則』を著わした。南宋時代になると雲門宗は次第に衰頽し曹洞宗がこれに代り、臨済・曹洞の二宗が有力となった。臨済宗が看話禅を鼓吹したのに対して曹洞宗は黙照禅を唱えた。

唐代にも永嘉玄覚の『証道歌』『永嘉集』や石頭希遷の『参同契』などの禅文学があったが、宋代になると、不立文字の土壌の中から逆に禅文学が大きく開花した。『鐔津文集《しんしんもんじゅう》』『北磵禅師文集』などの詩文集を初めとし、禅宗典籍の中には禅的体験の表現を韻文を用いたり、俗語を使用したりして、禅文学のジャンルを開いた。語録を集大成したものに慧厳宗永の『宗門統要』、古林清茂の『宗門統要続集』、鼓山の賾蔵主の『古尊宿語録』、師明の『続古尊宿語要』などがある。

天台宗　呉越の忠懿王が高麗に使を送り、高麗の諦観が天台典籍をもたらしたのが機縁となって天台宗[3]が復興した。義寂の門人義通（九二七—九八八）があり、その弟子に四明知礼（九六〇—一〇二八）がある。一方、義寂の同門に慈光志因があり、その弟子に慈光晤恩があり、晤恩の弟子に源清・洪敏などがあり、源清の弟子に孤山智円（九七六—一〇二二）・梵天慶昭（九六三—一〇一七）がある。互いに天台教義について論難抗争を続けた。義通・知礼の一門を山家《さんげ》派と名づけ、志因・晤恩等の一派を山外《さんがい》派と名づけた。山家・山外両派の間で争われた問題は唯心論と実相論との対立抗争であった。山家派の知礼[4]は四明尊者と敬称されたが、著書に『観経疏妙宗鈔』『金光明玄義拾遺記』『金光明経文句記』『観音玄義記』『観音義疏記』『十不二門指要鈔』『観心二百問』『十義書』などがある。宗暁の撰した『四明教行録』は知礼の遺文・行業碑など百余篇を集めたものである。山外派の梵天慶昭は知礼と論争し、孤山智円も『金錍顕性録』『首楞厳経疏』を著わした。天台宗は四明知礼の法系が栄え、とくに広智尚賢・神照本如・南屏梵臻の三流が有名で世にこれを四明三家という。

宋代仏教界の雄となった禅宗と天台宗との間で抗争が行われた。天台宗の四明知礼と禅宗の天童寺子凝の間に弁難往復があった。また立祖相承に関する問題について契嵩と子昉の間に論争があった。神智従義も法統説について禅宗を攻撃した。

律　宗　真悟智円大師允堪(一〇〇五—一〇六一)は初め天台宗を学んだが、律に通じ道宣の著書に注解を作ったが、とくに『行事鈔』に注した『会正記』が重要である。弟子に択其があり、その弟子に霊芝元照(一〇四八—一一一六)がある。元照は大智律師といわれ、道宣の三大部に注したが、その中の『行事鈔資持記』は『会正記』に対して異議を唱えたため、南山宗は会正・資持の二宗となった。元照の系統は道標(または智交)・准一・法政・法久・了宏となり、日本の俊芿[5]は了宏より律を受けた。また俊芿は四明知礼系の北峰宗印(?—一二一三)より天台を承けた。了宏の弟子妙蓮に律を受けたのが、わが東大寺真照である。

華厳宗　宋代において高麗の義天の入宋に伴い、多くの「華厳部章疏」が高麗より中国へ逆輸入されたのと、高宗の紹興十五年(一一四五)、円澄大師義和によって「華厳部章疏」が大蔵に編入されたために、宋代において再び華厳教学が隆昌をきたした。[6]

宗密の弟子石壁伝奥は宗密の『起信論註疏』に注釈して『随疏義記』を、『金剛経疏論纂要』に対して『貫義意鈔』を作ったが、冗長であったため、長水子璿(?—一〇三八)はこれを删正して『筆削記』と『刊定記』を作った。五台承遷は『註金師子章』を著わした。長水子璿は天台宗の洪敏から楞厳を、瑯琊慧覚に禅を学んだ。その弟子が晋水浄源(一〇一一―一〇八八)である。浄源は子璿より楞厳・円覚・起信を聴き、華厳は五台承遷に承けた。浄源は華厳の中興の教主で、著書に『妄尽還源観疏鈔補解』『原人論発微録』などがある。宋代には『華厳五教章』の研究が盛んとなり、普静寺道亭は『華厳一乗教義分斉章義苑疏』を、華厳寺観復は『折薪記』を、師会は『焚薪』と『復古記』を、希迪が『集成記』を著わした。道亭・観復・師会・希迪を華厳宗の宋朝四家と称する。

『華厳五教章』の研究とともに『法界観門』の研究も行われ、道通は『法界観披雲集』を、紹元は『法界観門智燈疏』を著わした。宋代の華厳研究は『五教章』と『法界観門』の末疏に集中されていた。

浄土教　宋代三百余年を通じて浄土教(7)は頗る興隆し、とくにその信仰は深く民衆の間に浸透した。浄土教は多く天台・禅などの諸宗に依付されて行われ、その教旨も台浄融合、禅浄双修の思潮を形成した。禅宗の法眼宗に属する永明延寿は『万善同帰集』を著わし、禅浄一致を唱えた。天台宗の四明知礼の系統、とくに神照本如の系統に浄土を宣揚したものが多く、本如は白蓮社を結んで浄業を専修した。律宗の霊芝元照は浄土教に関して『観無量寿経義疏』『阿弥陀経義疏』『直生浄土礼懺行法』『芝園集』などを著わした。華厳宗では南宋の初めに出た円澄義和は『華厳念仏三昧無尽燈』を著わし、華厳円融念仏の法門を唱えた。浄土信仰に基づく念仏結社(8)も盛んとなり、特に南方江浙地方で行われた。その名称は白蓮社・浄業会・西帰会・繫念会などと呼ばれた。昭慶省常(九五九―一〇二〇)は、西湖の昭慶院に住し、阿弥陀像を刻し、「華厳浄行品」を血書し、百二十三人からなる浄行社を結び、支那蓮宗の第七祖といわれた。そのほか遵式は至道二年(九九六)、四明宝雲寺で念仏を修し、知礼はまた四明延慶寺において念仏施戒会を起した。また訳経潤文使を兼ね、潞国公に封ぜられた文彦博は、仁宗の時、京師において浄厳禅師とともに浄土会を建て、僧俗十万人を結んで念仏したという(『仏祖統紀』巻五十三)。

なお宋代には遵式の『往生西方略伝』(序文のみ)、戒珠の『浄土往生伝』、王古の『新修往生伝』(『続蔵』『続浄土宗全書』)、南宋の陸師寿の『浄土宝珠集』(『続浄土宗全書』)など多くの「往生伝」が著わされ、中国・日本を通じて愛読・引用された。宋代の「往生伝」は咸淳五年(一二六九)に成れる『仏祖統紀』中の「浄土立教志」三巻の編纂によって集大成された。

(1) 阿部肇一『中国禅宗史の研究』(誠信書房、昭和三十八年)。高雄義堅「宋代禅宗の性格」(『宋代仏教史の研究』第五章)。
(2) 石井修道「大慧語録の基礎的研究」(『駒沢大学仏教学部研究紀要』第三十三号、昭和五十年三月)。
(3) 硲慈弘『天台宗史概説』(大蔵出版、昭和四十四年)。
(4) 島地大等『天台教学史』(明治書院、昭和四年)一五一―二二五頁。安藤俊雄『天台学論集 止観と浄土』(平楽寺書店、昭和五十年)。
(5)　高雄義堅、前掲書、第九章「宋入僧俊芿と南宋仏教」。
(6)　常盤大定「宋代に於ける華厳教学興隆の縁由」(『支那仏教の研究』第三、春秋社、昭和十八年)。
(7)　高雄義堅、前掲書、第六章「宋代社会と浄土教」。同「宋以後の浄土教」(『支仏史学』第三巻第三・四号、昭和十四年十二月)。小笠原宣秀『中国浄土教家の研究』(平楽寺書店、昭和二十六年)。同『中国近世浄土教史の研究』(百華苑、昭和三十八年)。
(8)　鈴木中正「宋代仏教結社の研究」(『史学雑誌』第五十二編第一・二・三号、昭和十六年一・二・三月)。

第六節　宋儒と仏教

儒仏二教の論争　宋代には、周濂渓・張横渠・王安石・張天覚・程明道・程伊川・楊亀山・謝上蔡・朱熹・陸象山など儒者でありながら仏教を研究する人が輩出した。(1) 宋学は仏教とくに華厳や禅の思想を取り入れて儒教の深化をはかったものであるが、その反面、痛烈な仏教批判を展開した。

排仏論者の中で最たるものは欧陽修(一〇〇七―一〇七二)である。欧陽修は韓退之の『原道』を読んで共鳴し、『本論三篇』を作って排仏を主張し、ついで『新唐書』『新五代史』等を編纂する時には遺憾なくその趣旨を発揮して排仏を強調した。李泰伯・章表民などもこれに雷同した。この欧陽修の排仏論に反駁して、契嵩は『輔教篇』、張商英は『護法論』、劉謐は『三教平心論』を著わした。『輔教篇』は『本論三篇』に対するもので、『護法論』と『三教平心論』は『新唐書』に対するものである。

仏教の教理について攻撃したのは張横渠である。彼は『正蒙』を著わし、仏教の唯心縁起説を批判している。さらに教理と実際の両方面より仏教を批判したのは程明道である。その他、程伊川・楊亀山・謝上蔡・陸象山・張南軒・石守道なども排仏説を唱え、朱熹は形而上・形而下のあらゆる面から仏教を批判した。

三教調和　排仏説の高まりとともに、儒者が仏教を研究した結果、調和説[2]を主唱する者も現われた。陳摶(?—九八九)は三教調和を唱え、ついで張商英は『護法論』の中で、孔子の道とは仏教の識心見性・無上菩提の道であるとし、さらに儒は皮膚の疾を治し、道は血脈の疾を治し、仏は骨髄の疾を治し、三教相まって初めて一貫すると説いた。李綱(一〇八三—一一四〇)は呉敏の問いに対する復書(『居士伝』巻二十九)において易と華厳との融合すべきを論じた。南宋の孝宗も『原道論』において三教関係を論及した。『原道論』は韓退之の『原道』に対して反駁したものである。劉謐の『三教平心論』も三教の調和を説いた。

僧にして調和を説いたのは、智円・契嵩・宗杲・懐璉等である。智円は『閑居編』、契嵩は

『輔教篇』を著わして三教一致を説いた。

南宋の頃、金朝治下の江北地方に全真教・太一教・真大道教などの新道教が興ったが、これらも北宋以来の思想界の潮流を受けて、三教調和思想に立脚した。全真教[3]の開祖である王重陽（一一一二―一一七〇）は『孝経』と『道徳経』と『般若心経』をもって立教の精神としたが、まさしく三教一致であった。彼の著『立教十五論』には禅の影響が見られる。

（1）安田二郎『中国近世思想研究』（弘文堂書房、昭和二十三年）。島田虔次『朱子学と陽明学』（岩波新書、昭和四十二年）。山田慶児『朱子の自然学』（岩波書店、昭和五十三年）。楠本正継『宋明時代儒学思想の研究』（広池学園出版部、昭和三十七年）。守本順一郎『東洋政治思想史研究』（未来社、昭和四十二年）。岩間一雄『中国政治思想史研究』（未来社、昭和四十三年）。

儒仏二教の交渉については、常盤大定「宋儒と仏教」（『支那に於ける仏教と儒教道教』前編、中）。久保田量遠「宋儒の仏教排斥論」（『支那儒道仏三教交渉史』第二十一章）。結城令聞「朱子の排仏説に於ける根本動機」（『支仏史学』第四巻第一号、昭和十五年五月）。柳田聖山「朱子と仏教の周辺」（『禅文化研究所紀要』第八号、昭和五十一年七月）。

（2）久保田量遠、前掲書、第二十二章「宋代に於ける儒仏二教調和論」。

（3）窪徳忠「金代の新道教と仏教――三教調和思想からみた――」（『東方学』第二十五輯、昭和三十八年三月）。同「全真教の成立」（『東研紀要』第四十二冊、昭和四十一年十一月）。同『中国の宗教改革』（法蔵館、昭和四十二年）。陳垣『南宋初河北新道教考』（輔仁大学叢書第八、民国三十年）。

第十三章　異民族支配下の仏教

——遼・金・元の仏教——

第一節　遼・金の仏教

遼の仏教　五代の初めごろ、契丹人の中から英傑耶《や》律《りつ》阿《あ》保《ほ》機《き》(太祖)がでて契丹の諸部族を統一して国家を建設し、爾来二百十九年の命脈を保ち、その最盛時に於ては中国東北地区を中心として、河北・山西の北部を領有し、首都の上京臨潢府を初めとして、東京遼陽府(遼陽)・中京大定府(熱河省大名府)・南京折津府(河北省北京)・西京大同府(山西省大同)の五京が置かれ、各地域の政治文化の中心となって栄えた。十二世紀の初頭、北満の一角に蹶起した満州人たる女真族はこの契丹人政権を倒し、さらに南下して宋を撃ち、淮水以北の漢地を制圧して金を建国した。

太祖は即位前の天復二年(九〇二)に潢河の南、竜化州に開教寺を建てた。これが遼の仏教[1]の起源である。九一二年(一説九二七)、天雄寺を建立し太祖が戦勝によって得た僧崇文など五十人を上京にうつし天雄寺に住さしめた。神冊三年(九一八)には帝都造営の一部として孔子廟・仏寺・道観が建立された。天賛四年(九二五)、太祖は安国寺に行幸して衆僧に供養した。仏寺の建立は漢人の移民政策と不可分の関係にあった。太宗は会同五年(九四二)皇太后の平癒を祈願するために、菩薩堂に行幸し、飯僧すること五万人に及んだ。

遼の最盛時代を現出せしめた聖宗は道仏二教に通じ、統和二年(九八四)、亡父景宗の忌日に諸道に詔して行香飯僧せしめた。飯僧とは僧に斎を供することである。同四年には戦死者の冥福を祈り、上京開竜寺に一ヵ月にわたる盛大な仏事を行い、万余の僧に供養した。しばしば飯僧するとともに多くの寺に行幸した。聖宗は崇仏家であったが、一面私度僧禁止の令を出している。このことは偽僧が増大したことを示している。この聖宗時代には学僧が輩出し、行均は『竜龕手鑑』を撰した。房山雲居寺に於ける石造経典の続刻を開始したのも聖宗であった。

聖宗をついだ興宗も崇仏策を承けたため、仏教は一段と興隆した。興宗は仏寺に行幸して自ら具足戒を受け、飯僧をしばしば行い、仏事法要に因んで囚人を特赦した。また僧侶を高位高官に任じて優遇した。道宗は遼朝第一の崇仏天子であり、特に華厳学に造詣が深かった。道宗の崇仏は「一歳にして飯僧三十六万、一日にして祝髪三千」(『遼史』巻二十六、道宗紀賛)といわれるほどであった。堂塔伽藍の建立も盛んに行われ、奉福寺の大殿堂は当時国内第一と称され、清寧中に造立された錦州大広済寺の白塔は今なお残存している。道宗は仏典研究にも力をそそき仏書の蒐集と版行につとめた。道宗は自ら『華厳経賛』(『円宗文類』巻二十二)を著わし、これを頒行した。

『大蔵経』の雕印は蜀版が最初であるが、遼の興宗は景福中(一〇三一—一〇三二)から三十余年の歳月をかけて『大蔵経』を雕造刊行した。これが契丹版『大蔵経』である。この事業には覚苑・非濁・法均等の高僧が従事した。道宗以後、契丹版『大蔵経』は度々高麗に賜与された。契丹版『大蔵経』は山西大同の大華厳寺の経蔵に収蔵されていたが早く散逸した。

聖宗の仏教保護政策によって仏教教学も隆盛をきわめた。現存する仏教関係の著書には、希麟『続一切経音義』、行均『竜龕手鑑』、覚苑『大日経義釈演密鈔』、道𣪍『顕密円通成仏心要集』『釈摩訶衍論賛玄疏』、志福『釈摩訶衍論通玄鈔』、鮮演『華厳談玄決択』、道宗『華厳経随品讃』、澄淵『四分律詳集記』、常信『倶舎論頌疏抄』などがある。これらの仏教研究の特徴は音韻字義の研究と、『釈摩訶衍論』などの密教研究と、華厳研究(2)である。遼代における華厳と密教との関係は重要である。

遼代の仏教は民衆の中にも浸透したため千人邑会が行われた。千人邑会はある寺院に属するもので、その指導には寺主が当り、一般在家の人が会員となり、一定量の財施をする義務を有した。

遼代には多くの寺塔が建てられたが現存する遼代寺院としては聖宗代の独楽寺(河北省蘇県)、

奉国寺（錦州省）、興宗代の大同の大華厳寺（河北省）などがあり、契丹仏教独特の白苔が現存している。(3)

金の仏教　遼を滅ぼした金は十二世紀の初頭より約百二十年間存続した女真族の建てた国家である。金の太祖は宋と盟約を結び、国勢衰えた遼を急襲して五京を奪取し遼の領土を占有したので、遼代に繁栄をほこった仏教文化を知悉していたにちがいないが、太祖と仏教との関係は稀薄である。つぎの太宗は仏教に対して好意的態度をもって臨んだ。太宗は天会二年（一一二四）、僧善祥に勅して山西応州に浄土寺を建立し、寺塔の造営も行った。また一面私度僧尼を禁止した。このことは華北の仏教教団に偽濫僧が多いことに原因している。

つぎの煕宗は名僧演慧をして上京に大儲慶寺を建立させた。そのほか煕宗より親任を得た漢人僧に悟銖（『補続高僧伝』巻十七、金 悟敏悟銖二伝戒大師伝）がある。悟銖は皇統中、都右街僧録に任ぜられた燕京仏教界の巨匠であった。

金の全盛時代を現出させた世宗は、金朝随一の名君といわれたが、大定二年（一一六二）には勅して燕京に大慶寿寺を建立し、玄冥禅師顗公を開山第一世とし、銭二万緡・沃田二十頃を賜わった。また山西孟県に慈氏院・清涼院の二寺を建立した。大定八年（一一六八）には東京に清安禅寺を建立し、僧五百人を度し、大定二十四年（一一八四）仰山に棲隠寺を建てて玄冥を開山第一となして田を賜与し、僧一万人を度した。さらに同年燕京に昊天寺を重建して田百頃を賜与し、毎歳僧尼十人を度せしめた。大定二十六年には大永安寺に行幸し、田二千畝・粟七千株・銭二万貫を給した。世宗は一面仏教教団に対しては厳格な統制を行った。

つぎの章宗は金代仏教界の第一人者である禅宗の万松行秀を禁庭に召して説法させ、西山の仰山に住さしめた。また章宗は仏教教団に対する統制を強め、明昌元年(一一九〇)、僧道に対して三年一度の試験を行った。翌年には親王および皇官の家に僧尼道士の出入を禁じた(『金史』巻九、章宗紀)。また僧尼道士も父母に拝を行い喪礼を行うべきことを命じた。

承安の初め頃から財政難に陥った金朝は、世宗が廃止した度牒・師号・名額の公売をやむなく行うに至った。このことは教団の腐敗・堕落をもたらしたことはいうまでもない。

金代の仏教者として活躍した人に万松行秀の門よりでた李屏山・耶律楚材がある。とくに李屏山は『鳴道集説』(4)を著わし、宋代の周濂渓・程明道・程伊川・朱熹などの排仏論を徹底的に批判して仏教を宣揚し、三教一致を主張した。

また金代仏教で特筆さるべきは金刻『大蔵経』の発見である。民国二十三年(一九三四)、山西省趙城県の広勝寺から金蔵が発見調査され、多くの紹介・研究論文がだされた(5)。この金刻『大蔵経』は金の熙宗の皇統八年(一一四八)頃より世宗の大定中に至る約三十年間に、山西省南部地方の有志が出資して雕印したものであることが明らかになった。殊に金刻『大蔵経』に収めるところの章疏・史伝・経録類等の未伝稀覯の珍籍四十六種が影印されて、『宋蔵遺珍』

として影印刊行されたことによって、これまで散逸しているとされた宋代に新訳された経律論の目録である『大中祥符法宝録』『景祐新修法宝録』『天聖釈教総録』など貴重な資料を見得るに至った。

隋の静琬に始まり、唐代に継承された房山の石経刻造事業も遼代に継続され、さらに金代にも行われた。章宗の明昌中にも石経続刻があったという(6)。

(1)　野上俊静『遼金の仏教』(平楽寺書店、昭和二十八年)。

(2)　脇谷撝謙「遼金時代の仏教」「遼金仏教の中心」(『華厳経要義』興教書院、大正九年)。亀川教信「華厳経談玄決択の完本に就て」(『竜谷学報』第三百十一号、昭和十年一月)。

(3)　神尾弌春『契丹仏教文化史考』(満州文化協会、昭和十二年)。田村実造「契丹仏教の社会史的考察」(『大谷学報』第十八巻第一号、昭和十二年五月)。

(4)　久保田量遠「金代に於ける儒道仏三教の関係」(『支那儒道仏三教史論』第二十三章)。常盤大定「金の李屛山撰「鳴道集説」について」(『服部先生古稀祝賀記念論文集』冨山房、昭和十一年)。

(5)　塚本善隆「仏教史料としての金刻蔵経」(『東方学報』京都、第六冊、昭和十一年二月)。同「金刻大蔵経の発見とその刊行」(『日華年報』第一年、昭和十一年八月)。小野玄妙「北宋官版大蔵経と遼・金・元及び高麗諸蔵との関係」(『ピタカ』第三年第八号、昭和十年八月)。石田幹之助「磧沙蔵と金刻蔵経との発見並にその影印に就いて」(『大正大学学報』第二十一―二十三輯、昭和十年十一月)。

(6)　塚本善隆「石経山雲居寺と石刻蔵経」(『東方学報』京都、第五冊副刊、昭和十年三月)。

第二節　元の仏教

元の仏教　元の太祖成吉思汗《チンギスハン》は南宋寧宗の開禧二年（一二〇六）に起っているが、後四代をへて忽必烈《フビライ》（世祖）が中統元年（一二六〇）即位し、南宋を滅ぼし、天下を統一した。元朝は喇嘛教(1)を国教としたが、そのほか仏教・儒教・道教・回教・耶蘇教・摩尼教などの諸宗教も存在し、仏教の中では禅・律等の諸派や、民間信仰や迷信と結合した白雲宗・白蓮教などの諸派があった。元の仏教諸派の中でもっとも栄えたのが禅宗であった。

臨済宗の海雲印簡(2)（一二〇二―一二五七）は太宗・定宗・憲宗・世祖の四代に仕え、憲宗の元年（一二五一）には抜擢されて天下の釈教の事を掌った。

忽必烈に重用された劉秉忠《りゅうへいちゅう》（子聡。一二〇一―一二五六）は耶律楚材とともに政治に参与した。仏教の宗派の中で臨済宗は南方に、曹洞宗は北方において栄えた。もっとも有名なのは万松行秀である。行秀は『従容録』を著わしたが、これは臨済宗の『碧巌録』と並んで曹洞宗の家風を発揮したものである。臨済宗では雪巌祖欽・高峰原妙（一二三八―一二九五）・中峰明本（一二六三―一三二三）が元代を代表する禅僧である。

また仏教史書の刊行も盛んで覚岸は『釈氏稽古略』を撰したが、明末の大聞幻輪撰の『釈氏稽古略続集』はこれに続くものである。念常は『仏祖歴代通載』を撰した。

天台宗では玉岡蒙潤（一二七五—一三四二）が『四教儀集註』を著わし、華厳宗では真覚国師文才（一二四一—一三〇二）が『恵燈集』を著わした。法相宗には普照寺普喜・景福寺英弁（一二四七—一三一四）・雲巌志徳（一二三五—一三二二）などがある。

また元代には各宗ともに清規が編輯された。至元二年（一二六五）、東陽徳煇は『勅修百丈清規』を、泰定二年（一三二五）、省悟等は『律苑事規』を、さらに至正七年（一三四七）に自慶は『増修教苑清規』を編述した。これらの三清規が十方叢林の生活を規定した。

仏寺の建立も盛んであり、上都築城の任にあたった劉秉忠は、乾元寺・華厳寺を建てたが、そのほか上都には喇嘛教系の開元寺・八思巴帝師寺などがあった(3)。仏教寺院および僧尼の人数も激増し、世祖の至元二十八年（一二九一）には寺院四万二千三百十八所、僧尼二十一万三千百四十八人を数えた。世祖の中統二年（一二六一）には慶寿寺に五百頃を、成宗の大徳五年（一三〇一）には興教寺に百頃、乾元寺に九十頃、万安寺に六百頃を賜わった（『元史』巻二十、成宗紀）。

元代の僧官制度は、教団一般の統制は宣政院(4)、この下に総統・僧録・正副都綱その他の僧官が設けられた。地方僧官の制度は、天下各州路に僧録司を置き、その管下の州に僧正司を設け、これには僧正と副僧正の二員を、県に都綱一員を置いた。江南にはこれら地方僧官を総統するものとして釈教総統所があり、これが大都宣政院に直属した。

元代の喇嘛教は八思巴《パスパ》(一二三九―一二八〇)によって世祖代にもたらされた。世祖は八思巴を国師として全仏教を統管させた。至元七年(一二七〇)帝師となり帝王に次ぐ権力を得た。八思巴の没後も、元朝帝王は西蔵僧を帝師として迎えた。(5)

世祖は至元六年(一二六九)大普寧寺で、至元十四年(一二七七)弘法寺で宋版に継いで『大蔵経』を雕印し、これを諸国に頒布した。また西蔵経典と漢訳経典とを比較研究して『至元法宝勘同総録』を完成させた。

仏道二教の論争　憲宗の時代に仏道二教の論争(6)が行われた。漢魏以来続けられてきた仏道二教の抗争はこれ以後暫く後を絶った。この論争の事実を必ずしも正しく伝えた文献ではないが祥邁の『至元弁偽録』と、念常の『仏祖歴代通載』などによってこれを知ることができる。

論争の動機は道士李志常が『太上混元上徳皇帝明威化胡成仏経』と題する化胡経の一種と『老子八十一化図』を板刻し頒布したが、少林寺福裕はその偽妄なることを訴えた。憲宗の五年(一二五五)八月、憲宗は福裕と李志常とを対決論議させその正否を決せんとした。そもそも太祖の頃より全真教の長春真人丘処機などは太祖の親任厚きに乗じて、仏寺を道観とし仏像を破壊し横暴を極めた。仏道二教は早晩対決をせまられていた時、この事件が起った。第一回の討論で道教側が破れたため、憲宗は『老子化胡経』および『八十一化図』はもちろん『道徳経』以外の一切の偽経を焼却させた。第二回第三回とも道教側が不利であった。その結果、憲宗は道士樊志応等を削髪して僧となし、偽経を焚棄せしめ、道教に略奪されていた仏寺を仏教側に復帰せしめた。しかしなおも二教間で軋轢暗闘が続いたため、世祖の至元十八年(一二八一)十月二十日、全真教弾圧の詔勅が出された。

白蓮教と白雲宗　白蓮教(7)は浄土信仰による宗教結社で、南宋の初め呉郡延祥院の慈照子元(?—一一六六)が始めたもので、白蓮菜ともいわれる。殺生戒を守り、酒肉を断じ、菜食を守る念仏結社であった。教勢が盛んとなるや、弾圧され結社は禁止され、子元は流罪となった。

元代になると世祖のとき以来、邪教として禁圧されたが、武宗の至大元年(一三〇八)、「白蓮社を禁じ、その祠宇を毀ち、その人をもって還して民籍に隷す」(『元史』巻二十二、武宗紀)とされた。廬山東林寺の普度は『廬山蓮宗宝鑑』十巻を著わし、白蓮教の本義を明らかにし、さらに元の大都へ北上して白蓮教の顕正護法につとめた。仁宗の時、一時布教を公認されたが、次の英宗のとき再び禁圧された。白蓮教には呪術信仰が混入したため、左道乱正の術として禁断された。明末には白蓮教の中に弥勒信仰が混入するに至った。清中期の嘉慶中にはしばしば宗教一揆として反乱を起した。

白雲宗(8)は北宋末、洛陽宝応寺の沙門孔清覚(一〇四三—一一二一)が杭州白雲庵によって創唱した庶民仏教の一宗派である。白雲菜とも十地菜ともいわれた。儒仏道三教一致を唱えた在家集団であったが、伝統的諸宗派から異端視され、官憲からは邪教視されて迫害と弾圧を受けた。

元代になると杭州の南山普寧寺を中心に全盛時代を迎えた(『釈氏稽古略』巻四)。南宋滅亡の直後に一般の仏教の僧官とは別に白雲宗僧録司が創設された。南山普寧寺の住持道安は白雲宗僧録に就任した。道安はまた『大蔵経』刊行を計画した。この事業は道安とこれを嗣いだ如一・如志・如賢・如隠等の歴代の住持が綜理した。かくして思渓版によった私版の杭州本(普寧寺版)といわれる元蔵五百五十八函《かん》六千十巻が完成した。白雲宗徒の社会活動の大要については、『釈門正統』巻四に収める嘉泰二年(一二〇二)七月十二日施行の臣寮の上表文によって推察することができる。『大蔵経』の刊行など不滅の功績のあった白雲宗も邪宗異端とみられ延祐七年(一三二〇)、開創以来二百二十七年にして断絶するに至った。

(1) 喇嘛教全般については、ジグメナガ「蒙古仏教史」(『蒙古喇嘛教史』第二編、生活社、昭和十五年)。橋本光宝『蒙古の喇嘛教』(仏教公論社、昭和十七年)。長尾雅人『蒙古学問寺』(全国書房、昭和二十三年)。金山正好「近世の喇嘛教」(『東亜仏教史』第三十七章、理想社、昭和十七年)。呂徴『西蔵仏学原論』(百科小叢書、商務印書館、民国二十二年)。妙舟編『蒙蔵仏教史』(上海仏学書局、民国二十四年)。L. A. Waddell, *The Buddhism of Tibet or Lamaism*, London, 1895.

(2) 岩井大慧「元代に於ける帝室と禅僧との関係について」(『日支仏教史論攷』東洋文庫、昭和三十二年)。

(3) 野上俊静「元の上都の仏教」(『仏教史学』第一巻第二号、昭和二十五年一月)。なお、同『元史釈老伝の研究』(野上俊静博士頌寿記念刊行会、昭和五十三年)には、上記論文のほか、「元代の宗教」

「元の功徳使司について」など八篇が収録されている。

（4）藤島建樹「元朝における政治と仏教」（『大谷大学研究年報』第二十七集、昭和五十年二月）。

（5）稲葉正就「元の帝師に関する研究——系統と年次を中心として——」（『大谷大学研究年報』第十七集、昭和四十年六月）。

（6）久保田量遠「元代に於ける儒道仏三教の関係」（『支那儒道仏三教史論』第二十四章）。野上俊静「元代道・仏二教の確執」（『大谷大学研究年報』第二輯、昭和十八年三月）。吉岡義豊『道教と仏教』第一（日本学術振興会、昭和三十四年）一三六—二五二頁。窪徳忠「元代仏道論争研究序説」（『結城論集』）。同「老子八十一化図説について——陳致虚本の存在をめぐって——」（『東研紀要』第四十六冊、昭和四十三年三月）。同「老子八十一化図説について——その資料問題を中心として——」（『東研紀要』第五十八冊、昭和四十七年三月）。

（7）矢野仁一「白蓮教の乱に就いて」（内藤博士還暦祝賀『支那学論叢』弘文堂書房、大正十五年）。重松俊章「初期の白蓮教会について」（『市村論叢』）。鈴木中正『中国史における革命と宗教』（東京大学出版会、昭和四十九年）。

（8）重松俊章「宋元時代の白雲宗門」（『史淵』第二輯、昭和四年）。小川貫弌「元代白雲宗教団の活躍」（『仏教史学』第三巻第一号、昭和二十七年六月）。

第十四章　明・清以後の仏教

明・清以後の近世仏教は仏教の衰退期といわれるが、中国に受容された仏教が中国民衆の中に深く血肉化し、仏教も外来宗教ではなく中国人の宗教として受け入れられたのであった。隋・唐仏教に見られるような仏教教学の絢爛たる展開はないが、かえって観音信仰、念仏会、放生会、受戒会、菜食の実践などを通して、仏教が深く民衆の中に浸透したのであった。しかもそれは民衆の「有求必応」という現世利益をかなえるものであって、仏教信仰が道教や民間信仰と習合して民衆の生活と密着するに至ったのが明・清以後の中国仏教の大勢である。

第一節　明の仏教

仏教の統制　太祖は建国とともに洪武元年(一三六八)正月、金陵天界寺に善世院を設けて仏教を管理せしめた。初代の善世禅師となったのは慧曇である。洪武十五年(一三八二)三月には寺田の売買を禁じた(『釈氏稽古略続集』巻二)。洪武十九年(一三八六)に砧基道人を置いたが、この道人は僧俗の二重人格をもち、僧団と官庁との間にあって差税を掌った僧侶である。寺田売買の禁止令が発せられると、僧道の衙門が開設され、在京僧録司の職掌が決定した。同じく洪武十五年五月には仏寺を禅・講・教の三等に分った。元代では禅・講・律の三種であったが、律寺がなくなり、これにかわって教寺が加えられた。この教寺とは瑜伽教寺である。瑜伽顕密の法事儀式を行う僧を瑜伽教僧[1]（教僧）といい、その寺を教寺という。教僧は世俗の求めに応じて仏事を行ったから赴応僧ともいい、教寺を赴応寺ともいった[2]。明代における仏教儀礼の確立と、庶民による仏教法会の流行がこの制度を生みだしたのであろう。

洪武二十七年、僧寺に関する厳重な取締令が発布されたが、これは僧俗の混淆を防ぐためであった。俗人が寺院に立ち入るのを禁止するとともに、僧が俗人の生活に接触することを禁じた。しかし教僧は俗人と接触せざるを得ないので、禅・講の僧とは異なった取締りが行われた。

僧官制度　僧侶や寺院に対する監督は礼部に属する僧侶の衙門を通じて行われた。太祖は善世院をして仏教を、玄教院をして道教をそれぞれ統轄させる機関とした。善世院は金陵の天界寺に置かれ、統領・副統領・讃教・紀化等の僧官が任命された。善世院の創設は会堂自縁によってなされた（『釈氏稽古略続集』巻二）。

明初のこの善世院に代って僧録司の制度が洪武十四年（一三八一）に成り、十五年に頒行実施された。この僧録司には在京と在外とがある。在京僧録司には左右一人ずつの善世・闡教・講経・覚義が置かれた。在外僧官としては僧綱司（府、都講・副都綱を置く）、僧正司（州）、僧会司（県）が置かれた。官制実施に伴い戒資は左善世、宗泐は右善世、智輝は左闡教、仲羲は右闡教、如玘は左講経、守仁は右講経、来復は左覚義、宗鬯は右覚義に任ぜられた。

僧官[3]の任務としては、第一に天下の僧侶の名数を調査し、僧侶の名簿である周知冊を作り、教門全般を統括した。第二は寺院の住持に欠員が生じれば、徳行高き者を推薦し、考試の上任用を決定した。第三は未だ度牒のない僧は、考試の上、度牒を給した。第四は天下の僧を検束して、戒律を厳守させ、教法を闡揚し、戒律に違反する者があれば、これを取り調べて処置した。

高僧の活躍　明代に活躍した僧侶はほとんど禅宗系統の人である。明初においては楚石梵《そせきぼん》琦《き》（一二九六―一三七〇）と道衍がある。楚石梵琦は臨済宗に属し、大慧の宗風をかかげて声望高く王臣に帰崇された。著書に『浄土詩』『慈氏上生偈』『北游集』『鳳山集』等があり、教禅一致説を唱えた。

道衍は太宗の軍師、僧録司左善世、太子少師となり権勢をきわめた（『明史』巻百四十五、姚広孝伝。『増集続伝燈録』巻五）。天界寺慧曇は善世院を統括し、紫衣および金襴の方袍を賜わり、演梵善世利国従教大禅師となった（『補続高僧伝』巻十四、覚原曇禅師伝）。万暦以後、高僧の輩出につれて、その宗風は遠く滇黔《てんけん》（雲南・貴州）地方にまで及んだ[4]。

雲棲袾宏(一五三五—一六一五)は杭州仁和の人、蓮池大師と称された。華厳の弁融および禅の笑巌徳宝について教えを受けた。著書に『首楞厳経』『阿弥陀経』『遺教経』『梵網経』の注釈、『禅関策進』『緇門崇行録』『自知録』『往生集』『竹窓随筆』『水陸儀軌』『放生儀』などがある。『禅関策進』は、日本の禅宗にも大きな影響を与えた。また『水陸儀軌』などの仏教儀礼に関する著書は、従来の仏教儀礼を大成させるとともに、現代行れている中国仏教儀礼の基礎をつくったものである。

紫柏真可(一五四三—一六〇三)、字は達観、江蘇呉江の人、徧融に参じて心印を得た。著書は『紫柏尊者全集』および『紫柏尊者別集』の中に収録されている。憨山徳清とともに万暦中に『大蔵経』を雕印した。

憨山徳清(一五四六—一六二三)、雲谷法会・徧融などの教えを受け、廬山五乳峰に草庵を結んで浄業を修した。儒仏の融和と華厳と禅との融合を説いた。著書に『解楞伽経記』『円覚経直解』『法華経通義』『肇論略註』『憨山老人夢遊集』『憨山語録』などがある。儒仏融和の立場から『中庸直解』『老子解』『荘子内篇注』などが書かれた。

蕅益智旭(5)(一五九九—一六五五)は自ら八不道人と号し、雲峰大師とも称する。江蘇呉県の人、初め儒教を学んだが十七歳で雲棲袾宏の『自知録』を読んで自省し、さらに憨山徳清を慕って出家した。宗は天台に属すが、華厳・法相に通じた。禅は仏心、教は仏語、律は仏行で、三学一致の旨により諸宗融合を主張した。唯識と『起信論』を調和させて、『起信論疏裂網疏』を、禅と念仏を調和させて『阿弥陀経要解』を著わした。天台宗のものとしては『教観綱宗』『教観綱宗釈義』などがあり、その他『楞厳経玄義』『楞伽経玄義』『金剛経観心釈』『般若心経釈要』『法華経会義』『遺教経解』『四十二章経解』『八大人覚経略解』『起信論裂網疏』『大乗止観法門釈要』『閲蔵知津』などがある。また、基督教に対しては『天学初徴』『天学再徴』(6)を著わし、儒教については『易経禅解』『四書直解』を作った。

そのほか法相宗の明昱は、『百法論』『唯識三十頌』『入正理論』『八識規矩』を集めて注解し、『相宗八要解』を作った。禅宗では明末に永覚元賢(一五七八—一六五七)が現われ、曹洞の真風を振い、『洞上古轍』を著わした。

儒仏の関係　袾宏・智旭などの儒仏調和論があるのに対して、儒者によって排仏論も展開された。胡居仁の『居業録』、羅欽順の『困知記』、詹陵の『異端弁正』などがそれである。これらの排仏論に対して護法論があらわれた。心泰の『仏法金湯編』、屠隆の『仏法金湯録』、姚広孝の『道余録』などがそれである。

明代になると儒者も仏教を研究し、これを自己の薬籠中のものとしたが、その代表的な人は王陽明(7)(一四七二—一五二八)である。王陽明は陸象山の学説を承けて、知行合一説、致良知説を主唱した。とくに実践法において禅家の坐禅の影響がみられる。

善書と宝巻　明・清時代、一般民衆の間に普及したものに「善書」(8)(勧善書)と「宝巻」(9)がある。「善書」の代表的なものには『太上感応篇』『文章帝君陰隲文《いんしつぶん》』『関聖帝君覚世真経』など道教信仰にもとづく「善書」がある。「善書」の成立と相前後して「善書」の一類であるが「宝巻」が成立した。明末以後の宗教結社ではそれぞれ「宝巻」を作って秘密に所持した。

明代の袁了凡《えんりょうぼん》が勧善書である『陰隲録』を著わしたが、これを改変して具体的に実践できるように試みたのが雲棲袾宏の『自知録』上下である。『自知録』は善門・過門の二門に分ち、善門には忠孝類・仁慈類・三宝功徳類・雑善類を、過門には不忠孝類・不仁慈類・三宝罪業類・雑不善類の各四項を設けて善悪功過を詳しく判別している。人の一命を害すれば百過、錯って人を死刑に処すれば八十過等と規定され、善事をなせば加え、悪事をなせば減じ、減じて零に至った時、その人の命数が終わるという。『自知録』は徳目の分類、善過の評価が精細で、世間・出世間にわたって人間生活の一切を網羅して残すところがない。これらの『陰隲』『自知』の二録は袾宏以後、盛んに刊行され、家々に広く流布された。中国民衆が陰徳を積まんとするのはこの功過格思想が生活の中に根強く浸潤しているからであろう。寺院や廟などにおいても、多くの「善書」が施本として備えられている。

(1)　竜池清「明代の瑜伽教僧」(『東方学報』東京、第十一冊之一、昭和十五年三月)。
(2)　竜池清「明初の寺院」(『支仏史学』第二巻第四号、昭和十三年十二月)。

(3) 竜池清「明代の僧官」(『支仏史学』第四巻第三号、昭和十五年十一月)。間野潜竜「中国明代の僧官について」(『大谷学報』第三十六巻第三号、昭和十三年二月)。
(4) 陳垣『明季滇黔仏教考』(輔仁大学叢書第六、民国二十九年)。
(5) 張聖厳『明末中国仏教の研究——特に智旭を中心として』(山喜房仏書林、昭和五十年)。
(6) 横超慧日「明末仏教と基督教との相互批判」(『大谷学報』第二十九巻第二・三・四号、昭和二十四年十二月、二十五年五月)。
(7) 久須本文雄『王陽明の禅的思想研究』(日進堂書店、昭和三十三年)。荒木見悟『仏教と儒教』(平楽寺書店、昭和四十七年)。同『明代思想研究——明代における儒教と仏教の交流——』(創文社、昭和四十七年)。小柳司気太「明末の三教関係」(高瀬博士還暦記念『支那学論叢』弘文堂書房、昭和六年)。久保田量遠「明代に於ける儒仏二教の関係」(『支那儒道仏三教史論』第二十五章)。
(8) 高雄義堅「明代に大成せる功過格思想」(『中国仏教史論』)。清水泰次「明代における宗教融合と功過格」(『史潮』昭和十一年十月)。酒井忠夫『中国善書の研究』(弘文堂、昭和三十五年)。同「明末清初の社会における大衆的読書人と善書・清言」(『道教の総合的研究』国書刊行会、昭和五十二年)。西沢嘉朗『陰隲録の研究』(八雲書店、昭和二十一年)。秋月観暎『中国近世道教の形成』(創文社、昭和五十三年)。
(9) 沢田瑞穂『増補宝巻の研究』(国書刊行会、昭和五十年)。塚本善隆「宝巻と近代中国の宗教」(『仏教文化研究』第一号、昭和二十六年六月)。

第二節　清の仏教

清朝帝室と仏教　清朝帝室[1]は喇嘛教を崇拝し、北京の紫禁城には喇嘛教の本山雍和宮をもうけたが、仏教に対しても崇拝の念が篤かった[2]。しかしその立場は仏道を抑圧する方針をとった。『康熙字典』の編纂の偉業を達成した康熙帝は在位六十年にわたって崇仏の念強く、明末以後山林に隠れていた各宗の高僧を京師に迎えたため、明末以後衰微した仏教は再び活気を呈した。雍正帝は喇嘛僧章嘉国師に師事し、さらに中国禅僧迦陵性音に参じて大悟徹底し、自ら円明居士と号し、『御選語録』および、『揀魔弁異録』を撰した。帝は儒仏道三教の一致と、仏教中の諸宗一致、禅家中の五家一致を主唱し、また雲棲袾宏に範を取り、禅門の弊風を整理するため浄土門を鼓吹した。雍正帝の念仏提唱が近世の仏教に大きな影響を与え、中国の仏教がその宗派の如何を問わず、念仏をもって基本とするに至った。

なお清代の名僧には、木陳道忞(一五九六—一六七四)・憨璞性聡(一六一〇—一六六六)・玉林通琇(一六一四—一六七五)・為霖道霈(一六一五—一七〇二)・柏亭続法(一六一二—一七二三)などがある。

『大蔵経』の出版　乾隆帝の事業で最も著明なものは『大蔵経』の刊行である。清代における『大蔵経』の刊行は、康熙帝の時、明の万暦蔵につづいて、『続蔵』(『明続蔵』)九十三帙千八百三十三巻、および『又続蔵』四十七帙千二百四十六巻が刊行された。さらに雍正十三年(一七三五)から乾隆三年(一七三八)にわたって勅版『大蔵経』が刊行されたが、これが『竜蔵』であり、七百三十五帙七千八百三十八巻にわたる大部なものである。ついで清末の宣統三年(一九一一)には日本の『縮刷蔵経』がそのまま翻刻されたが、これが『頻伽蔵経』であり、民国十二年(一九二三)には日本の『大日本続蔵経』が影印刊行されている。また乾隆三年(一七三八)には『大清重刊三蔵教目録』が刊行された。

乾隆帝はまた乾隆二十二年(一七五七)、西蔵『大蔵経』の調査を命じて、『如来大蔵経総目録』(『番蔵目録』)を作り、あわせて『蒙古蔵経』の調査も行った。乾隆二十四年(一七五九)、満漢蒙蕃四訳対照の『漢満蒙蔵四体合璧大蔵全呪』を編輯した。その後、乾隆帝は漢文『大蔵経』の満州語訳を計画し、乾隆三十八年(一七七三)から乾隆五十五年(一七九〇)にかけて満州語訳『大蔵経』を完成した。

清朝の仏教対策　清代の僧官(3)は形式的に明の旧制に従い、北京に僧録司を、地方の府には僧綱、州には僧正、県には僧会を設けてこれを統括せしめた。僧録司の下には左右善世二人・闡教二人・講経二人・覚義二人が置かれたが、実際の権力はなかった。出家に対する制限を設けたが、これは無業の遊民が僧侶となって坐食することを制止するため規定したものにすぎず、また寺院の設立についても厳重な制限を設けた。その他、僧尼の姦淫に対して厳重な制裁を定めたり、服装についても規定した。そのため中国の僧はいずれもみな、質素な法衣を着用し、衆僧は鼠色の綿衣を、住持は茶色の綿服を用い、法要の時のみ緋色の袈裟を着用した。

居士仏教の擡頭　乾隆帝が仏教教団を社会から遊離させる方針を採用したため、清末の仏教は仏教教団から次第に在家の居士の手中に移り、居士仏教[4]が盛んとなった。多くの勝れた居士の中でもっとも有名なのが彭紹升と楊文会である。

彭紹升（一七四〇―一七九六）は長州の人、尺木居士と号した。仏教を信仰し、酒肉等の五辛を退け、蓮社を作って念仏をなし、放生会などの仏教行事を行った。また仏学に精通し、『居士伝』『善女人伝』『浄土賢聖録』をはじめ、『華厳念仏三昧論』『一乗決疑論』『念仏警策』など多くの書を著わした。

楊文会[5]（一八三七―一九一一）は号は仁山、安徽石埭の人。病中、『起信論』を読み仏教を知り、さらに『金剛経』『楞厳経』を通読して仏道に帰した。その信仰は『起信論』を根拠とし、さらに『法華経』『華厳経』『唯識論』をあわせ、最後は浄土をもって帰結とした。光緒二十三年（一八九七）、南京に金陵刻経処を設立し、仏典の刊行・普及に貢献した。英国滞在中、南条文雄とあい知り、その協力によって中国で失われた経論を求めてこれを出版した。またリチャードの『大乗起信論』の英訳を助けた。『楊仁山居士遺著』の中の『等不等観雑録』には日本僧侶との往復書簡が収録されている。楊文会は近世における中国仏教の中興の祖であるばかりでなく、康有為・梁啓超・譚嗣同・章炳麟などに大きな思想的影響を与えた。(6)

(1) 塚本善隆「明・清政治の仏教去勢」(『仏教文化研究』第二号、昭和二十七年九月)。
(2) 山内晋卿「清朝帝室と仏教」(『支那仏教史之研究』)。
(3) 水野梅暁『支那仏教近世史の研究』(支那時報社、大正十四年)二八—三六頁。
(4) 小川貫弌「居士仏教の近世的発展」(『竜谷大学論集』三百三十九号、昭和二十五年六月)。
(5) 水野梅暁、前掲書、五四—五八頁。
(6) 小野川秀美『清末政治思想研究』(東洋史研究会、昭和三十五年)。西順蔵編『原典中国近代思想史』第二冊(岩波書店、昭和五十二年)。

第三節　民国革命以後の仏教

清末民初の排仏運動　清末、洪秀全による太平天国の革命運動によって寺廟は破壊され、その命脈も絶たれようとした仏教も楊仁山居士などの活躍により、わずかに命脈を存していたが、光緒二十四年(一八九八)、湖広総督張之洞(一八三七—一九〇九)の「中学(儒教)を体となし、西学を用となす」の教育方針が容れられ、各地の仏教寺院の財産を没収して、各種の学校を建設せんとし、極端な廃仏政策が行われた。いわゆる廟産興学である。廟産とは寺廟の一切の財産をいう。この運動は廟産の十分の七をもって学校教育の費用に充当させることをねらった。この廟産興学運動[1]は民国になってもしばしば主張された。南京中央大学教授邰爽秋《たいそうしゅう》は民国二十年(一九三一)、僧閥の打倒、僧衆の解散、廟産の劃撥、教育の振興の四項を掲げ、廟産興学組織委員会を組織した。

仏教界の革新　寺院の存在を脅かす廟産興学運動に対して、仏教界は一致団結する必要に迫られ、民国元年(一九一二)、天童寺敬安(一八五一―一九一二)は中華仏教総会を創設し、寺産保護と仏教振興にのりだした[2]。一方、居士を中心とする仏教会も出現した。仏教界の革新に活躍した人には敬安・道階・諦閑・円瑛などがあるが、もっとも有名なのは南京の毘盧寺太虚(一八九〇―一九四九)である。師の敬安が廟産興学に反対して憤死したのに対して、太虚は仏教界の粛正を意図し、『覚社叢書』を創刊して、『整理僧伽制度論』を発表した。人材養成のためには武昌仏学院などを設立して青年僧を教育し、世界仏教徒の協力を説いて世界仏教連合会を組織し、月刊誌『海潮音』を発刊した。民国以後中国で活躍している僧・居士の多くは彼の感化を受けた。没後、『太虚大師全書』『太虚大師年譜』が刊行された。

仏教団体の設立[3]　中国僧侶の教育機関として最も代表的なものは、太虚の経営した武昌仏学院である。また楊仁山居士の門下であった欧陽漸(竟無)が主宰した南京の内学院は梵蔵漢の文献を比較研究し、仏教研究[4]に大きな成果をあげた。この内学院は学科と事科の二科に分れ、

校が創設された。

研究教育と、蔵経の刊行整理などを行った。その他、弘慈仏学院（北京）、法界学院（廬山）、清涼学院（常州）、明教学院（杭州）、学仏社（済南）、覚海学院（揚州）、仏学院（成都）など各種の仏教学校が創設された。

また研究団体としては紹興仏学研究会・鄞県仏学研究会・済南仏学社閲経処・杭州仏学研究会・鎮江仏学研究会など多くの研究会が創設され、その他、中国仏学会などの仏教の弘法布教団体なども成立した。また修養団体としては念仏蓮社の伝統をつぐ棲雲寺の蓮池海会・済南女子蓮社などをはじめ、浄業社と称する団体が各地に設立された。そのほか浄土を主とせざる一般的な修養団体として世界仏教居士林（上海）がある。

教化団体としては仏化新青年会があり、月刊雑誌『仏化新青年』を発刊し、仏教の宣伝教化にあたった。その他、社会事業として孤児院・養老院・医院などの開設も見られる。

仏書の出版　金山寺僧の宗仰が日本弘経書院の『縮刷蔵経』を翻刻（『頻伽蔵経』）したのにつづいて、上海商務印書館では『大日本続蔵経』を翻刻した。さらに民国二十年（一九三一）より四年間にわたって磧沙版『大蔵経』（『影印宋磧沙蔵経』）が影印刊行された。また金刻『大蔵経』も民国二十四年（一九三五）、上海から『宋蔵遺珍』として刊行された。民国元年（一九一二）には月刊雑誌『仏学叢報』（濮一乗・狄楚卿）が発刊され、つづいて多くの仏教雑誌が刊行されたが、なかでも『海潮音』（太虚）がもっとも充実した雑誌でよく普及した。一方、日本においても昭和九年、中国僧との提携交流を目的として設立された「日華仏教学会」(東京)は機関紙『日華仏教』を発刊し、「日華仏教研究会」(京都)は『日華仏教研究会年報』を刊行した。

仏教研究の隆盛　康有為(一八五八―一九二七)の『大同書』や譚嗣同(一八六六―一八九八)の『仁学』の中には仏教思想の影響が見られる。章炳麟(一八六八―一九三六)の仏学思想は『五無論』『無神論』『建立宗教論』『人無我論』『大乗仏教縁起論』『大乗起信論弁』(『章氏叢書』)などに見られる。梁啓超(一八七三―一九二九)は仏教に関して「仏教之初輸入」「仏教与西域」「大乗起信論考証序」などの諸論文を発表した(民国六十四年刊『中国仏教研究史』に収録)。胡適(一八九一―一九六二)は『神会和尚遺集』『中国禅学史』(『支那禅学の変遷』)など中国禅宗史研究に新生面を開いた。その他、熊十力(一八八二―一九六八)は『新唯識論』『仏家名相通釈』を、湯用彤は『漢魏両晋南北朝仏教史』を著わし、これは中国仏教史研究に大きな貢献を果した。また居士としては梅光羲に『相宗綱要』『相宗史伝略録』『法苑義林章唯識章註』『相宗新旧両訳不同論』などが、蔣維喬は『中国仏教史』『仏学綱要』『大乗広五蘊論註』などを、黄懺華は『中国仏教史』『印度哲学史綱』『仏教各宗大意』などを著わした。僧侶としては諦閑(一八五八―一九三二)は『大乗止観述記』『円覚経講義』『梁皇懺随聞録』『八識規矩頌講義』などを、また印光(一八六一―一九四〇)は『印光法師文鈔』を著わし、浄土教を鼓吹した。

仏教信仰と仏教儀礼　民間信仰としての仏教は道教や一般の民間信仰と融合し、信仰の対象としては関帝と観音がその中心とされている。観音は白衣大士・南海大士・慈航大士と称され、道教の廟においても信仰の対象とされている。中国に受容された後漢の仏教は現世利益のために信仰されたのであるが、庶民の仏教信仰は現世利益で一貫され、「有求必応」(5)のために仏・菩薩が崇拝の対象とされたのである。仏教信者は放生会に参加して殺生を断ち、菜食主義(素食)を守り、とくに北京六味斎や上海功徳林などの菜館があり、仏教の流通につくしている。また念仏浄業会や受戒会の参加も盛んであり、一部人士によって仏教信仰は継続された。近代中国の仏教儀礼(6)は明代に確立されたと思われるが、瑜伽餤口(施餓鬼)、梁皇懺、慈悲水懺(7)、金剛懺、大悲懺(8)などの仏教儀礼が行われている。

現代の中国仏教　一九四九年、中華人民共和国の成立(9)にともなって、仏教は個人の信仰の自由に限定されたが、仏教寺院や仏教文化に対しては修復援助がなされ、山西省の玄中寺(10)、西安の大慈恩寺、杭州の霊隠寺、南京の霊谷寺、上海の玉仏寺、北京の広済寺、洛陽の白馬寺などの仏教寺院を初め、大同の雲岡石窟、洛陽の竜門石窟、甘粛省の敦煌石窟などが修復保護されている。(11)仏教界は一九五三年に成立した中国仏教協会によって統一されている。中国仏教協会は現在、趙樸初居士を中心として、仏教を通じての世界人民との連帯交流を深め、日本仏教徒との交流のセンターとして、太原の石壁玄中寺や、揚州の鑑真和尚の法浄寺(大明寺)などを復興整備している。

仏教関係の雑誌としては、一九五〇年に『現代仏学』の第一巻第一期が発刊され、一九六四年第六期(計百四十四期)に至るまで刊行された。また学術書としては任継愈の『漢―唐仏教思想論集』が刊行され、唯物史観の立場から中国仏教思想史が再検討されるに至った。[12]

(1) 牧田諦亮「清末以後に於る廟産興学と仏教教団」(上海東亜同文書院大学刊『東亜研究』第六十四号、昭和十七年十二月)、藤井草宣「中国仏教の寺田喪失――解放までの経緯――」(『東海仏教』第三輯、昭和三十二年十月)、塚本善隆「中華民国の仏教」(仏教大学編、三教授頌寿記念『東洋学論叢』昭和二十七年)、釈東初「維新運動与仏教厄運」「仏教存亡関頭」(『中国近代仏教史』上・下、第五・七章、中華仏教文化館、民国六十三年)参照。

(2) 水野梅暁「民国の建設と仏教の再興」(『支那仏教近世史の研究』第九)。

(3) 水野梅暁『支那仏教の現状に就て』(支那時報社、大正十五年)二一―五七頁。『華北宗教年鑑』(興亜院華北連絡部内、興亜宗教協会、民国三十年)。

(4) 佐藤泰舜「現代支那の仏教研究一斑――南京内学院発行の「内学」について」(『宗教研究』新第三巻、大正十五年度)。

(5) ウィン・チット＝チャン、福井重雅訳『近代中国における宗教の足跡』(金花舎、昭和四十九年)。興亜華中調査資料第四〇六号『中支に於ける民間信仰の実情』(興亜院華中連絡部、昭和十七年)。興亜資料第九号『支那に於ける新興宗教』(興亜院政務部、昭和十五年)。

(6) 中国仏教の儀礼については、Holmes Welch, *The Practice of Chinese Buddhism*, 1900–1950, Harvard Univ. Press, 1967. 鈴木大拙『中華仏教印象記』(森江書店、昭和九年)。

(7) 塩入良道「慈悲道場懺法の成立」(吉岡博士還暦記念『道教研究論集』国書刊行会、昭和五十二年)。

(8) 拙稿「香港の仏教儀礼——大悲懺法について——」(『印仏研』第二十二巻第一号、昭和四十八年十二月)。同『日本仏教のふるさと』(東京大学出版会、昭和五十三年)。

(9) 中濃教篤『中国共産党の宗教政策』(理想社、昭和三十三年)。香港仏教聯合会編『中国大陸仏教資料彙編——一九四九年至一九六七年——』(友聯書報発行公司、一九六八年)。小竹文夫「現代中国の宗教政策」(『塚本論集』)。牧田諦亮『アジア仏教史・中国編Ⅱ・民衆の仏教』(佼成出版社、昭和五十一年)一九三頁以下。Holmes Welch, *The Buddhist Revival in China*, Harvard Univ. Press, 1968. Holmes Welch, *Buddhism under Mao*, Harvard Univ. Press, 1972. Richard C. Bush, Jr., *Religion in Communist China*, Abingdon Press, 1970.

(10) 菅原恵慶『玄中寺と曇鸞大師』(ピタカ、昭和五十三年)。

(11) 中国仏教協会編『中国仏教』(北京、民族出版社、一九五五年)。なお新発見の房山石経が、中国仏教協会編『房山雲居寺石経』(文物出版社、一九七八年)と題されて刊行された。

(12) 任継愈『漢—唐仏教思想論集』(北京、人民出版社、一九七三年)。批評的紹介としては、Kenneth Ch'en, "Chinese Communist Attitude towards Buddhism in Chinese History", *China Quarterly*, No. 22, 1965. 岡部和雄・河合一孝訳「中国における仏教および仏教研究」Ⅰ・Ⅱ(『宗教学論集』第三・四輯、昭和四十四年十二月、四十五年十二月)。

中国仏教史籍解題

出三蔵記集　僧祐撰。十五巻。正蔵五十五巻。梁の天監九—十七年(五一〇—五一八)の間に撰述。僧祐録ともいう。現存諸経録中、最古のものに属する。後漢から梁代までの経典目録を編集したもので、経録と経序と僧伝との三部から成りたっている。

歴代三宝紀　費長房撰。十五巻。正蔵四十九巻。隋の開皇十七年(五九七)撰。長房録ともいう。十七ヵ年の歳月をかけて編集した一切経目録である。出三蔵記集が南朝に詳しいのに対して、本書は北朝の諸経に詳しいのが特色である。

大唐内典録　道宣撰。十巻。正蔵五十五巻。唐の麟徳元年(六六四)撰。内典録ともいう。従来の諸経録の長を採り、弊を革めるため撰集された一切経目録である。第八巻の歴代衆経見入蔵録は道宣が実際に西明寺の蔵経にもとづいて作成したものである。

開元釈教録　智昇撰。二十巻。正蔵五十五巻。唐の開元十八年(七三〇)撰。開元録ともいう。一切経目録で千七十六部五千四十八巻が収録されている。既存の経録中で開元録にまさるものはなく、その後の経録もすべて開元録を基礎としてその後の訳出経を追加しているにすぎない。

貞元新定釈教目録　円照撰。三十巻。正蔵五十五巻。唐の貞元十六年(八〇〇)撰。貞元録、円照録ともいう。唐の徳宗の勅命によって西明寺沙門円照が撰述した。勅選一切経目録の代表的なもの。後漢明帝永平十年(六七)より徳宗の貞元十六年(八〇〇)に至る七百三十四年間に伝訳された二千四百十七部七千三百八十八巻の経典を収録している。その大部分は開元録の記事を継承している。

高僧伝　慧皎撰。十四巻。正蔵五十巻。梁の天監十八年(五一九)撰。梁高僧伝または梁伝ともいう。後漢の永平十年より梁の天監十八年に至る四百五十三年間における正伝二百五十七人、付伝二百四十三人の伝記を収録したもの。訳経、義解、神異、習禅、明律、亡身、誦経、興福、経師、唱導の十科に分けている。

続高僧伝　道宣撰。三十巻。正蔵五十巻。唐高僧伝または唐伝ともいう。唐の貞観十九年(六四五)撰。慧皎の高僧伝に続いて、梁代より唐の貞観十九年に至るまで百四十四年間にわたって、高僧の正伝三百四十人、付伝百六十人の伝記を収録したもの。貞観十九年脱稿後もしばしば増補している。中国仏教第一の仏教史家道宣の代表的史伝書である。

宋高僧伝　賛寧等撰。三十巻。正蔵五十巻。宋の端拱元年(九八八)撰。梁・唐の両高僧伝を継ぎ主として唐代の高僧の伝記を撰集したもの。当時、唐末五代の乱世のため、資料の散逸多くそのため錯誤も見られる。

大明高僧伝　如惺撰。八巻。正蔵五十巻。明の万暦四十五年(一六一七)撰。訳経篇、解義篇、習禅篇の三科に分けられ、南宋七十九人、元二十二人、明十八人、計百十九人と付伝六十人を加えた百七十九人の高僧の伝を収録している。

仏祖歴代通載　念常撰。二十二巻。正蔵四十九巻。元の至正元年(一三四一)撰。過去七仏より元の元統元年(一三三三)に至るまでの仏教上の事跡を挙げた編年史である。

釈氏稽古略　覚岸撰。四巻。正蔵四十九巻。元の至正十四年(一三五四)撰。仏教を中心とする三教の史実を編年体で記述したもので、仏祖歴代通載と同じ型の僧史である。

釈氏稽古略続集　幻輪撰。三巻。続蔵第百三十三冊。明の崇禎十一年(一六三八)撰。釈氏稽古略につづいて、元の世祖の至元元年(一二六四)より明の熹宗の天啓七年(一六二七)にいたるまでの三百六十四年間にわたり、四百三十余人の僧の伝記を中心に編述したもの。

弘明集　僧祐撰。十四巻。正蔵五十二巻。後漢より梁代に至る間の儒仏道三教の交渉関係に関する重要な資料を網羅したものであり、初期中国仏教史研究の重要資料であるばかりでなく、六朝思想史研究の資料を提供してくれる。

広弘明集　道宣撰。三十巻。正蔵五十二巻。唐の麟徳元年(六六四)撰。梁の僧祐の弘明集に収録されなかった六朝諸家の文、および梁代より唐初に至る護法の文書、詩賦、詔銘などを編録したもの。内容は帰正、弁惑、仏徳、法義、僧行、慈済、誡功、啓福、悔罪、統帰の十篇よりなる。仏教史上重要であるのはもちろん道教史上の貴重な資料である。

法苑珠林　道世撰。百巻。正蔵五十三巻。唐の総章元年(六六八)撰。本書は諸経論におけるあらゆる事項を類別して集成したもので、仏教の大百科辞典である。また中国仏教資料としても重要である。

釈門正統　宗鑑撰。八巻。続蔵第百三十冊。宋の嘉熙元年(一二三七)撰。天台宗の記伝史である。釈門の正統が天台宗にあることを論述したもの。天台宗以外にも禅宗、華厳宗、法相宗、律宗、密教の相承についてもふれている。

仏祖統紀　志磐撰。五十四巻。正蔵四十九巻。宋の咸淳五年(一二六九)撰。インドの高僧、および天台宗の歴代祖師の伝を収録した天台宗史であるが、浄土立教志、諸宗立教志など他宗の歴史もある。巻三十四から巻四十八までの法運通塞志は仏教史を叙述している。

景徳伝燈録　道原撰。三十巻。正蔵五十一巻。宋の景徳元年(一〇〇四)撰。過去七仏よりインドの祖師、中国の達摩より法眼宗の清涼文益に至る禅宗五家五十二世にわたる伝燈法系を詳述したもので、その数、千七百一人に達する。中国禅宗史研究の重要資料である。

大宋僧史略　賛寧撰。三巻。正蔵五十四巻。宋の太平興国三年―咸平二年(九七八―九九九)間に撰述。僧史略ともいう。仏教に関する事理、来歴、紀綱、制度の実際を列記したもので、中国仏教の法制、儀礼などを知る重要な資料である。

僧伝排韻　堯恕編。百八巻。大日本仏教全書第九十九—百。日本の天台座主堯恕法親王（一六四〇—一六九五）が苦心して作った中国の各種の僧伝の索引であり、人名の下字を韻に排列した人名辞書である。中国仏教研究者必須の仏家人名辞典である。

中国仏教の史籍の解題書に、陳垣撰『中国仏教史籍概論』（中華書局、一九六二年）がある。なお、僧人の生存年代については、陳垣撰『釈氏疑年録』（中華書局、一九六四年）がある。

中国仏教各宗系譜

成実学派系譜

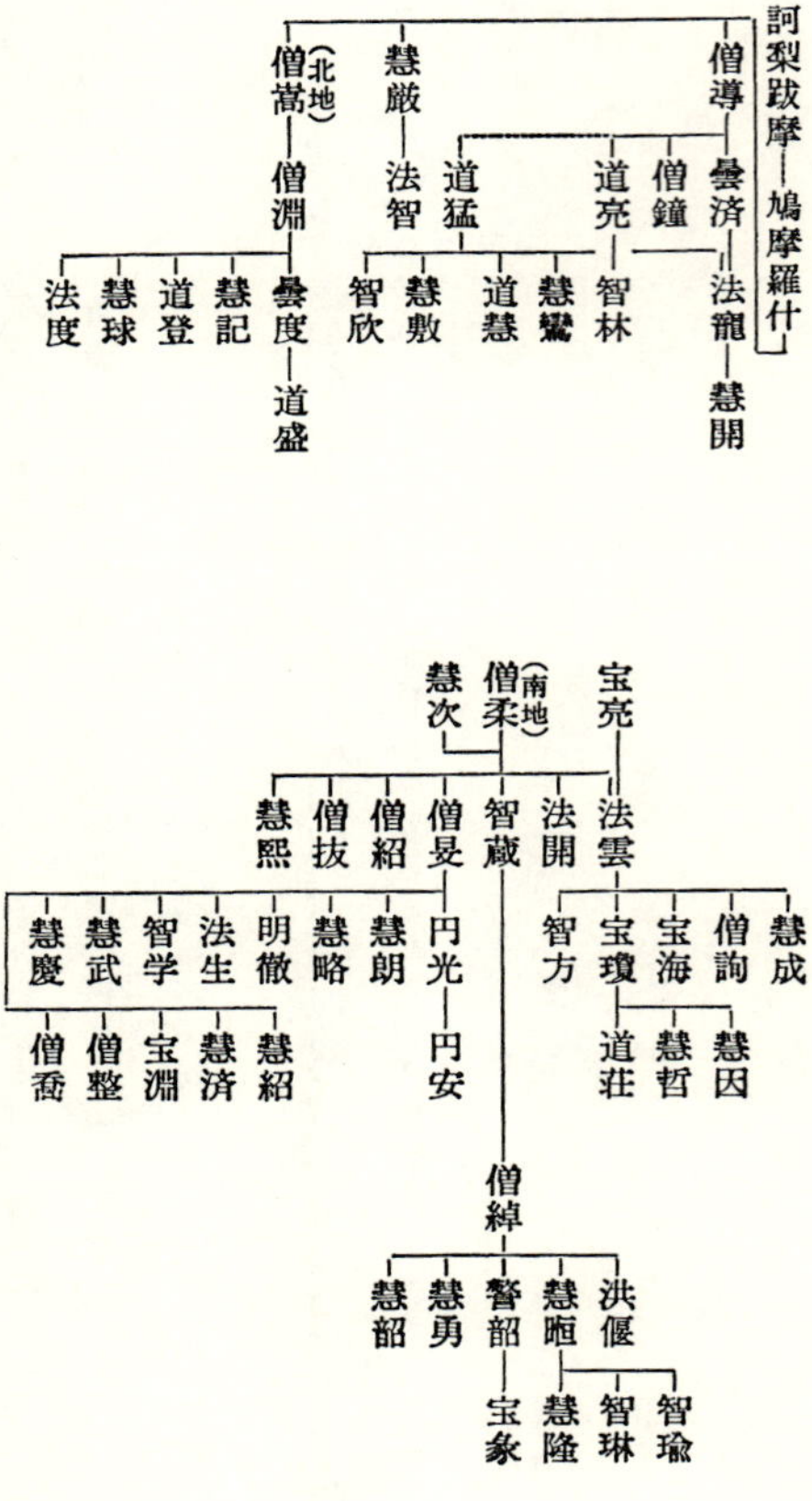

涅槃学派系譜

- (鳩摩羅什)
  - 道生
    - 宝林—法宝—慧生
    - 僧含
    - 道猷
  - 慧厳—法智
  - 慧観—法瑗—僧宗—曇准
  - 僧導—僧鐘
  - 曇無成

- 静林
  - 曇済—僧宗
  - 曇斌—僧宗

- 慧静
  - 法瑤
  - 慧亮

- 白頭—曇無讖
  - 慧嵩
  - 道朗

- 僧妙—曇延
  - 慧海
    - 欽崇
    - 徳範
  - 童真
  - 通幽
  - 覚朗
  - 道洪
  - 道遜
  - 慧誕
  - 道謙—道基
  - 玄琬
  - 法常—徳遜

- 慧遠
  - 僧荘
  - 道汪
  - 曇順—僧慧

- 慧光—法上—慧遠
  - 明璨
  - 宝安
  - 道嵩
  - 智嶷
  - 善胄—慧威
  - 玄鑒

- 道明—宝亮—法雲
  - 僧詢
  - 道遂
  - 宝海—法明
  - 道標
  - 宝瓊—慧哲
    - 慧品
    - 法粲
    - 智嵩
    - 慧嵩
    - 法同
    - 慧璿
    - 慧楞

- 僧嚼
  - 智聚
    - 道恭
    - 道順
    - 法恭—慧襲
  - 智脱

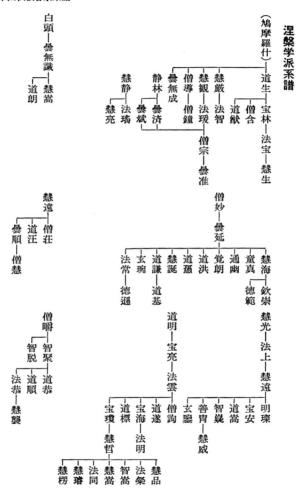

地論学派系譜

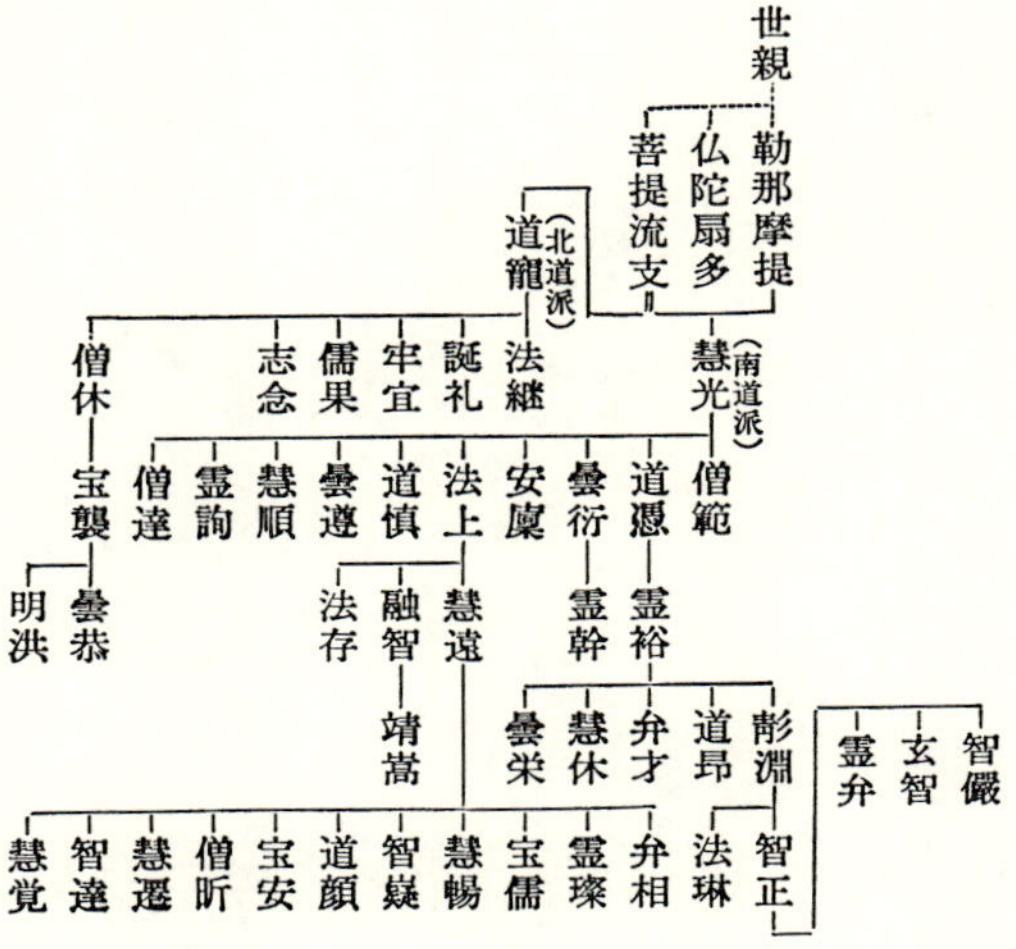

摂論学派系譜

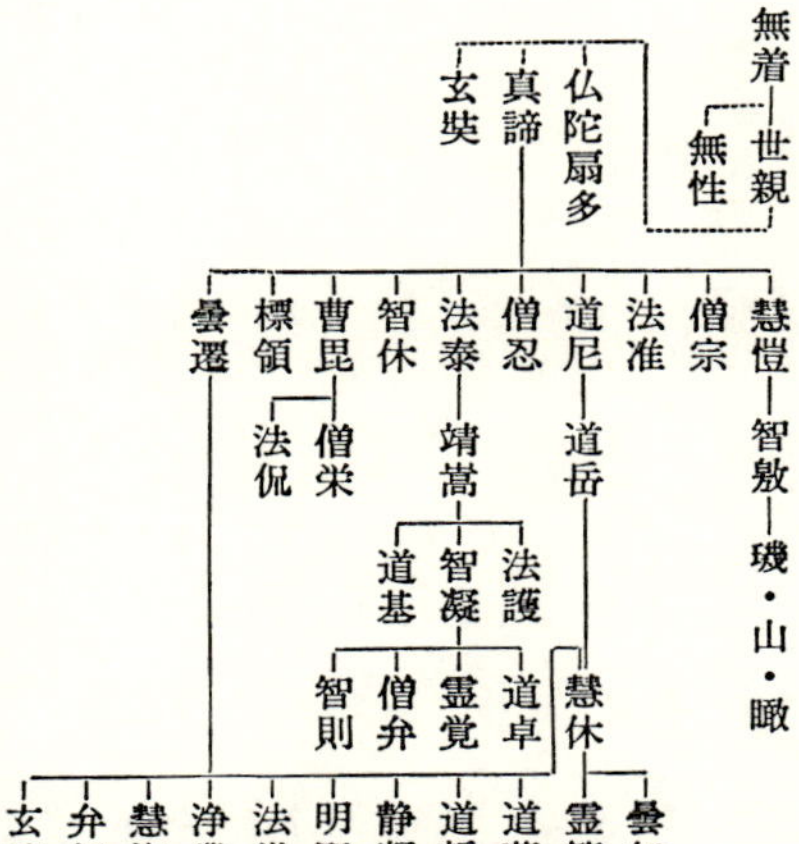

三論宗系譜

- 竜樹─提婆…羅睺羅跋陀羅…青目…須利耶蘇摩─鳩摩羅什
- 竜樹─竜智…清弁…智光…地婆訶羅─法蔵
- 鳩摩羅什─道融／僧叡／僧肇／道生／僧導／曇影／道恒／慧観／慧厳／僧標／僧䂮／僧弼
  - 道生─僧瑾／道猷
  - 僧導─僧鐘／曇済
  - 慧観─法瑗
  - 慧厳─法智
  - 僧䂮─曇諦
  - 僧叡・僧肇…僧朗─僧詮
- 僧詮─法朗／慧布／智弁／慧勇
  - 智弁─慧因／智潤
    - 慧因─法仁
  - 法朗─吉蔵／道荘／法安／法澄／羅雲／慧哲／智矩／智鍇／明法師／真観／慧覚
    - 慧哲─智抜／慧嵩／慧眺
    - 智矩─慧感／慧賾
    - 明法師─慧暠
      - 慧暠─法敏／慧璿／慧稜／法融
      - 慧暠─霊睿／法沖／慧震
    - 吉蔵─碩法師／智抜／慧遠／智凱／智命／智実

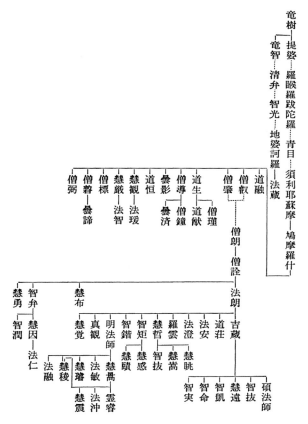

天台宗系譜

竜樹……慧文―慧思

慧思―智顗・大善・僧照・慧成・慧超・慧耀・慧涌・慧威・智璀・慧命・慧璀・霊弁・（新羅）玄光・慧旻・法成

智顗―灌頂・真観・法喜・智越・法慎・普明・智璪・智晞・法彦・智鍇・大志・波若・慧弁・智果・智寂・敬韶・法蔵・智令

法才・法安

灌頂―智威

智威―弘景・大慧・道素

智威―慧威

玄朗・玄覚

慧威―玄朗―湛然

玄朗―神邕・道遵・大義・道源・清弁・道賓・慧従・守真・法源

湛然―普門・元皓・智度・明曠・法聡・智雲・道暹・乾淑・李華・梁粛

湛然―道邃・行満

道邃―良諝―円珍（日本）

道邃―宗穎―円仁（日本）

道邃―広修―物外―元琇―清竦―義寂―義通―知礼（山家）―仁岳（山外）

広修―維蠲

道邃・行満―最澄（日本）

志因―晤恩（山外）―源清―慶昭―咸潤

洪敏・智円・継斉

宗昱（山外）・澄彧・行靖・諦観（高麗）

遵式（山家）―祖韶―慧弁―従雅―如杲

善信

元浄・道因―有倫

尚賢・本如・梵臻・慧才―希最・択交・戒珠

尚賢―如吉・継忠―従義（山外）

処元―道淵―処廉・道琛

鑑文―中立―晁説・陳瓘

慧詢―法登―元啓―宗浄

戒応・法蓮・仲韶・景遷・戒枢

善月・宗暁・志磐

智覚・文虎・浄悟・法舟・処廉・道琛

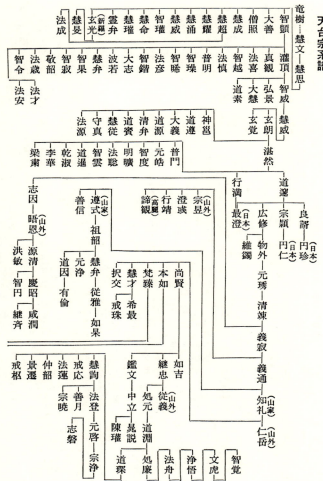

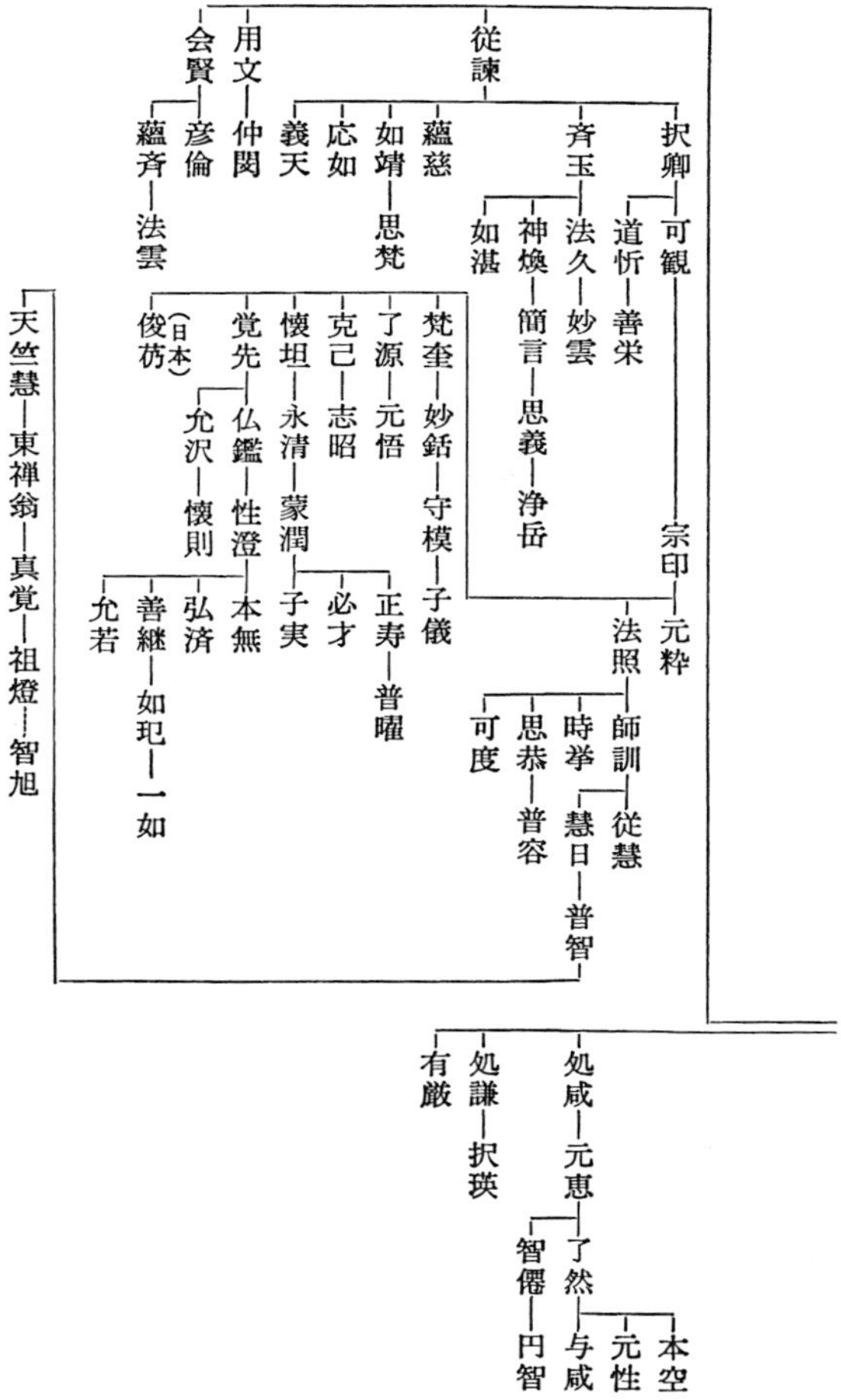
従諫
択卿—可観
道忻—善栄
宗印—元粋
斉玉—法久—妙雲
神煥—簡言—思義—浄岳
如湛
蘊慈
如靖—思梵
応如
義天
用文—仲閔
会賢—彦倫
蘊斉—法雲
梵奎—妙銛—守模—子儀
了源—元悟
克己—志昭
懐坦—永清—蒙潤—子実
必才
正寿—普曜
覚先—仏鑑—性澄—本無
弘済
善継—如玘—一如
允若
允沢—懐則
俊芿(日本)
法照—師訓—従慧
慧日—普智
時挙
思恭—普容
可度
天竺慧—東禅翁—真覚—祖燈┄智旭
処咸—元恵—了然—本空
元性
与咸
智僊—円智
処謙—択瑛
有厳

華厳宗系譜

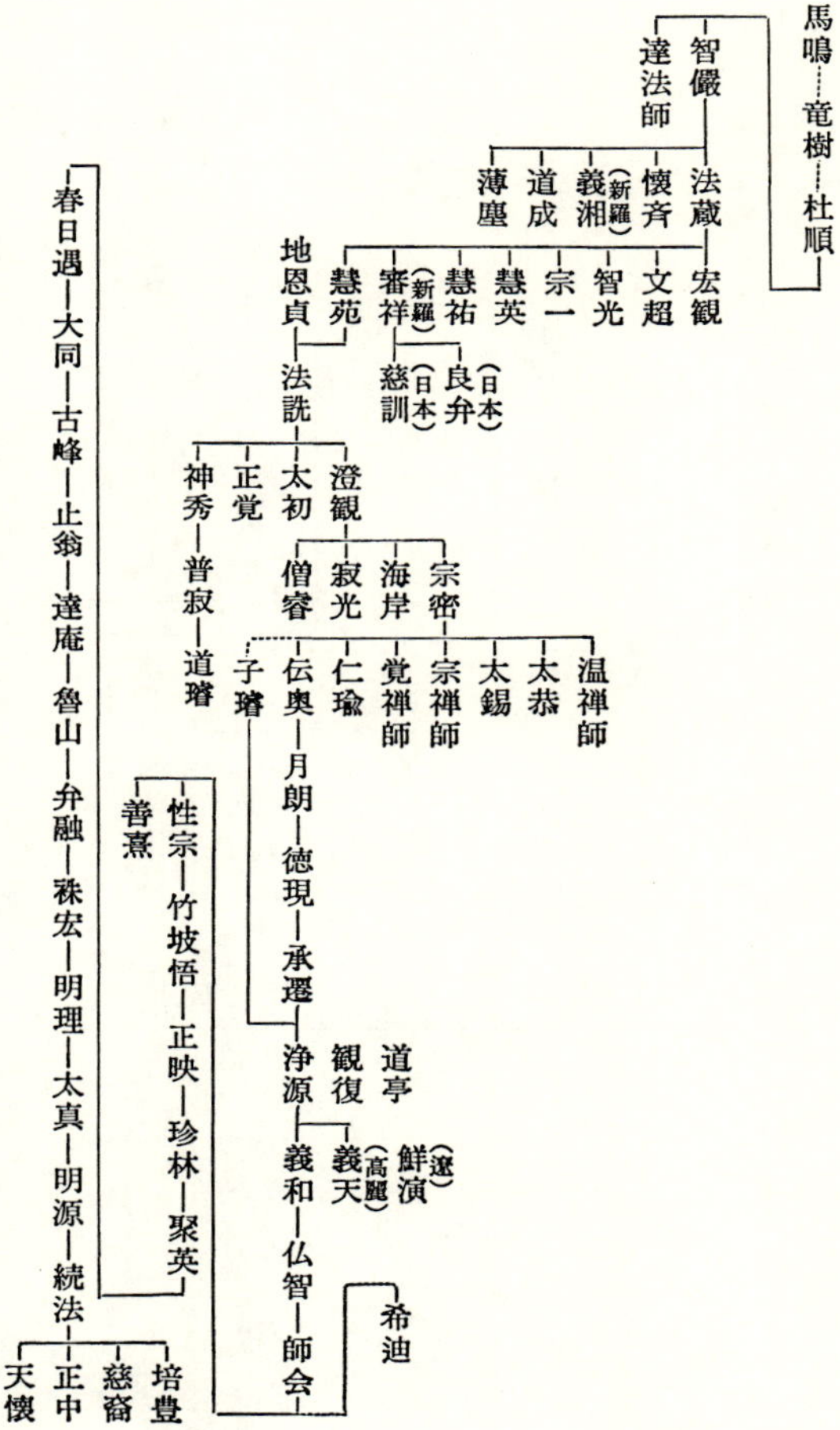

馬鳴
竜樹
杜順
智儼
達法師
法蔵
懐斉
義湘（新羅）
道成
薄塵
宏観
文超
智光
宗一
慧英
慧祐
審祥（新羅）
慧苑
地恩貞
良弁（日本）
慈訓（日本）
法詵
澄観
太初
正覚
神秀
普寂
道璿
宗密
海岸
寂光
僧睿
温禅師
太恭
太錫
宗禅師
覚禅師
仁瑜
伝奥
子璿
月朗
徳現
承遷
道亭
観復
浄源
鮮演（遼）
義天（高麗）
義和
仏智
師会
希迪
性宗
善熹
竹坡悟
正映
珍林
聚英
春日遇
大同
古峰
止翁
達庵
魯山
弁融
袾宏
明理
太真
明源
続法
培豊
慈裔
正中
天懐

法相宗系譜

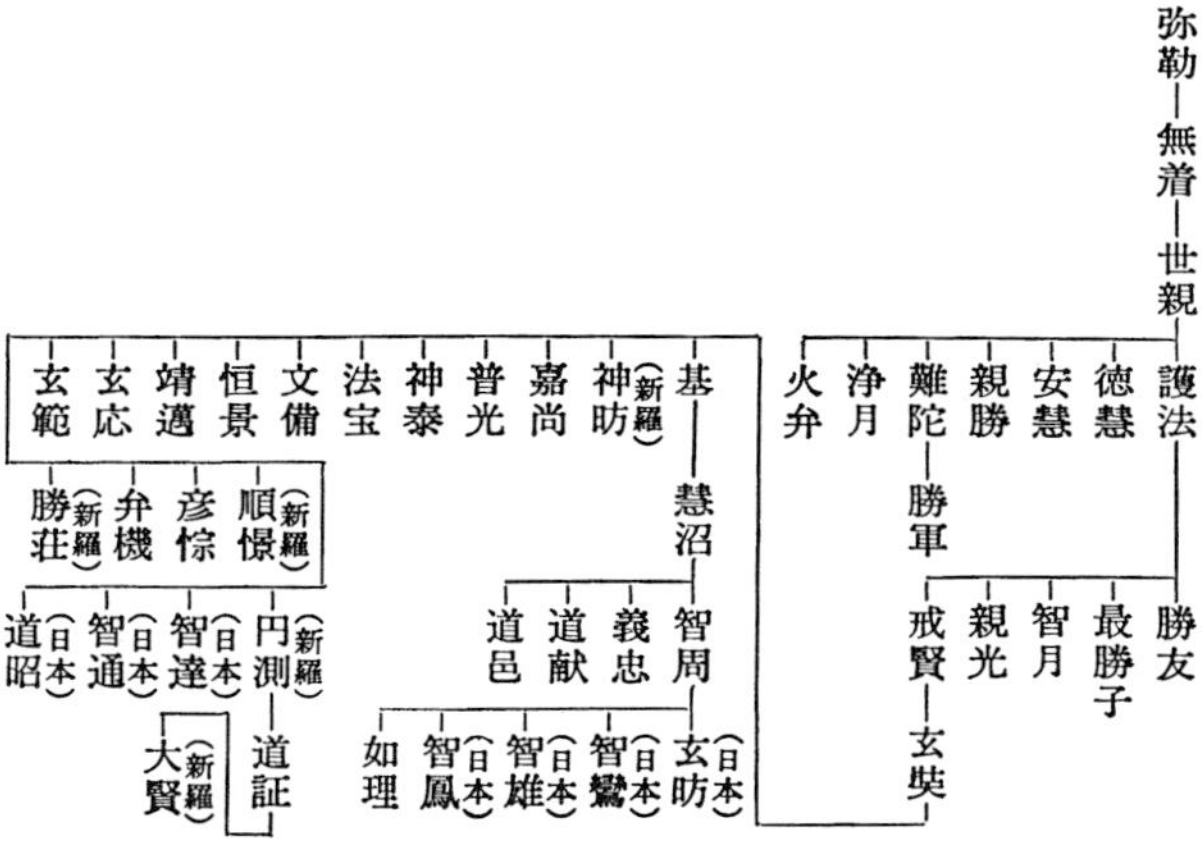

倶舎(毘曇)宗系譜

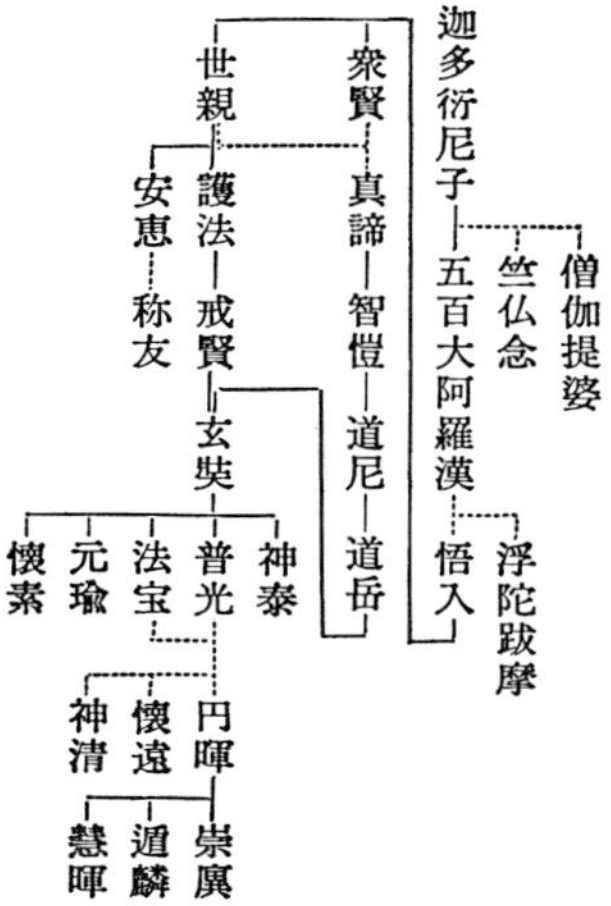

四分律宗系譜

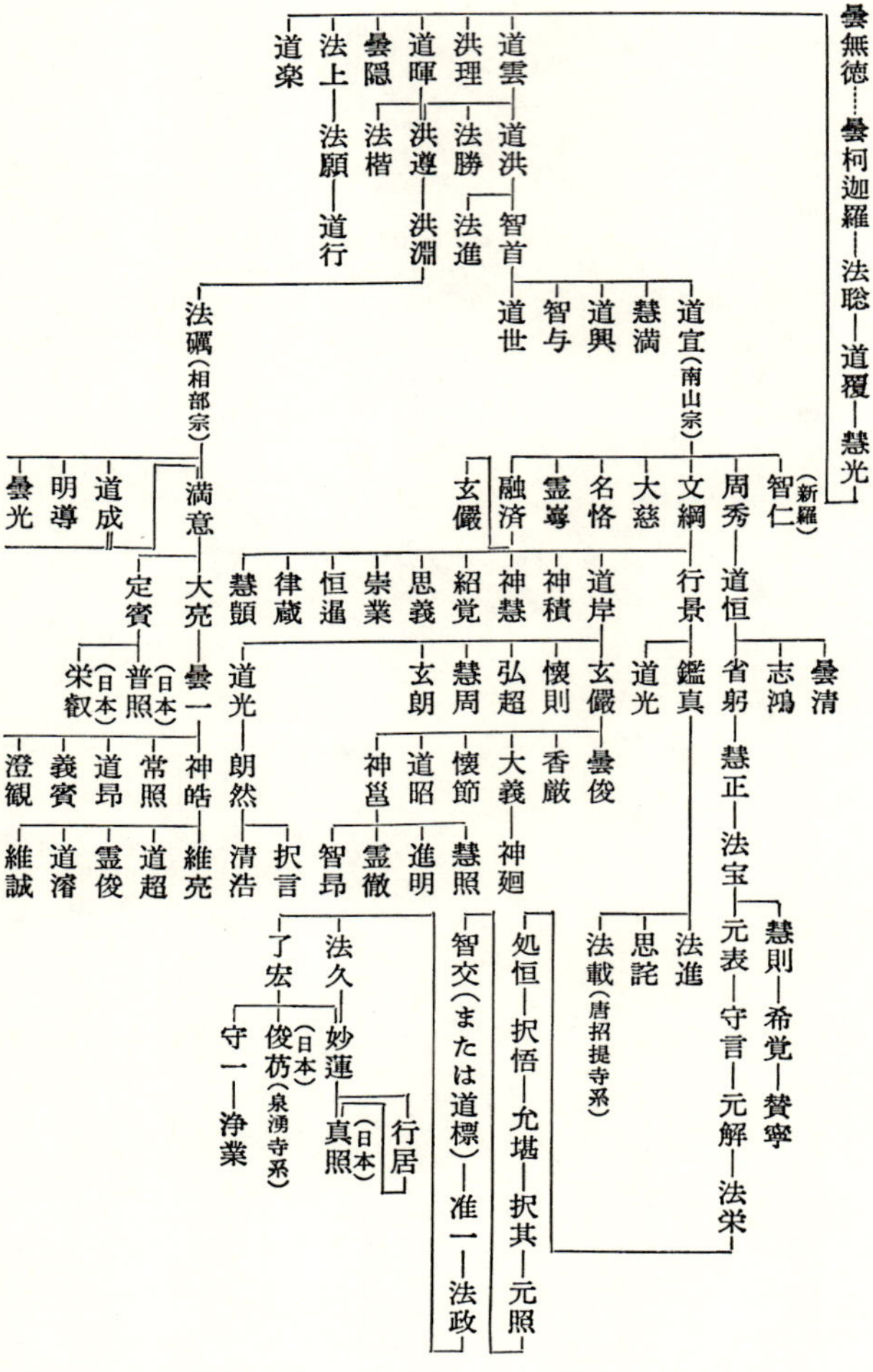

曇無徳……曇柯迦羅―法聡―道覆―慧光
道雲―道洪―智首
洪理
法勝
法進
道暉―洪遵―洪淵
曇隠
法楷
法上―法願―道行
道楽
道宣（南山宗）
慧満
道興
智与
道世
法礪（相部宗）
智仁（新羅）
周秀―道恒
文綱―行景―鑑真
大慈
名恪
霊嵒
融済
玄儼
満意―大亮―曇一―神皓―維亮
道成
明導
曇光
定賓
道岸―玄儼―曇俊
神積―懐則
神慧―弘超
紹覚―慧周
思義―玄朗
崇業
恒遏
律蔵
慧顗―道光―朗然
曇清
志鴻
省躬―慧正―法宝―元表―守言―元解―法栄
慧則―希覚―賛寧
道光
法進
思詫
法載（唐招提寺系）
普照（日本）
栄叡（日本）
常照
道昂
義賓
澄観
香厳
大義―神廻
懐節
道昭
神邕
清浩
択言
慧照
進明
霊徹
智昂
道超
霊俊
道濬
維誠
処恒―択悟―允堪―択其―元照
智交（または道標）―准一―法政
法久―妙蓮
真照（日本）
行居
了宏―俊芿（日本）（泉湧寺系）
守一―浄業

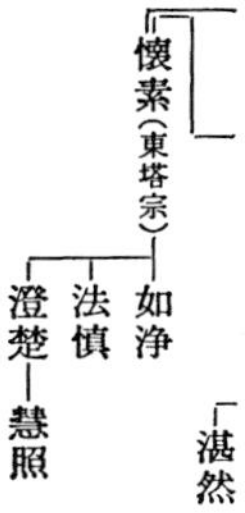
懐素（東塔宗）
如浄
法慎
澄楚
慧照
湛然

密教系譜

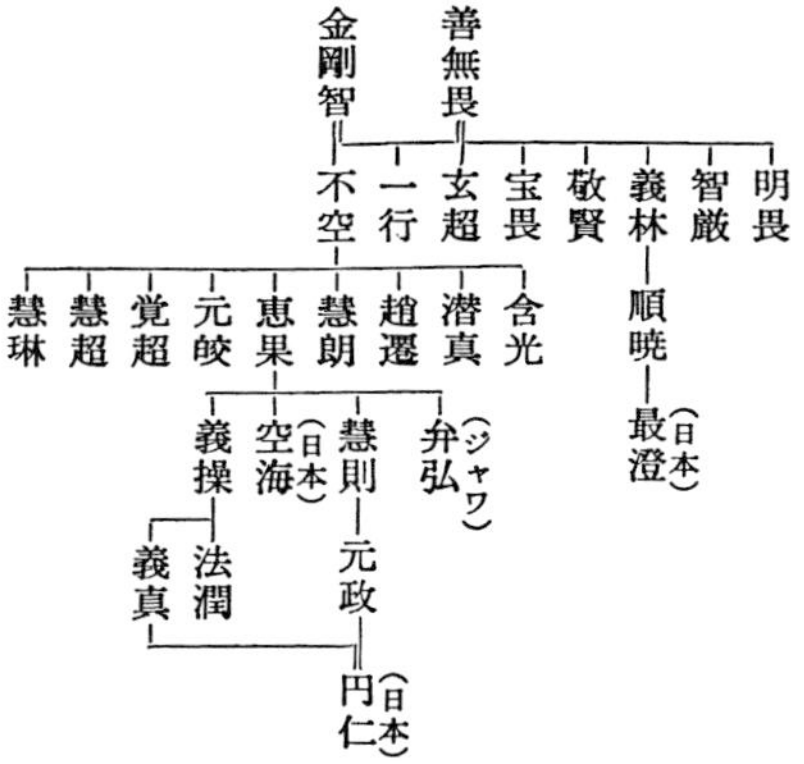
善無畏
金剛智
明畏
智厳
義林
敬賢
宝畏
玄超
一行
不空
順暁
最澄（日本）
含光
潜真
趙遷
慧朗
恵果
元皎
覚超
慧超
慧琳
弁弘（ジャワ）
慧則
空海（日本）
義操
元政
法潤
義真
円仁（日本）

禅宗系譜

- 菩提達摩
  - 曇林
  - 二祖慧可—三祖僧璨—四祖道信
    - ……牛頭法融
    - 五祖弘忍
      - 大通神秀
      - 六祖慧能
        - 荷沢神会……圭峰宗密
        - 青原行思—石頭希遷—
        - 南岳懐譲—馬祖道一
          - 百丈懐海
            - 潙山霊祐—仰山慧寂
            - 黄檗希運—臨済義玄—興化存奨—南院慧顒—風穴延沼—首山省念—汾陽善昭
              - 慈明楚円
                - 黄竜慧南
                  - 晦堂祖心
                    - 霊源惟清—長霊守卓—無示介諶—心聞曇賁—雪庵従瑾—虚庵懐敞—明庵栄西
                    - 死心悟新—禾山慧方
                  - 昭覚常総
                  - 真浄克文
                - 楊岐方会
                  - 白雲守端—五祖法演
                    - 仏果克勤
                      - 大慧宗杲—仏照徳光
                        - 北礀居簡—物初大観—晦機元煕—笑隠大訢
                        - ……大日能忍
                      - 虎丘紹隆—応庵曇華—密庵咸傑
                        - 松源崇岳
                          - 運庵普巌—虚堂智愚—南浦紹明（日本）
                          - 滅翁文礼—横川如珙
                            - 古林清茂—了庵清欲
                            - 竺元妙道—恕中無慍—円極居頂
                        - 破庵祖先
                          - 石田法薫—愚極智慧—清拙正澄
                          - 無準師範
                            - 断橋妙倫—方山文宝—無見先覩—無聞智度—古拙俊—無際明悟—宝月潭—黙堂宣—吉庵祚—法舟道済—雲谷法会—憨山徳清
                            - 雪巌祖欽—高峰原妙—中峰明本—千巌元長—万峰時蔚—宝蔵普持—虚白慧昱—海舟普慈—
                    - 仏鑑慧懃
                    - 仏眼清遠
                  - 保寧仁勇
              - 瑯琊慧覚
          - 西堂智蔵
          - 南泉普願—趙州従諗

宝峰明瑄—天奇本瑞—無聞明聡—月心徳宝—幻有正伝—天隠円修—玉林通琇

（幻有正伝より）雪嶠円信—郭凝之

（幻有正伝より）密雲円悟—費隠通容—隠元隆琦

（密雲円悟より）木陳道忞

（密雲円悟より）漢月法蔵

薬山惟儼—雲巌曇晟—洞山良价—雲居道膺—同安道丕—同安観志—梁山縁観—大陽警玄—投子義青

（薬山惟儼より）道吾円智—石霜慶諸

（洞山良价より）曹山本寂

芙蓉道楷—丹霞子淳—真歇清了—天童宗珏—足庵智鑑—長翁如浄—永平道元

（丹霞子淳より）宏智正覚—自得慧暉—明極慧祚—東谷明光—直翁徳挙—東明慧日

鹿門自覚—普照一弁—大明宝—王山体—雪巌満—万松行秀—林泉従倫

雪庭福裕—崧山文泰—還源福遇—淳拙文才—松庭子厳—凝然了改—俱空契斌—無方可従—虚白文載

宗鏡宗書—幻休常潤—慈舟方念—堪然円澄—石雨明方—遠門浄柱

（堪然円澄より）三宜明盂

（石雨明方より）林弘衍

（宗鏡宗書より）蘊空常忠—無明慧経—永覚元賢—為霖道霈

（無明慧経より）晦台元鏡—覚浪道盛—闊堂大文—心越興濤

（無明慧経より）無異元来

天皇道悟—竜潭崇信—徳山宣鑑—雪峰義存—玄沙師備—羅漢桂琛—清涼文益—天台徳韶—永明延寿

（雪峰義存より）鼓山神晏

雲門文偃—香林澄遠—智門光祚—雪竇重顕—天衣義懐—慧林宗本—大通善本—妙湛思慧—月堂道昌

├徳山縁密─文殊応真─洞山暁聡─┬雲居暁舜
│　　　　　　　　　　　　　　　└仏日契嵩
├洞山守初
└双泉師寛─五祖師戒

浄土教系譜

馬鳴…竜樹…世親…菩提流支─曇鸞…┬道綽─善導─懐感…少康
　　　　　　　　　　　　　　　　　├迦才
　　　　　　　　　　　　　　　　　└承遠─法照

慈愍三蔵慧日…………霊芝元照

廬山慧遠───永明延寿…………昭慶省常

中国仏教史年表

＊は歴史的事実でなく、伝説にもとづくもの。

年	代	仏教史	中国一般史
前二	前漢・元寿一	大月氏王の使者伊存、博士弟子景盧に浮屠経を口授す。	
二五	後漢・建武一		後漢興る。
六四	後漢・永平七	＊明帝、夢に金人を見、秦景らを西域に遣わし仏法を求めさせる。(一説、六〇、六八、七〇)	
六五	後漢・永平八	楚王英、黄老・浮屠(仏)を祠る。	
六七	後漢・永平一〇	＊中天竺の摂摩騰・竺法蘭「四十二章経」を持って洛陽に来る。 ＊明帝代、洛陽白馬寺を創建。	
一四八	後漢・建和二	安息国の安世高、洛陽に来る。	
一五六	後漢・永寿二	安世高「人本欲生経」を訳す。	
一七九	後漢・光和二	支婁迦讖「道行般若経」「般舟三昧経」を訳す。	
一八一	後漢・光和四	安息国の安玄、厳仏調とともに「法鏡経」等を訳す。	
一八四	後漢・中平一		黄巾の乱おこる。
二二〇	後漢・延康一		後漢滅び、魏興る。三

二二八	呉・黄武七	支謙、黄武中、「瑞応本起経」を訳す。	国時代始まる。
二四七	呉・赤烏一〇	康僧会、海路より建業に来る。建初寺創建さる。	
二五〇	魏・嘉平二	曇柯迦羅、洛陽に来て「僧祇戒心」を訳す。	
二五四	魏・正元一	曇諦、洛陽に来て「曇無徳羯磨」を訳す。	
二六〇	魏・甘露五	朱士行、于闐に行き、梵本を求める。	
二六五	晋・泰始一	竺法護、長安に来て「正法華経」など約百五十部を訳出する。この頃、「牟子理惑論」あらわる。老荘思想をかりた格義仏教おこる。	魏滅び、晋興る。
二八〇	晋・太康一		呉滅び、晋、中国を統一。
三一〇	晋・永嘉四	仏図澄、洛陽に来る。	永嘉の乱。
三一六	晋・建興四		西晋滅ぶ。五胡十六国時代始まる。
三四八	東晋・永和四	仏図澄没す。	
三五一	東晋・永和七	前秦の僧朗、太山に入る。	
三六四	東晋・興寧二	道安「綜理衆経目録」を著わす。	
三六六	東晋・太和一	沙門楽僔、莫高窟（敦煌）を開鑿。	
三七二	東晋・咸安二	前秦苻堅、順道を高句麗に遣わし、仏像経文を贈る。	
三八四	東晋・太元九	慧遠、廬山に入る。（一説、三八一） 摩羅難提、百済に仏教を伝える。	後秦・後燕・西燕興る。

三八五	東晋・太元一〇	釈道安没す。	
三八六	東晋・太元一一		拓跋珪(道武帝)、北魏おこす。
三九〇	東晋・太元一五	慧遠、白蓮社を結ぶ。	
三九七	北魏・皇始二	北魏の法果、道人統となる。	
三九八	東晋・隆安二	僧伽提婆「中阿含経」を訳す。	
三九九	東晋・隆安三	法顕、インドに向って長安を出発。(一説、四〇〇)	
四〇一	後秦・弘始三	鳩摩羅什、長安に来てこの年以後「摩訶般若波羅蜜経」「妙法蓮華経」「阿弥陀経」「十誦律」「成実論」「大智度論」「中論」など三十五部三百余巻を訳す。	
四〇四	東晋・元興三	廬山慧遠「沙門不敬王者論」を撰す。(一説、四〇三)	
四〇五	後秦・弘始七	僧肇「般若無知論」を撰す。後秦、僧䂮を僧主、僧遷を悦衆、法欽・慧斌を僧録とす。	
四一四	東晋・義熙一〇	法顕インドより帰り「仏国記」を撰す。	
四一六	東晋・義熙一二	廬山慧遠没す。	
四二〇	東晋・永初一	仏駄跋陀羅「華厳経」を訳す。	劉宋興る。南北朝時代始まる。
四二一	東晋・永初二	仏駄跋陀羅、宝雲「無量寿経」を共訳す。	
四二一	北涼・玄始一〇	曇無讖「大般涅槃経」を訳す。	
四二四	宋・元嘉一	仏陀什「五分律」「比丘尼戒本」「羯磨」を訳す。	

四二五	北魏・始光二	北魏の道士寇謙之、天師となり、道壇を置く。	
四二八	宋・元嘉五	竺道生、闡提成仏説・頓悟説を唱え建康を追われ、虎丘山に入る。	
四三六	宋・元嘉一三	宋の慧琳「白黒論」を著わす。宗炳・顔延之、これに反論。	
四三九	北魏・太延五		北魏、北涼を滅ぼし華北を統一。
四四三	宋・元嘉二〇	求那跋陀羅「楞伽経」を訳す。	
四四六	北魏・太平真君七	北魏太武帝諸州に詔し、廃仏毀釈を断行す。（三武一宗の法難の第一）	
四四八	北魏・太平真君九	道士寇謙之没す。	
四五二	北魏・興安一	文成帝、仏教復興の詔を発す。	
四六〇	北魏・和平一	雲岡石窟の開鑿始まる。曇曜、沙門統となる。（一説、四六二）	
四六七	北魏・皇興一	北魏、平城に永寧寺を造る。	
四六八	宋・泰始四	宋の僧瑾、天下僧主となる。	
四七六	北魏・承明一	北魏、僧祇戸・仏図戸を設く。	
四七九	斉・建元一		宋滅び、南斉興る。
四九四	北魏・太和一八	竜門石窟の造営始まる。	
五〇二	梁・天監一		南斉滅び、梁興る。
五〇四	梁・天監三	武帝、道教を捨て仏教に帰す。	

五〇九	梁・天監八	宝亮「涅槃義疏」を撰し、十月没(六六)。	
五一一	梁・天監一〇	菩提流支・勒那摩提「十地経論」を訳す。	
五一六	梁・天監一五	宝唱ら「経律異相」を撰す。この頃、僧祐「出三蔵記集」「弘明集」を撰す。	
五一八	北魏・神亀一	恵生・宋雲ら西域に向う。	
五一九	梁・天監一八	慧皎「高僧伝」を撰す。	
五二九	梁・中大通一	梁武帝、同泰寺に無遮大会を設け、捨身す。	
五三四	北魏・永熙三		北魏、東魏と西魏に分裂。
五四二	東魏・興和四	曇鸞没す。	
五四八	梁・太清二	真諦建康に入り、その後「摂大乗論」「決定蔵論」「大乗起信論」などを訳す。	
五五七	北周・孝閔帝一		西魏滅び、北周興る。梁滅び、陳興る。
五五九	陳・永定二	慧思「立誓願文」を撰す。	
五六六	北斉・天保七	那連提耶舎「大集月蔵経」などを訳す。	
五七〇	北周・天和五	北周の道安「二教論」を献上。	
五七四	北周・建徳三	北周武帝廃仏を断行す。(三武一宗の法難の第二)	
五八一	隋・開皇一	文帝、仏教復興につとめる。	
五八九	隋・開皇九		隋、中国を統一。南北朝時代終わる。

五九一	隋・開皇一一	晋王広(煬帝)、智顗を請じて菩薩戒を受く。	
五九二	隋・開皇一二	浄影寺慧遠没す。	
五九四	隋・開皇一四	三階教の信行没す。法経の「衆経目録」なる。この頃、五衆衆主を置く。	
五九七	隋・開皇一七	費長房「歴代三宝紀」を撰す。天台智顗没す。	
六〇一	隋・仁寿一	文帝、諸州に舎利塔を建立す。	
六〇五	隋・大業一	静琬、房山雲居寺に「大蔵経」の石刻を始める。	
六〇九	隋・大業五	道綽、浄土教に帰す。	
六一八	唐・武徳一		李淵(高祖)、唐をおこす。
六二二	唐・武徳五	法琳「破邪論」を撰す。	
六二三	唐・武徳六	三論宗の吉蔵(嘉祥大師)没す。	
六二六	唐・武徳九	仏道二教徒の論争により、沙汰の詔出る。	
六二九	唐・貞観三	玄奘、長安を発ち西域へ向う。(一説、六二七)	
六三七	唐・貞観一一	詔して道士・女冠を僧尼の上に置く。法常・法琳・智実ら、これに抗議。	
六四〇	唐・貞観一四	法琳没す。華厳宗初祖杜順没す。	
六四五	唐・貞観一九	玄奘、帰国し、「大唐西域記」を撰す。その後、「瑜伽師地論」「成唯識論」「大般若経」などを訳す。道宣「続高僧伝」を撰す。	
六四八	唐・貞観二二	長安、大慈恩寺建つ。翻経院設置さる。	

六六四	唐・麟徳一	道宣「大唐内典録」「集古今仏道論衡」を撰す。	
六六六	唐・麟徳三	諸州に一観一寺を置く。	
六六七	唐・乾封二	南山道宣没す。	
六六八	唐・総章一	道世「法苑珠林」を撰す。(一説、六八三)華厳宗の智儼没す。	高句麗滅ぶ。
六七五	唐・上元二	五祖弘忍没す。	
六七六	唐・儀鳳一	地婆訶羅長安に来る。	
六八一	唐・永隆二	浄土教の善導没す。	
六八二	唐・永淳一	法相宗の基没す。	
六八三	唐・永淳二	菩提流志、長安に来る。のち「大宝積経」等を訳す。	
六九〇	周・天授一	武后、大雲寺を諸州に置く。	武周革命、則天武后、実権を取る。
六九五	周・天冊万歳一	明佺ら「大周刊定衆経目録」を撰す。義浄インドより帰り、「南海寄帰内法伝」「大唐西域求法高僧伝」を撰す。	
六九九	周・聖暦二	実叉難陀「華厳経」八十巻を訳す。	
七〇五	唐・神竜一	中宗、諸州に中興寺を置く。	中宗復位す。国号を唐に復す。
七〇六	唐・神竜二	北宗の神秀没す。	
七〇九	唐・景竜三	菩提流志「不空羂索神変真言経」を訳す。	
七一二	唐・延和一	華厳宗の法蔵没す。	

七一九	唐・開元七	慈愍三蔵慧日、インドより帰り、慈愍流を開く。	
七二〇	唐・開元八	金剛智と不空、洛陽に来る。	
七二一	唐・開元九	一行「大衍暦」五十二巻を撰述。	
七二四	唐・開元一二	善無畏・一行「大毘盧遮那成仏神変加持経」を共訳。	
七二七	唐・開元一五	密教の一行没す。	
七二九	唐・開元一七	李通玄「新華厳経論」を撰す。	
七三〇	唐・開元一八	智昇「開元釈教録」を撰す。	
七三五	唐・開元二三	善無畏没す。	
七三七	唐・開元二五	僧尼は祠部が管轄し、道士・女冠は崇正寺に所属さす。	
七三八	唐・開元二六	玄宗、天下諸州に開元寺観を置く。	
七五五	唐・天宝一四		安禄山の乱。
七五六	唐・至徳一	仏教・道教の度牒を販売、これを香水銭という。(一説、七五七)	
七六八	唐・大暦三	盂蘭盆会を修し、以後これを年間行事とする。	
七七四	唐・大暦九	密教の不空三蔵没す。	
七八一	唐・建中二	「大秦景教流行中国碑」立てらる。	
七八二	唐・建中三	天台宗の湛然没す。	
七九六	唐・貞元一二	勅して荷沢神会を禅宗七祖とする。	
七九八	唐・貞元一四	般若「華厳経」四十巻を訳す。	
八〇〇	唐・貞元一六	円照「貞元新定釈教目録」を撰す。	

八〇五	唐・永貞一	最澄、天台・禅・真言の法を伝えて帰路につく。密教の青竜寺恵果没す。空海、恵果について受法。	
八〇六	唐・元和一	端甫、左街僧録となる。（一説、八二〇）	
八〇七	唐・元和二	慧琳「大蔵音義」を撰す。	
八一四	唐・元和九	「百丈清規」の百丈懐海没す。	
八一九	唐・元和一四	韓愈「論仏骨表」を上奏し、仏教を攻撃す。	
八二六	唐・宝暦二	杭州竜興寺に華厳経社を結成する。	
八三五	唐・太和九		甘露の変。
八三九	唐・開成四	華厳宗の澄観没す。	
八四一	唐・会昌一	華厳宗の宗密没す。	
八四五	唐・会昌五	武宗、破仏を断行す。（三武一宗の法難の第三）	
八五三	唐・大中七	円珍、福州に来る。潙仰宗の潙山霊祐没す。	
八六七	唐・咸通八	臨済宗の義玄没す。	
八六九	唐・咸通一〇	曹洞宗の洞山良价没す。	
八七五	唐・乾符二		黄巣の乱始まる。
九〇七	後梁・開平一		唐滅び、後梁興る。契丹興る。
九二六	後唐・天成一		渤海滅ぶ。
九四九	後漢・乾祐二	雲門宗の雲門文偃没す。	
九五五	後周・顕徳二	世宗、廃仏令を出す。（三武一宗の法難の第四）	
九五八	後周・顕徳五	法眼宗の清涼文益没す。	

九六〇	北宋・建隆一	呉越王、使を高麗・日本に遣し戦乱で廃滅した仏典論疏を求める。	後周滅び、北宋興る。
九六一	北宋・建隆二	延寿「宗鏡録」を撰す。高麗僧諦観、呉越に入る。	
九七九	北宋・太平興国四		北漢を滅ぼし、宋の統一なる。
九八三	北宋・太平興国八	蜀版「大蔵経」完成す。	
九八八	北宋・端拱一	賛寧等「宋高僧伝」を撰す。	
一〇〇四	北宋・景徳一	知礼「十不二門指要鈔」を撰す。道原「景徳伝燈録」三十巻を撰す。	
一〇〇六	北宋・景徳三	知礼「十義書」を作り慶昭に贈る。	
一〇二二	北宋・乾興一	天台山外派の孤山智円没す。	
一〇二八	北宋・天聖六	天台山家派の四明知礼没す。	
一〇三五	北宋・景祐二	法護・惟浄「天竺字源」七巻を撰す。	
一〇三七	北宋・景祐四	惟浄らの「景祐新修法宝目録」入蔵す。	
一〇六一	北宋・嘉祐六	契嵩「輔教篇」を撰す。	
一〇七一	北宋・熙寧四	日本僧成尋入宋す。のち「参天台五台山記」を撰す。	
一〇九〇	北宋・元祐五	義天「新編諸宗教蔵総録」を撰す。	
一一一五	北宋・政和五		金興る。
一一二三	北宋・宣和五	慧洪「禅林僧宝伝」三十巻を撰す。	
一一二五	北宋・宣和七		遼滅ぶ。
一一二七	南宋・建炎一		北宋滅ぶ。

一一三三	南宋・紹興三	思渓版「大蔵経」彫印さる。	
一一四三	南宋・紹興一三	法雲「翻訳名義集」を撰す。	
一一六三	南宋・隆興一	大慧宗杲没す。	
一一六四	南宋・隆興二	祖琇「隆興仏教編年通論」を撰す。	
一一七〇	南宋・乾道六	王重陽没す。	
一一八九	金・大定二六	この頃、金刻「大蔵経」成る。	
一一九九	南宋・慶元五	宗暁「楽邦文類」を撰す。俊芿ら入宋す。	
一二二七	南宋・宝慶三	道元・天童如浄より嗣法を稟け日本に帰る。	
一二三一	南宋・紹定四	磧沙版「大蔵経」刊行始まる。	
一二三四	金・天興三		金滅ぶ。
一二五一	南宋・淳祐一一	印簡、釈教を掌る。	
一二五二	南宋・淳祐一二	普済「五燈会元」二十巻を撰す。	
一二六〇	元・中統一	元世祖パスパ(八思巴)を帝師として招く。	蒙古、フビライ(世祖)即位す。
一二六九	南宋・咸淳五	志磐「仏祖統紀」を撰す。	
一二七〇	元・至元七	元、護国仁王寺を建てラマ教を保護する。	
一二七九	元・至元一六	杭州白雲宗大普寧寺、「大蔵経」の出版に着手する。	
一二八〇	元・至元一七	元、功徳使司を置く。	
一二八七	元・至元二四	慶吉祥ら「至元法宝勘同総録」を撰す。	
一二九一	元・至元二八	祥邁「至元弁偽録」を撰す。(一説、一二八六) この年、宣政院の記録に寺院四万二三一八所、僧尼	

		二一万三一四八人とある。	
一三三一	元・至順二	元、天下に広教総管府一六所を置く。	
一三三五	元・至元一	徳煇「百丈清規」を重修する。	
一三四一	元・至正一	念常「仏祖歴代通載」を撰す。	
一三五四	元・至正一四	覚岸「釈氏稽古略」を撰す。	
一三六八	明・洪武一	金陵天界寺に善世院を置き、僧尼を統管する。	朱元璋、明をおこす。
一三七二	明・洪武五	寺院に周知冊を頒布す。この頃、明南蔵の刊行始まる。	
一三八二	明・洪武一五	善世院を僧録司と改め、中央・地方の僧官を定め、天下の禅・講・教の三宗、僧尼の服色を制定する。	
一三八六	明・洪武一九	天下の仏寺に砧基道人を置く。	
一三九二	明・洪武二五		李成桂の朝鮮興る。
一四一八	明・永楽一六	道衍没す。	
一四四〇	明・正統五	明北蔵の雕印おわる。	
一五七九	明・万暦七	雲谷法会没す。	
一五八九	明・万暦一七	万暦版「大蔵経」の刊行始まる。	
一六〇三	明・万暦三一	紫柏真可没す。	
一六一五	明・万暦四三	雲棲袾宏没す。	
一六一七	明・万暦四五	如惺「大明高僧伝」を撰す。	
一六三六	清・崇徳一		清興る。
一六三八	明・崇禎一一	幻輪「釈氏稽古略続集」を撰す。	

一六五五	明・永暦九	藕益智旭没す。	
一七〇二	清・康熙四一	為霖道霈没す。	
一七五九	清・乾隆二四	「漢満蒙蔵四体合璧大蔵全呪」を完成す。	
一七七三	清・乾隆三八	「大蔵経」の満州語訳始まる。	
一七九六	清・嘉慶一	白蓮教の反乱。彭紹升没す。	
一八四〇	清・道光二〇		アヘン戦争。
一八五〇	清・道光三〇		太平天国の乱。
一八九四	清・光緒二〇		日清戦争。
一九〇〇	清・光緒二六	この頃、敦煌文書発見さる。	
一九一一	清・宣統三	楊文会没す。	辛亥革命起る。
一九一二	民国・一	天童寺敬安ら中華仏教総会を発足す。	中華民国成立。
一九二一	民国・一〇	太虚、武昌仏学院を設立す。	
一九二二	民国・一一	南京に内学院を設立す。	
一九二四	民国・一三	中華仏教連合会設立す。世界仏教連合会開かる。	
一九三一	民国・二〇	宋の積沙版「大蔵経」の影印版刊行始まる。	
一九三五	民国・二四	金刻「大蔵経」(「宋蔵遺珍」)刊行さる。	
一九三八	民国・二七	湯用彤「漢魏両晋南北朝仏教史」を刊行す。	
一九三九	民国・二八	陳垣「釈氏疑年録」を刊行す。	
一九四〇	民国・二九	印光没す。	
一九四九		太虚没す。	中華人民共和国成立。
一九五三		北京に中国仏教協会設立され、円瑛、会長となる。	

一九五七		日本仏教親善使節団訪中する。
一九六三		中国仏教協会、鑑真逝去一二〇〇年記念法会を挙行。
一九七八		趙樸初を団長とする中国仏教協会、友好訪問のため来日。

■岩波オンデマンドブックス■

中国仏教史

1978年9月26日　第1刷発行
2004年10月14日　第11刷発行
2015年11月10日　オンデマンド版発行

著　者　鎌田茂雄《かまたしげお》

発行者　岡本　厚

発行所　株式会社　岩波書店
〒101-8002　東京都千代田区一ツ橋2-5-5
電話案内　03-5210-4000
http://www.iwanami.co.jp/

印刷／製本・法令印刷

ISBN 978-4-00-730307-4　Printed in Japan

索引

エ

オ

キ

ク

コ

サ

タ

ツ

テ

ト

ヒ

フ

マ

ミ

ム

メ

モ

ヤ

ユ

ヨ